税务干部业务能力升级学习丛书

纳税服务
岗位知识与技能

本书编写组 ◎ 编

中国税务出版社

图书在版编目（CIP）数据

纳税服务岗位知识与技能 / 本书编写组编. -- 北京：中国税务出版社，2024.8. -- （税务干部业务能力升级学习丛书）. -- ISBN 978 - 7 - 5678 - 1534 - 6

Ⅰ．F812.423

中国国家版本馆 CIP 数据核字第 202498SW77 号

版权所有·侵权必究

丛 书 名：	税务干部业务能力升级学习丛书
书 名：	纳税服务岗位知识与技能
	NASHUI FUWU GANGWEI ZHISHI YU JINENG
作 者：	本书编写组 编
责任编辑：	庞 博 杨 悦
责任校对：	姚浩晴
技术设计：	林立志
出版发行：	中国税务出版社
	北京市丰台区广安路 9 号国投财富广场 1 号楼 11 层
	邮政编码：100055
	网址：https://www.taxation.cn
	投稿：https://www.taxation.cn/qt/zztg
	发行中心电话：(010) 83362083/85/86
	传真：(010) 83362047/49
经 销：	各地新华书店
印 刷：	北京天宇星印刷厂
规 格：	787 毫米×1092 毫米 1/16
印 张：	16
字 数：	318000 字
版 次：	2024 年 8 月第 1 版 2024 年 8 月第 1 次印刷
书 号：	ISBN 978 - 7 - 5678 - 1534 - 6
定 价：	52.00 元

如有印装错误　本社负责调换

编 者 说 明

为落实打造效能税务要求，持续深化依法治税、以数治税、从严治税一体贯通，不断提升税务干部税费征管、便民服务、风险防范的能力和水平，我们结合税收工作实际，组织编写了"税务干部业务能力升级学习丛书"，分为《通用知识》《综合管理岗位知识与技能》《纳税服务岗位知识与技能》《征收管理岗位知识与技能》《税务稽查岗位知识与技能》《信息技术岗位知识与技能》及配套习题集。

《纳税服务岗位知识与技能》旨在帮助纳税服务岗位税务干部快速掌握业务知识，系统提升专业能力。本书具有以下特点：一是紧贴工作实际，注重提升税务干部从事纳税缴费服务工作所必须具备的专业知识与技能，特别是运用有关基本理论、基本知识和基本方法分析解决纳税缴费服务工作中相关实际问题的能力；二是体现新政新规，全书依据《全国税务机关纳税服务规范》和2024年最新相关政策要求进行编写，体现税务系统大力推行精细智能税费服务的新要求；三是注重学用融合，全书设置知识架构、知识要点等板块，便于读者快速巩固税费服务知识，并可作为业务工作的工具书。

由于时间及能力所限，书中疏漏在所难免，不妥之处恳请读者批评指正。具体修改意见和建议，请与编辑联系（邮箱：bjzx@taxation.cn，QQ：1050456451），以便修订时更正。

编　者

C目录

第一章 纳税服务概述 1

知识架构 3
第一节 纳税服务基础理论 3
第二节 纳税服务发展历程与现状 4
第三节 营商环境指标与服务创新发展 8
第四节 纳税服务社会协作 11

第二章 信息报告 15

知识架构 17
第一节 信息报告概述 18
第二节 基础信息报告 18
第三节 制度信息报告 22
第四节 跨区域信息报告 23
第五节 资格信息报告 25
第六节 特殊事项信息报告 28
第七节 出口退（免）税备案报告 29
第八节 国际税收涉税情况报告 33

第三章 发票办理 37

知识架构 39

第一节	发票办理概述	39
第二节	发票领用	40
第三节	发票代开	43
第四节	发票开具和保管	46
第五节	发票相关服务	49

第四章 申报纳税 51

知识架构		53
第一节	纳税申报概述	55
第二节	增值税申报纳税	55
第三节	企业所得税申报纳税	63
第四节	个人所得税申报纳税	78
第五节	其他主要税种申报纳税	107
第六节	社会保险费及非税收入申报	137
第七节	出口退（免）税申报	142
第八节	申报相关服务	146

第五章 优惠办理 155

知识架构		157
第一节	优惠办理概述	157
第二节	申报享受税收减免	158
第三节	税收减免备案	161
第四节	税收减免核准	165
第五节	跨境应税行为免征增值税报告	166
第六节	纳税人放弃免（减）税权声明	167
第七节	税收优惠资格取消	168
第八节	国际税收优惠办理	168

第六章 证明办理 171

知识架构	173

第一节	证明办理概述	174
第二节	开具税收完税证明	174
第三节	开具个人所得税纳税记录	175
第四节	社会保险费缴费证明开具	176
第五节	转开税收完税证明	177
第六节	转开税收缴款书（出口货物劳务专用）	178
第七节	出口退（免）税证明办理	178
第八节	国际税收证明开具	181

第七章　税务注销　183

知识架构		185
第一节	税务注销概述	185
第二节	清税申报与注销税务登记	185
第三节	税务注销即时办理	187

第八章　纳税人权益保护与纳税信用管理　191

知识架构		193
第一节	纳税人权益保护概述	194
第二节	纳税人需求管理	196
第三节	纳税人满意度调查	199
第四节	纳税人涉税信息查询	201
第五节	纳税服务投诉处理	203
第六节	纳税人法律救济	208
第七节	纳税信用评价	210
第八节	纳税信用评价结果确定发布及补评、复评	214
第九节	纳税信用评价结果的应用	217

第九章　宣传咨询　221

知识架构		223
第一节	税收宣传	223

第二节 涉税（费）咨询	226
第三节 培训辅导	227
第四节 12366 税费服务	228

第十章　文明服务　　231

知识架构	233
第一节　服务环境	233
第二节　服务制度	235
第三节　服务素养	240

第一章 纳税服务概述

第一章 | 纳税服务概述

>> 知识架构

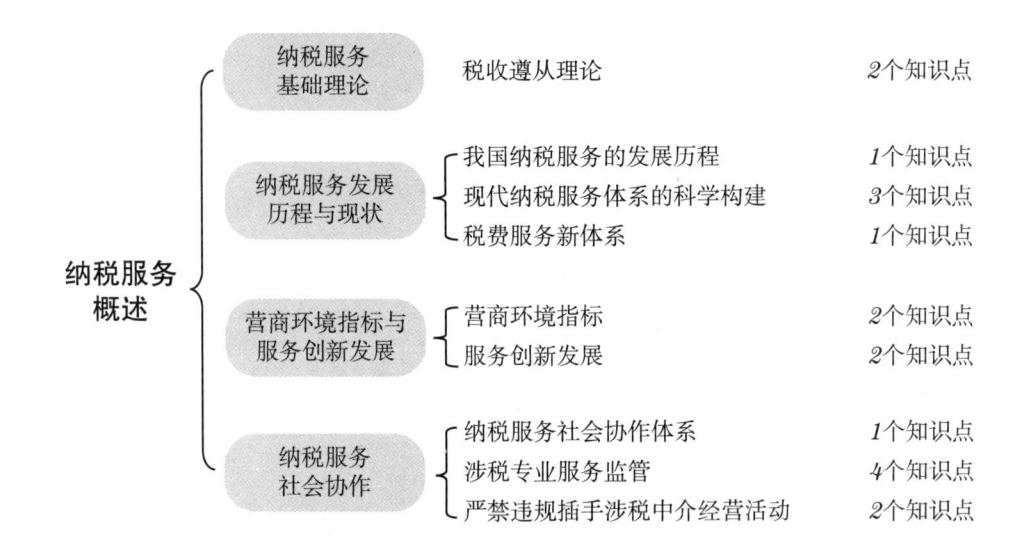

```
                    ┌ 纳税服务       ─ 税收遵从理论                    2个知识点
                    │ 基础理论
                    │
                    │ 纳税服务发展    ┌ 我国纳税服务的发展历程          1个知识点
                    │ 历程与现状     ┤ 现代纳税服务体系的科学构建      3个知识点
  纳税服务          │                └ 税费服务新体系                  1个知识点
  概述         ────┤
                    │ 营商环境指标与  ┌ 营商环境指标                    2个知识点
                    │ 服务创新发展   └ 服务创新发展                    2个知识点
                    │
                    │ 纳税服务       ┌ 纳税服务社会协作体系            1个知识点
                    │ 社会协作       ┤ 涉税专业服务监管                4个知识点
                    └                └ 严禁违规插手涉税中介经营活动    2个知识点
```

>> 第一节
纳税服务基础理论

纳税服务基础理论涉及公共管理理论、客户关系管理理论和税收遵从理论等。本节主要介绍税收遵从理论。

税收遵从理论

【知识点1】税收遵从理论的基本概念

税收遵从，是纳税人基于对国家税法价值的认同或自身利益的权衡而表现出的主动服从税法的态度。纳税人行为与税收遵从的关系如图1-1所示。

【知识点2】税收遵从理论的具体运用

为促进纳税人提升税收遵从度，税务机关应当针对不同行为的纳税人采取不同的行动策略，引导纳税人向主动遵从转化。纳税人行为与税务机关策略的关系如图1-2所示。

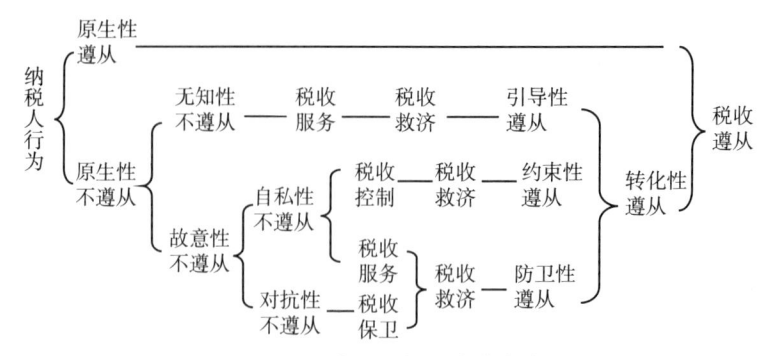

图 1-1 纳税人行为与税收遵从的关系

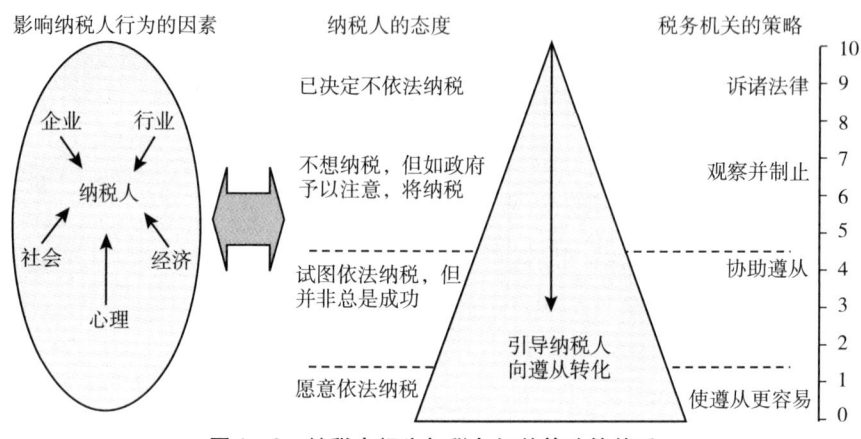

图 1-2 纳税人行为与税务机关策略的关系

>> 第二节
纳税服务发展历程与现状

一 我国纳税服务的发展历程

【知识点】各阶段纳税服务的显著特点与具体标志

1. 第一阶段：纳税服务概念的引入和确立（1990—2001 年）

2001 年《中华人民共和国税收征收管理法》出台，将纳税服务确定为税务机关法定职责，纳税服务由原来的税务人员职业道德范畴上升到法律范畴。

2. 第二阶段：纳税服务工作起步（2002—2007 年）

（1）2002 年 8 月，国家税务总局在征收管理司成立纳税服务处，负责全国税务系统纳税服务行政管理工作。

（2）2003年4月，《国家税务总局关于加强纳税服务工作的通知》（国税发〔2003〕38号）提出了加强纳税服务的十条指导性原则，对纳税服务工作提出具体要求。

（3）2005年10月，《国家税务总局关于印发〈纳税服务工作规范（试行）〉的通知》（国税发〔2005〕165号）对税收工作中的税收征收、管理、检查和实施税收法律救济等环节的纳税服务工作作出了明确的规定。

（4）2006年12月，《国家税务总局关于进一步推行办税公开工作的意见》（国税发〔2006〕172号）系统规范了税务系统推行办税公开工作的具体事项和要求，有效促进了纳税服务体系建设。

（5）2007年5月，第一次全国纳税服务工作会议召开，在系统总结纳税服务工作的基础上，对纳税服务工作的开展进行了全面的部署。

3. 第三阶段：纳税服务逐步发展和完善（2008年至今）

（1）2008年7月，国家税务总局设立了专为纳税人服务的司局级机构——纳税服务司，负责组织、管理、协调全国范围内的纳税服务工作。把服务工作提高到这样一个高度，在中国税收史上是第一次。

（2）2009年《全国税务系统2010—2012年纳税服务工作规划》，2011年《"十二五"时期纳税服务工作发展规划》，尤其是2015年《深化国税 地税征管体制改革方案》以及国务院印发的《2016年推进简政放权放管结合优化服务改革工作要点》等文件陆续出台，以纳税人为中心，涵盖税法宣传、纳税咨询、办税服务、权益保护、信用管理和社会协作全过程，并贯穿"放管服"全环节的纳税服务制度体系基本形成。

（3）12366纳税服务热线迅速发展，北京、上海两大国家级中心相继成立，初步建成集纳税咨询、税法宣传、办税服务、投诉受理、需求管理、纳税人满意度调查六项功能于一体的综合性纳税服务平台。电子税务局建设快速推进，逐步打造全天候、全方位、全覆盖、全流程、全联通的智慧税务生态环境。

（4）2014—2016年，国家税务总局陆续出台了纳税服务规范及升级版，统一了全国税务系统的纳税服务事项、服务要求和服务标准，为各级税务机关规范化开展纳税服务工作提供了有效的制度支撑，确保了全国税务系统征管一个流程、服务一个标准、执法一把尺子，真正实现了流程更优、环节更简、耗时更短、效果更佳的工作目标，标志着我国纳税服务工作逐步进入规范化发展快车道。

（5）2018年5月1日，全国税务系统按照"稳定优先、分类推进、便捷办税、协同高效"原则，全面推行"一厅通办""一键咨询"，切实推进国税地税办税服务融合。

（6）2018年8—10月，省、市、县、乡四级税务机关"三定"到位，省、市税务机关成立纳税服务处（科）和纳税服务中心，县税务机关成立纳税服务科（股）和第一税务分局（所），纳税服务机构不断健全、纳税服务队伍不断壮大。

（7）2021年，12366热线作为全国税务系统统一服务热线，以分中心的形式归并到所在地的12345热线，保留号码和话务座席，做好对12345平台的支撑，无缝承接和快速办理12345热线转办的诉求，共享相关的咨询数据信息，为纳税人缴费人提供更加优质、便捷、精细的服务。

（8）2021年至今，全国税务系统深入推进办税缴费便利化改革，持续优化纳税缴费流程，大力推广"非接触式"办税缴费服务，依托电子税务局、手机App、自助办税终端，进一步拓展网上办税缴费事项范围，大力推广第三方支付等多元化税费缴纳方式，不断提升纳税缴费事项办理便利度。

二 现代纳税服务体系的科学构建

【知识点1】纳税服务的内容

1. 税法宣传；
2. 纳税咨询；
3. 办税服务；
4. 权益保护；
5. 信用管理；
6. 社会协作。

【知识点2】纳税服务与税收征管的关系

1. 税收征管与纳税服务是相互依存的；
2. 税收征管与纳税服务是辩证统一的；
3. 税收征管与纳税服务是互相促进的。

【知识点3】纳税服务现代化

坚持问题导向，完善体制机制，深化"放管服"改革，为纳税人提供更优的办税便利，为创新创业打造更好的营商环境，是税收现代化的重要内容。纳税服务现代化的目标应紧跟经济、社会、文化现代化的潮流与步伐，在借鉴发达国家管理经验的基础上，结合我国国情，予以继承、发展和创新，形成具有中国特色的纳税服务理论体系、制度安排和管理实践，形成理念先进、制度完善、平台多样、标准统一、保障有力、考核科学的现代化纳税服务体系。

1. 形成自觉遵从的税收征纳关系；
2. 建成规范法治的纳税服务体系；
3. 建立持续改进的纳税服务机制；
4. 构建社会共治的纳税服务模式。

三 税费服务新体系

【知识点】税费服务新体系

中共中央办公厅、国务院办公厅印发《关于进一步深化税收征管改革的意见》指出，要大力推行优质高效智能税费服务。

1. 主要目标。到2025年，深化税收征管制度改革取得显著成效，基本建成功能强大的智慧税务，形成国内一流的智能化行政应用系统，全方位提高税务执法、服务、监管能力。

2. 切实减轻办税缴费负担。积极通过信息系统采集数据，加强部门间数据共享，着力减少纳税人缴费人重复报送。全面推行税务证明事项告知承诺制，拓展容缺办理事项，持续扩大涉税资料由事前报送改为留存备查的范围。

3. 加快推进智慧税务建设。充分运用大数据、云计算、人工智能、移动互联网等现代信息技术，着力推进内外部涉税数据汇聚联通、线上线下有机贯通，驱动税务执法、服务、监管制度创新和业务变革，进一步优化组织体系和资源配置。2025年实现税务执法、服务、监管与大数据智能化应用深度融合、高效联动、全面升级。

4. 稳步实施发票电子化改革。2021年建成全国统一的电子发票服务平台，24小时在线免费为纳税人提供电子发票申领、开具、交付、查验等服务。制定出台电子发票国家标准，有序推进铁路、民航等领域发票电子化，2025年基本实现发票全领域、全环节、全要素电子化，着力降低制度性交易成本。

5. 深化税收大数据共享应用。2025年建成税务部门与相关部门常态化、制度化数据共享协调机制，依法保障涉税涉费必要信息获取；健全涉税涉费信息对外提供机制，打造规模大、类型多、价值高、颗粒度细的税收大数据，高效发挥数据要素驱动作用。

6. 维护纳税人缴费人合法权益。完善纳税人缴费人权利救济和税费争议解决机制，畅通诉求有效收集、快速响应和及时反馈渠道。严格保护纳税人缴费人及扣缴义务人的商业秘密、个人隐私等，严防个人信息泄露和滥用等。税务机关和税务人员违反有关法律法规规定、因疏于监管造成重大损失的，依法严肃追究责任。

第三节 营商环境指标与服务创新发展

一、营商环境指标

【知识点1】我国营商环境发展

党的十八大以来，我国政府高度重视优化营商环境工作，营商环境不断改善，全球排名不断跃升。2019年，国务院发布《优化营商环境条例》，标志着我国优化营商环境进入新阶段。2022年，国务院印发《"十四五"市场监管现代化规划》；同年，《中共中央 国务院关于加快建设全国统一大市场的意见》发布，就优化营商环境作出了更长期、更高层次的规划和指引。

【知识点2】世界银行与纳税有关的营商环境指标

2022年2月4日，世界银行发布新营商环境测评体系项目概念说明，评价指标发生较大变化。项目计划于2023年最后三个月内发布世界银行新版《营商环境报告》。这意味着，世界银行的"营商环境"（Doing Business，DB）项目，由新的"宜商环境"（Business Enabling Environment，BEE）项目取代。新的"纳税"指标下设"监管框架""公共服务（即纳税服务）"和"税收负担和税收制度的效率"三类二级指标。

（1）监管框架，主要涉及税收立法质量，包括税收条款的清晰性、税收立法的稳定性、记录保存和归档的复杂性、制定税收制度的透明性。

（2）公共服务（即纳税服务），包括电子税务申报、纳税和评估系统、风险审计、争议解决机制、税务管理透明度。

（3）税收负担和税收制度的效率，反映前两项指标组合的有效性，包括总税收和税费率、时间。

BEE调查的"总税收和税费率"由原来的名义税率改为采用实际税率，将税收激励、扣减、减免纳入考查范围。这表明世界银行正考虑将更多要素纳入新指标体系。

二、服务创新发展

2013年以来，税务部门一直致力于推动市场化、法治化、国际化的税收营商环境建设，通过聚力数字化升级和智能化改造两大支点，夯实精确执法、精细服务、精准监管、精诚共治四个基础，为实现高质量发展努力营造良好税收营商环境。

【知识点1】税收营商环境改革发展历程

1. 第一阶段：规范探索阶段（2013—2015年）

我国政府持续加快政府职能转变，推动营商环境持续提档升级。税务部门按照部署要求，结合我国国情和税情深入探索税收改革路径，打造具有鲜明税务特色的"便民办税春风行动"服务品牌，建立全国性业务规范，提供标准化的办税服务，不断优化税收营商"软"环境，持续增强发展"硬"实力。

2. 第二阶段：高效突破阶段（2016—2018年）

我国优化营商环境改革按下"快进键"。税务部门顺利完成省级及以下国税地税机构合并，高度整合服务资源，有效提升征管效能，同时紧扣"减环节、减次数，简流程、简资料，降门槛、降成本"等要点发力，在简政放权上做好"减法"，在后续管理上做好"加法"，在优化服务上做好"乘法"。

3. 第三阶段：智能跨越阶段（2019—2024年）

我国正式实施《优化营商环境条例》，对优化营商环境提出了更高要求。税务部门认真落实《优化营商环境条例》，持续提升办税缴费服务质效。紧紧围绕《优化营商环境条例》部署要求，积极谋划"金税四期"工程，推进智慧税务建设。推广数字化电子发票应用、多元化网上办税渠道、精准化政策辅导推送，不断提高办税缴费效率。深化税收大数据在社会治理中的深层应用，推动建立集精确执法、精细服务、精准监管、精诚共治于一体的现代化税收征管服务体系。

【知识点2】优化营商环境的显著成就

1. 税收法治

（1）推动税费立法，提高税收制度确定性。我国现行的税种中，包括企业所得税、个人所得税、车船税、环境保护税、烟叶税、船舶吨税、耕地占用税、车辆购置税、资源税、城市维护建设税、契税、印花税在内的12个税种已完成立法，增值税、消费税等税种立法工作正在稳步推进。

（2）优化征管制度，提高税收制度稳定性。税务部门推动以《中华人民共和国税收征收管理法》为统领，包括《中华人民共和国税收征收管理法实施细则》《中华人民共和国发票管理办法》等行政法规在内的税收征管法律制度体系全面建立。

（3）完善文件制定，提高税收制度规范性。税务部门不断完善部门规章和规范性文件的制定管理制度。2019年，先后修订《税务部门规章制定实施办法》《税务规范性文件制定管理办法》，明确部门规章和规范性文件制定管理的具体规定；2021年，再次修订《税务规范性文件制定管理办法》，建立税务规范性文件权益性审核机制，切实加强税务规范性文件权益性审核、合法性审核、合规性评估及公平竞争审查,确保制定发布的税务规范性文件合法合规。

2. 简政便民

(1) 强化诉求管理,保障公众参与。税务部门充分保障税收立法公众参与度,建立小微企业涉税诉求和意见快速响应机制,开展纳税人需求调查和满意度调查,广泛收集纳税人意见建议,让纳税人和社会公众更大程度参与税收改革以及政策措施的制定、执行、监督。

(2) 推进政务公开,保障公众知情。税务部门坚持"以公开为常态、不公开为例外"原则,制定了《国家税务总局关于全面推进政务公开工作的意见》《全面推进政务公开工作实施办法》《税收管理领域基层政务公开标准指引》等一批规范政务公开的办法规则,全面推进税务行政决策、执行、管理、服务、结果的公开,不断提升政务公开标准化规范化。

(3) 完善投诉管理,保障公众监督。税务部门建立健全纳税服务投诉管理制度,公开纳税人监督投诉、涉税检举方式和渠道,建立服务投诉快速反应机制和涉税违法举报快捷处理通道,建成税务部门政务服务"好差评"评价体系。

3. 减税降费

(1) 企业发展享红利。将税制改革与减税降费相结合,通过制度性安排与阶段性政策结合,普惠性减税与结构性减税并举,围绕简并降低增值税税率、支持科技创新等出台系列优惠政策,进一步支持实体经济,服务民营经济,助力小微企业、个体工商户等经营主体成长。

(2) 社保个税减负担。税务部门统筹落实降低企业社保费率、阶段性减免企业社保费,确保企业特别是小微企业社保费负担有实质性下降。分步推进个人所得税改革,2018年实施的综合与分类相结合的个人所得税改革,是我国个人所得税改革历史上程度最深、影响最广的一次,实现了税制模式的根本性转变。

(3) 社会创新添动力。通过逐步优化研发费用加计扣除政策,帮助"成长期"创新企业实现研发活动"减成本",创新活力"添成效"。为帮助科技创新企业抢占科技制高点,出台一系列税收利好政策,助力"成熟期"创新企业进一步做大做强。

4. 优化服务

(1) 电子税务局应用广。电子税务局整合网上涉税事项办理与查询、税务咨询、预约办理及税务培训等功能,覆盖网页Web端、手机App、PC客户端,形成全平台一体化的电子办税新模式,纳税人足不出户即可办理涉税业务。

(2) 税费合并集成办。不断扩大税费种合并申报范围,优化改造申报流程,逐步提高数据使用效率,促进办税缴费便利化水平持续提升。

(3) 征纳互动问办一体。2022年,税务部门构建以"精准推送、智能交互、办问协同、全程互动"为特征的征纳互动服务新模式，将智能、高效、精准、便捷的互动融入税费服务的全过程。2024年，深化拓展征纳互动服务应用场景，建立健全收件、办理两地窗口协同联动工作机制，依托征纳互动为经营主体提供跨区业务联办通办服务。

>> 第四节
纳税服务社会协作

一 纳税服务社会协作体系

【知识点】纳税服务社会协作体系的构成

纳税服务社会协作，是指除税务机关以外，其他营利性专业机构、非营利性专业组织以及税务机关联合其他政府部门和组织等，为指导、帮助和方便纳税人正确履行纳税义务而提供的各种服务的统称。

在我国，营利性专业机构主要是税务师事务所，专门从事与纳税人有关的纳税事宜，服务范围广泛，服务效率和专业化水准较高，还有一些会计师事务所、律师事务所、代理记账公司和其他财务税务咨询机构，根据自身业务擅长提供相对比较单一的服务。非营利性专业组织包括纳税服务志愿者协会、纳税人学校等，为纳税人无偿提供税务咨询、援助和培训等。"无缝化"纳税服务包括政府招商引资部门、海关、市场监管等部门相关纳税服务，以及税务代征机构等，方便纳税人提高办事效率，减轻负担。

二 涉税专业服务监管

【知识点1】涉税专业服务机构概述

1. 税务机关对涉税专业服务机构在中华人民共和国境内从事涉税专业服务进行监管。
2. 涉税专业服务机构，是指税务师事务所和从事涉税专业服务的会计师事务所、律师事务所、代理记账机构、税务代理公司、财税类咨询公司等机构。

【知识点2】涉税专业服务机构的主要业务

涉税专业服务机构可以从事下列涉税业务：

1. 纳税申报代理。对纳税人、扣缴义务人提供的资料进行归集和专业判断，代理纳税人、扣缴义务人进行纳税申报准备和签署纳税申报表、扣缴税款报告表以及相关文件。

2. 一般税务咨询。对纳税人、扣缴义务人的日常办税事项提供税务咨询服务。

3. 专业税务顾问。对纳税人、扣缴义务人的涉税事项提供长期的专业税务顾问服务。

4. 税收策划。对纳税人、扣缴义务人的经营和投资活动提供符合税收法律法规及相关规定的纳税计划、纳税方案。

5. 涉税鉴证。按照法律、法规以及依据法律、法规制定的相关规定要求，对涉税事项真实性和合法性出具鉴定和证明。

6. 纳税情况审查。接受行政机关、司法机关委托，依法对企业纳税情况进行审查，作出专业结论。

7. 其他税务事项代理。接受纳税人、扣缴义务人的委托，代理建账记账、发票领用、减免退税申请等税务事项。

8. 其他涉税服务。

上述第3~6项涉税业务，应当由具有税务师事务所、会计师事务所、律师事务所资质的涉税专业服务机构从事，相关文书应由税务师、注册会计师、律师签字，并承担相应的责任。

【知识点3】涉税专业服务机构的行政登记管理

税务机关应当对税务师事务所实施行政登记管理。未经行政登记不得使用"税务师事务所"名称，不能享有税务师事务所的合法权益。

税务师事务所合伙人或者股东由税务师、注册会计师、律师担任，税务师占比应高于50%，国家税务总局另有规定的除外。

税务师事务所办理商事登记后，应当向省税务机关办理行政登记。省税务机关准予行政登记的，颁发《税务师事务所行政登记证书》，并将相关资料报送国家税务总局，抄送省税务师行业协会。不予行政登记的，书面通知申请人，说明不予行政登记的理由。

【知识点4】涉税专业服务机构的相关管理规定

1. 涉税专业服务机构应当以年度报告形式，向税务机关报送从事涉税专业服务的总体情况。

税务师事务所、会计师事务所、律师事务所从事专业税务顾问、税收策划、涉税鉴证、纳税情况审查业务，应当在完成业务的次年3月31日前向税务机关单独报送相关业务信息。

2. 涉税专业服务机构开展业务应当根据服务协议约定以及质量管理要求，执行必要的业务程序,形成业务成果。业务成果应当根据具体业务类型选择恰当的形式,一般包括业务报告、专业意见、办税表单以及留存备查资料等形式。业务成果应当事实清楚、证据充分、依据正确、程序合法、内容恰当、结论正确。

3. 未经委托人同意,涉税专业服务机构不得向任何第三方提供业务档案,但下列情况除外:

(1) 税务机关实施涉税专业服务行政监管需要查阅的;

(2) 税务机关依法开展税务检查需要查阅的;

(3) 法律、行政法规另有规定的。

4. 涉税专业服务机构及其涉税服务人员有下列情形之一的,由税务机关责令限期改正或予以约谈;逾期不改正的,由税务机关降低信用等级或纳入信用记录,暂停受理所代理的涉税业务(暂停时间不超过6个月);情节严重的,由税务机关纳入涉税服务失信名录,予以公告并向社会信用平台推送,其所代理的涉税业务,税务机关不予受理:

(1) 使用税务师事务所名称未办理行政登记的;

(2) 未按照办税实名制要求提供涉税专业服务机构和从事涉税服务人员实名信息的;

(3) 未按照业务信息采集要求报送从事涉税专业服务有关情况的;

(4) 报送信息与实际不符的;

(5) 拒不配合税务机关检查、调查的;

(6) 其他违反税务机关监管规定的行为。

税务师事务所有上述第(1)项情形且逾期不改正的,省税务机关应当提请市场监管部门吊销其营业执照。

5. 涉税专业服务机构及其涉税服务人员有下列情形之一的,由税务机关列为重点监管对象,降低信用等级或纳入信用记录,暂停受理所代理的涉税业务(暂停时间不超过6个月);情节较重的,由税务机关纳入涉税服务失信名录,予以公告并向社会信用平台推送,其所代理的涉税业务,税务机关不予受理;情节严重的,其中,税务师事务所由省税务机关宣布《税务师事务所行政登记证书》无效,提请市场监管部门吊销其营业执照,提请全国税务师行业协会取消税务师职业资格证书登记、收回其职业资格证书并向社会公告,其他涉税服务机构及其从事涉税服务人员由税务机关提请其他行业主管部门及行业协会予以相应处理:

(1) 违反税收法律、行政法规,造成委托人未缴或者少缴税款,按照《中华人民共和国税收征收管理法》及其实施细则相关规定被处罚的;

(2) 未按涉税专业服务相关业务规范执业,出具虚假意见的;

(3) 采取隐瞒、欺诈、贿赂、串通、回扣等不正当竞争手段承揽业务,损害委托人或他人利益的;

(4) 利用职务之便，牟取不正当利益的；
(5) 以税务机关和税务人员的名义敲诈纳税人、扣缴义务人的；
(6) 向税务机关工作人员行贿或者指使、诱导委托人行贿的；
(7) 其他违反税收法律法规的行为。

涉税专业服务机构和从事涉税服务人员应当严格遵守税收法律法规及《涉税专业服务监管办法（试行）》的规定，不得借税收改革巧立名目乱收费，不得利用所掌握的涉税信息谋取不当经济利益，不得在办税服务厅招揽业务影响办税秩序，不得以税务机关的名义招揽生意，损害纳税人合法权益。

三 严禁违规插手涉税中介经营活动

【知识点1】税务人员严禁出现5类违规插手涉税中介经营活动的行为

1. 直接开办或者投资入股涉税中介，在涉税中介挂名、兼职（任职）或者出借（出租）注册税务师等资格证书，以任何理由强行安置配偶、子女及其配偶在涉税中介机构就业。

2. 强制、指定或者变相强制、变相指定纳税人接受涉税中介服务。

3. 以任何名目在涉税中介报销费用、领取补贴（补助）或以其他形式取得经济利益。

4. 利用税收征管权、检查权、执法权、政策解释权和行政监管权，与中介机构合谋作出有关资格认定、税收解释或决定，使纳税人不缴税、少缴税或减免退抵税，非法获取利益。

5. 其他违反规定插手涉税中介经营活动的行为。

【知识点2】税务机关领导干部落实3项制度

1. 报告制度。副处级以上领导干部应在每年度《领导干部个人有关事项报告表》"配偶、子女从业情况""配偶、共同生活的子女投资非上市公司、企业的情况"和"配偶、共同生活的子女注册个体工商户、个人独资企业或者合伙企业的情况"栏中，按要求填报从事涉税中介经营活动的情况。

2. 回避制度。领导干部配偶、子女及其配偶在本人管辖的业务范围内从事与税收业务相关的中介活动，应该回避，经劝阻其配偶、子女及其配偶拒不退出或者本人不服从工作调整的，依规进行处理。

3. 职后从业限制制度。领导干部辞去公职或者退（离）休后3年内，不得到本人原任职务管辖的地区和业务范围内的涉税中介兼职（任职），或从事涉税中介营利性活动。

第二章
信息报告

第二章 信息报告

>> **知识架构**

信息报告
- 信息报告概述
  - 信息报告概述 —— 1个知识点
- 基础信息报告
  - 新办纳税人登记信息确认 —— 3个知识点
  - 一照一码户与两证整合个体工商户登记信息变更 —— 2个知识点
  - 纳税人（扣缴义务人）身份信息报告 —— 1个知识点
  - 自然人自主报告身份信息 —— 1个知识点
  - 扣缴义务人报告自然人身份信息报告 —— 1个知识点
  - 解除相关人员关联关系 —— 1个知识点
  - 税务文书电子送达确认 —— 1个知识点
- 制度信息报告
  - 新办企业存款账户账号、会计制度及核算软件备案报告 —— 2个知识点
  - 银税三方（委托）划缴协议 —— 1个知识点
- 跨区域信息报告
  - 跨区域涉税事项报告与报验 —— 1个知识点
  - 跨区域涉税事项信息反馈 —— 1个知识点
  - 跨省（市）迁移涉税事项报告 —— 1个知识点
- 资格信息报告
  - 增值税一般纳税人登记与选择按小规模纳税人纳税的情况说明 —— 2个知识点
  - 农产品增值税进项税额扣除标准备案 —— 1个知识点
  - 软件和集成电路产业企业所得税优惠事项资料报告 —— 1个知识点
  - 软件产品增值税即征即退进项分摊方式资料报送与信息报告 —— 1个知识点
- 特殊事项信息报告
  - 重要涉税事项报告 —— 1个知识点
  - 特殊个人所得税事项报告 —— 1个知识点

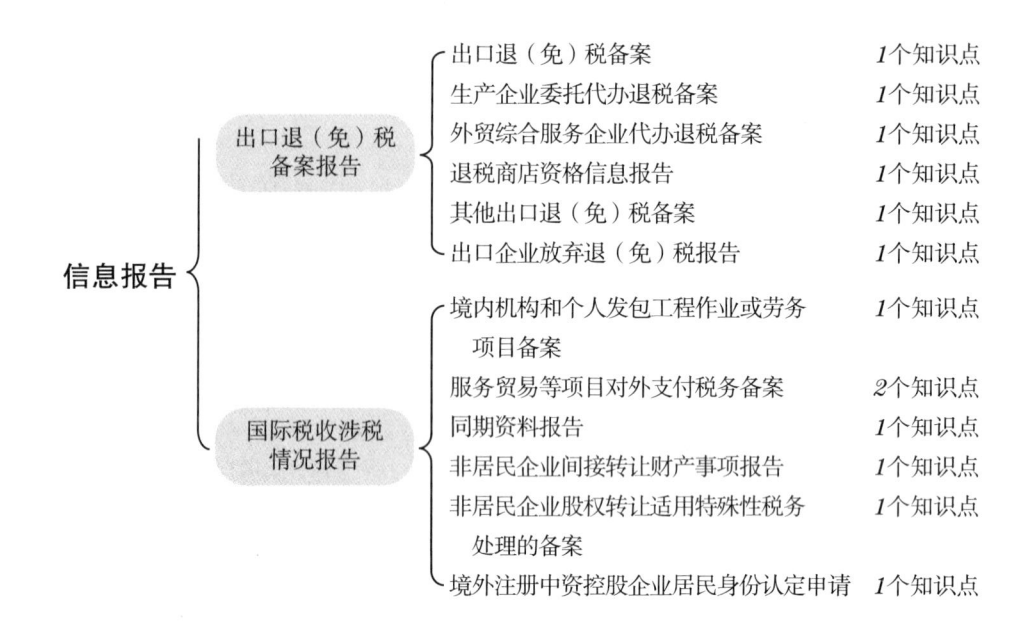

```
                    ┌ 出口退（免）税备案              1个知识点
                    │ 生产企业委托代办退税备案        1个知识点
       ┌ 出口退（免）税│ 外贸综合服务企业代办退税备案    1个知识点
       │  备案报告    │ 退税商店资格信息报告            1个知识点
       │             │ 其他出口退（免）税备案          1个知识点
       │             └ 出口企业放弃退（免）税报告      1个知识点
信息报告┤
       │             ┌ 境内机构和个人发包工程作业或劳务  1个知识点
       │             │   项目备案
       │             │ 服务贸易等项目对外支付税务备案    2个知识点
       │ 国际税收涉税 │ 同期资料报告                     1个知识点
       └  情况报告    │ 非居民企业间接转让财产事项报告   1个知识点
                     │ 非居民企业股权转让适用特殊性税务  1个知识点
                     │   处理的备案
                     └ 境外注册中资控股企业居民身份认定申请  1个知识点
```

>> 第一节
信息报告概述

信息报告概述

【知识点】信息报告概述

信息报告，是指纳税人、扣缴义务人、缴费人根据法律、法规的规定，向税务机关报告基础信息、制度信息、跨区域涉税信息、资格信息、特殊事项信息、出口退（免）税备案、国际税收涉税情况等内容的一项法定制度，是税务机关实施税收管理的基础工作，也是纳税人、扣缴义务人、缴费人依法履行义务的法定手续。

>> 第二节
基础信息报告

一　新办纳税人登记信息确认

【知识点1】一照一码户与个体工商户登记信息确认

实行"多证合一、一照一码"登记模式的纳税人，首次办理涉税事宜时，对市场监督管理等部门的共享信息进行确认。对开办首次申领发票涉及相关事项，纳税人可通过一次填报和确认《新办纳税人涉税事项综合申请表》办理。

个体工商户首次办理涉税事宜时，对税务机关依据外部信息交换系统获取的登记表单信息及其他税务管理信息进行确认。

【知识点2】新办纳税人"套餐式"服务

纳税人采用新办纳税人"套餐式"服务的，可在"套餐式"服务内一并办理财务会计制度及核算软件备案报告、存款账户账号报告、银税三方（委托）划缴协议等后续事项。

【知识点3】新办纳税人登记证件管理

办理一照一码户登记信息确认及个体工商户登记信息确认均无须纳税人提供材料。

新设立登记的企业、农民专业合作社和个体工商户完成一照一码户登记信息确认后，其加载统一社会信用代码的营业执照可代替税务登记证使用，不再另行发放税务登记证件。

二、一照一码户与两证整合个体工商户登记信息变更

【知识点1】在市场监管部门办理的信息变更业务

自2023年4月1日起，纳税人在市场监管部门依法办理变更登记后，无须向税务机关报告登记变更信息；各省、自治区、直辖市和计划单列市税务机关根据市场监管部门共享的变更登记信息，在金税三期核心征管系统自动同步变更登记信息。处于非正常、非正常户注销等状态的纳税人变更登记信息的，金税三期核心征管系统在其恢复正常状态时自动变更。

【知识点2】在税务机关办理的信息变更业务

一照一码户纳税人的生产经营地、财务负责人等非市场监管等部门登记信息发生变化时，向主管税务机关申报办理变更并向税务机关提供有关材料复印件。

经两证整合个体工商户申请，相应登记信息变更也可向税务机关申请办理。但纳税人名称、纳税人识别号、业主姓名、经营范围不能向税务机关申请办理相应变更手续，相关手续无须纳税人提供证明材料。

对于非市场监管等部门登记信息发生变化的一照一码户信息变更以及可由税务机关办理的两证整合个体工商户信息变更，办税服务厅根据纳税人有关材料录入数据。

经纳税人确认后，税务机关打印《变更税务登记表》，提醒纳税人进行确认。

三 纳税人（扣缴义务人）身份信息报告

【知识点】办理范围及办理规定

不适用"一照一码""两证整合"的纳税人，满足相应情形时应办理纳税人（扣缴义务人）身份信息报告。同时纳税人（扣缴义务人）身份信息发生变化的也通过纳税人（扣缴义务人）身份信息报告事项进行办理。

四 自然人自主报告身份信息

【知识点】办理范围及办理规定

以自然人名义纳税的中国公民、华侨、外籍人员和港澳台地区人员，可以由本人自主向税务机关报告身份信息。

对于首次报送信息的纳税人，税务机关采集纳税人信息，纳税人完成实名身份信息验证后由税务机关赋予纳税人识别号。根据《中华人民共和国个人所得税法》第九条的规定，纳税人有中国公民身份号码的，以中国公民身份号码为纳税人识别号；纳税人没有中国公民身份号码的，由税务机关赋予其纳税人识别号。

享受子女教育、继续教育、住房贷款利息或者住房租金、赡养老人、大病医疗、3岁以下婴幼儿照护专项附加扣除的纳税人，应向税务机关报送《个人所得税专项附加扣除信息表》，由税务机关采集相关家庭成员、房屋、受教育情况等基本信息。相关信息发生变化的，应及时向税务机关报告。

自然人以后可凭采集的身份证件信息向税务机关提出申请查询、打印纳税人识别号。

五 扣缴义务人报告自然人身份信息报告

【知识点】办理范围及办理规定

扣缴义务人首次向自然人纳税人支付所得，应于次月扣缴申报时，向税务机关报告自然人纳税人提供的身份信息。

被投资单位发生个人股东变动或者个人股东所持股权变动的，应当在次月15日内向主管税务机关报送股东变动信息及股东变更情况说明。

纳税人选择在扣缴义务人发放工资、薪金所得时享受专项附加扣除的，首次享受时，应当填写并向扣缴义务人报送《个人所得税专项附加扣除信息表》。由扣缴义务人报告信息的，扣缴义务人应当按照纳税人提供的信息计算税款、办理扣缴申报，不得擅自更改纳税人提供的信息。纳税人发现扣缴义务人提供或者扣缴申报的个人信息、支付所得、扣缴税款等信息与实际情况不符的，有权要求扣缴义务人修改。扣缴义务人拒绝修改的，纳税人应当报告税务机关。扣缴义务人发现纳税人提供的信息与实际情况不符的，可以要求自然人纳税人修改。自然人纳税人拒绝修改的，扣缴义务人应当报告税务机关。

六　解除相关人员关联关系

【知识点】办理范围及办理规定

主张身份证件被冒用于登记注册为法定代表人，根据登记机关登记信息的变化情况，更改该法定代表人与纳税人的关联关系，办结时限为即时办结。

主张身份证件被冒用于登记为财务负责人和其他办税人员，根据其出具的个人声明、公安机关接报案回执等相关资料，解除其与纳税人的关联关系，包括正常、非正常、非正常注销、注销等状态纳税人。办结时限为即时办结。

主张本人身份信息被其他单位或个人违法使用办理虚假纳税申报的自然人纳税人，可向税务机关进行检举。办结时限为30个工作日内办结，特殊情形需要延长办理时间的，最多延长30个工作日。

七　税务文书电子送达确认

【知识点】办理范围及办理规定

电子送达，是指税务机关通过电子税务局或者自然人税收管理系统等特定系统向纳税人、扣缴义务人（以下称受送达人）送达电子版式税务文书。电子送达与其他送达方式具有同等法律效力。受送达人可以据此办理涉税事宜，行使权利、履行义务。

受送达人同意采用电子送达的，需要登录特定系统或者到办税服务厅签订《税务文书电子送达确认书》。《税务文书电子送达确认书》包括电子送达的文书范围、效力、渠道和其他需要明确的事项。签订确认书后税务人员可以对受送达人采取电子送达的方式送达税务文书。

第三节 制度信息报告

一、新办企业存款账户账号、会计制度及核算软件备案报告

【知识点1】存款账户账号报告

从事生产、经营的纳税人应当自开立基本存款账户或者其他存款账户之日起15日内，依照法律、行政法规规定，向主管税务机关书面报告其全部账号；发生变化的，应当自发生变化之日起15日内，向主管税务机关书面报告。不能当场提供账户、账号开立证明复印件的纳税人可自主选择容缺办理，签署《容缺办理承诺书》，承担未履行承诺的相关责任，并在20个工作日内补正材料。

【知识点2】财务会计制度及核算软件备案报告

从事生产、经营的纳税人应当自领取税务登记证件起15日内，将其财务、会计制度或者财务、会计处理办法等信息报送税务机关备案。境外注册中资控股居民企业应当按照中国有关法律、法规和国务院财政、税务主管部门的规定，编制财务、会计报表，并在领取税务登记证件之日起15日内将企业的财务、会计制度或者财务会计、处理办法及有关资料报送主管税务机关备案。

纳税人使用计算机记账的，还应在使用前将会计电算化系统的会计核算软件、使用说明书及有关资料报送主管税务机关备案。

二、银税三方（委托）划缴协议

【知识点】办理范围及办理规定

银税三方（委托）划缴协议，是指纳税人需要使用电子缴税系统缴纳税费的，可以与税务机关、开户银行签署委托银行代缴税款三方协议或委托划转税款协议，实现使用电子缴税系统缴纳税费、滞纳金和罚款。

纳税人在办理"银税三方（委托）划缴协议"事项前，需先办理完成"存款账户账号报告"事项。

第四节 跨区域信息报告

一 跨区域涉税事项报告与报验

【知识点】办理范围及办理规定

纳税人跨省（自治区、直辖市和计划单列市）临时从事生产经营活动的，向机构所在地的税务机关填报《跨区域涉税事项报告表》，并向经营地税务机关报验跨区域涉税事项。

纳税人在省（自治区、直辖市和计划单列市）内跨县（市）临时从事生产经营活动的，是否实施跨区域涉税事项报验管理，由各省（自治区、直辖市和计划单列市）税务机关自行确定。纳税人跨区域经营合同延期的，可以选择在经营地或机构所在地的税务机关办理报验管理有效期限延期手续。

异地不动产转让和租赁业务不适用跨区域涉税事项管理相关制度规定，需根据《国家税务总局关于发布〈纳税人转让不动产增值税征收管理暂行办法〉的公告》（国家税务总局公告2016年第14号）、《国家税务总局关于发布〈纳税人提供不动产经营租赁服务增值税征收管理暂行办法〉的公告》（国家税务总局公告2016年第16号）中的相关条款办理。

税务机关工作人员应当通过信息系统在机构所在地和经营地税务机关之间传递跨区域涉税事项信息，实时共享。

二 跨区域涉税事项信息反馈

【知识点】办理范围及办理规定

纳税人跨区域经营活动结束后，应当结清经营地税务机关的应纳税款以及其他涉税事项，向经营地税务机关填报《经营地涉税事项反馈表》。

经营地税务机关核对资料，发现纳税人存在欠缴税款、多缴（包括预缴、应退未退）税款等未办结事项的，及时制发《税务事项通知书》，通知纳税人办理。纳税人不存在未办结事项的，经营地税务机关核销报验登记，在《经营地涉税事项反馈表》上签署意见（可使用业务专用章）。

经营地税务机关核对《经营地涉税事项反馈表》后，及时将相关信息反馈给机构所在地的税务机关。纳税人不需要另行向机构所在地的税务机关反馈。

三、跨省（市）迁移涉税事项报告

【知识点】办理范围及办理规定

1. 纳税人因住所、主要经营场所变化需要变更主管税务机关的且属于跨省（市）迁移的，向迁出地主管税务机关填报《跨省（市）迁移涉税事项报告表》。如同时符合下列条件，迁出地主管税务机关即时办结迁出手续：

（1）已在市场监管部门办结住所变更登记；

（2）未处于税务检查状态；

（3）已结清税（费）款、滞纳金及罚款；

（4）已缴销发票和税控设备；

（5）不存在其他未办结涉税事项。

若符合条件，迁出地主管税务机关在受理后出具《跨省（市）迁移税收征管信息确认表》，载明迁移纳税人可在迁入地承继、延续享受的相关资质及权益信息，同时提示纳税人应在规定时限内至迁入地履行纳税申报义务，《跨省（市）迁移税收征管信息确认表》经纳税人签字盖章确认无误后办理迁出，迁出地税务机关信息系统将迁移纳税人税收征管信息自动交换至迁入地税务机关信息系统。

2. 2024年7月29日，国家税务总局发布《关于进一步便利纳税人跨区迁移 服务全国统一大市场建设的通知》（税总征科发〔2024〕38号），规定自2024年9月1日起，从"优化事前提醒""提速事中办理""完善事后服务"等方面进一步为纳税人跨区迁移提供便利。该通知就事中办理提出具体要求：

（1）优化未结事项办理。申请跨区迁移的纳税人存在未办结涉税事项的，对依纳税人申请办理的事项，即时推送纳税人确认是否继续办理，纳税人选择继续办理的，税务机关应限时办结；纳税人选择不再办理的，税务机关应立即终结该涉税事项。对税务机关依职权发起的事项，按规定限时办结。

（2）简化发票使用手续。对使用全面数字化的电子发票的纳税人，信息系统自动将其发票额度转至迁入地。纳税人使用税控设备的，在省内迁移时，可线上变更税控设备信息，无须在迁出地税务机关缴销税控设备；在跨省迁移时，可线上远程注销税控设备，直接向迁入地税务机关领用税控设备，或使用全面数字化的电子发票。

（3）分类处理涉税风险。纳税人存在未完成风险任务的，税务机关对低风险的即时办理迁移手续，将风险任务推送至迁入地税务机关继续处理；税务机关对中、高风险的按规定限时完成风险应对，及时办理迁移手续。

（4）优化退税办理环节。纳税人存在多缴税款的，信息系统自动提醒办理退税，对选择在迁移前办理退税的，税务机关应限时办理；对选择暂不退税的，税务机关辅导纳税人在迁移后办理退税。

>> 第五节
资格信息报告

一　增值税一般纳税人登记与选择按小规模纳税人纳税的情况说明

【知识点1】增值税一般纳税人登记

增值税纳税人年应税销售额超过财政部、国家税务总局规定的小规模纳税人标准的，除特殊规定外，应当办理一般纳税人登记。

年应税销售额未超过规定标准的纳税人，会计核算健全、能够提供准确税务资料的，可以办理一般纳税人登记。

年应税销售额，是指纳税人在连续不超过 12 个月或 4 个季度的经营期内累计应征增值税销售额。财政部、国家税务总局规定的增值税小规模纳税人标准为年应征增值税销售额 500 万元及以下。

纳税人应在年应税销售额超过规定标准的月份（季度）所属申报期结束后 15 日内办理增值税一般纳税人登记或者选择按照小规模纳税人纳税的手续；未按规定时限办理的，应在收到《税务事项通知书》后 5 日内向主管税务机关办理相关手续；逾期未办理的，自通知时限期满的次月起按销售额依照增值税税率计算应纳税额，不得抵扣进项税额，直至办理相关手续为止。

可不办理增值税一般纳税人登记的特殊规定是指：应税销售额超过规定标准的自然人不办理增值税一般纳税人登记；非企业性单位、年应税销售额超过规定标准且不经常发生应税行为的单位和个体工商户，可选择按照小规模纳税人纳税。

从事成品油销售的加油站、航空运输企业、电信企业总机构及其分支机构，一律由主管税务机关登记为增值税一般纳税人。

【知识点2】选择按小规模纳税人纳税的情况说明

非企业性单位，年应税销售额超过财政部、国家税务总局规定的增值税小规模纳税人标准且不经常发生应税行为的单位和个体工商户,可向主管税务机关提交书面说明,选择按照小规模纳税人纳税。

纳税人年应税销售额超过财政部、国家税务总局规定的小规模纳税人标准,选择按小规模纳税人纳税的,应在年应税销售额超过规定标准的月份(季度)所属申报期结束后15日内办理;未按规定时限办理的,在接到主管税务机关《税务事项通知书》后5日内办理;逾期仍不办理的,次月起按销售额依照增值税税率计算应纳税额,不得抵扣进项税额,直至纳税人办理相关手续为止。

二、农产品增值税进项税额扣除标准备案

【知识点】办理范围及办理规定

农产品增值税进项税额扣除标准备案,是指纳入农产品增值税进项税额核定扣除试点范围的纳税人,购进农产品直接销售、购进农产品用于生产经营且不构成货物实体扣除标准的核定采取备案制。

试点纳税人购进农产品直接销售、购进农产品用于生产经营且不构成货物实体的,应在申报缴纳税款时向主管税务机关备案。

自2019年4月1日起,纳税人购进农产品,原适用10%扣除率的,扣除率调整为9%。纳税人购进用于生产或者委托加工13%税率货物的农产品,按照10%的扣除率计算进项税额。

试点纳税人购进农产品直接销售的,农产品增值税进项税额按照以下方法核定扣除:

当期允许抵扣农产品增值税进项税额=当期销售农产品数量÷(1-损耗率)×农产品平均购买单价×扣除率÷(1+扣除率)

损耗率=损耗数量÷购进数量

试点纳税人购进农产品用于生产经营且不构成货物实体的(包括包装物、辅助材料、燃料、低值易耗品等),增值税进项税额按照以下方法核定扣除:

当期允许抵扣农产品增值税进项税额 = 当期耗用农产品数量 × 农产品平均购买单价 × 扣除率÷(1+扣除率)

三、软件和集成电路产业企业所得税优惠事项资料报告

【知识点】办理范围及办理规定

软件和集成电路产业企业所得税优惠事项资料报告,是指享受集成电路生产企业、集成电路设计企业和软件企业税收优惠政策的纳税人,应当在完成年度汇算清缴后,

汇算清缴期结束前，按照《企业所得税优惠事项管理目录（2017年版）》"后续管理要求"项目中列示的清单向税务机关提交资料。

纳税人进行软件和集成电路产业企业所得税优惠事项资料报告后，还应将提交资料的留存件留存备查，从企业享受优惠事项当年的企业所得税汇算清缴期结束次日起保留10年。

企业未能按照税务机关要求提供留存备查资料，或者提供的留存备查资料与实际生产经营情况、财务核算情况、相关技术领域、产业、目录、资格证书等不符，无法证实符合优惠事项规定条件的，或者存在弄虚作假情况的，税务机关将依法追缴其已享受的企业所得税优惠，并按照《中华人民共和国税收征收管理法》等相关规定处理。

注意区分集成电路生产企业税收优惠、集成电路设计企业税收优惠以及软件企业税收优惠的不同情形。

自2020年1月1日起，符合《国家鼓励的集成电路设计、装备、材料、封装、测试企业》（工业和信息化部 国家发展改革委 财政部 国家税务总局公告2021年第9号）规定条件的集成电路设计、装备、材料、封装、测试企业，按照《国家税务总局关于发布修订后的〈企业所得税优惠政策事项办理办法〉的公告》（国家税务总局公告2018年第23号）规定的"自行判别、申报享受、相关资料留存备查"的办理方式享受税收优惠。享受优惠的企业在完成年度汇算清缴后，按要求将主要留存备查资料提交税务机关，由税务机关按照《财政部 国家税务总局 发展改革委 工业和信息化部关于软件和集成电路产业企业所得税优惠政策有关问题的通知》（财税〔2016〕49号）第十条规定转请省级工业和信息化主管部门进行核查。

四 软件产品增值税即征即退进项分摊方式资料报送与信息报告

【知识点】办理范围及办理规定

软件产品增值税即征即退进项分摊方式资料报送与信息报告，是指增值税一般纳税人在销售软件产品的同时销售其他货物或者应税劳务的，对于无法划分的进项税额，应按照实际成本或销售收入比例确定软件产品应分摊的进项税额；对专用于软件产品开发生产设备及工具的进项税额，不得进行分摊。纳税人应将选定的分摊方式报主管税务机关备案，并自备案之日起1年内不得变更。

专用于软件产品开发生产的设备及工具，包括但不限于用于软件设计的计算机设备、读写打印器具设备、工具软件、软件平台和测试设备。

第六节 特殊事项信息报告

一 重要涉税事项报告

【知识点】报告事项内容及具体规定

1. 欠缴税款数额较大（5万元以上）的纳税人在对其不动产或者大额资产进行转让、出租、出借、提供担保等处分之前，应当向税务机关报告。

2. 纳税人有合并、分立情形的，应当向税务机关报告。纳税人有合并、分立情形的，应当同时依法缴清税款。纳税人合并时未缴清税款的，由合并后的纳税人继续履行未履行的纳税义务；纳税人分立时未缴清税款的，分立后的纳税人对未履行的纳税义务承担连带责任。

3. 纳税人首次申报城镇土地使用税、房产税、车船税、印花税、资源税、耕地占用税、契税、土地增值税、环境保护税、烟叶税纳税时，或相关税源信息发生变化时，应进行财产和行为税税源信息报告。

4. 居民企业总机构及分支机构（包括不就地分摊缴纳企业所得税的二级分支机构）应填报《企业所得税汇总纳税总分机构信息备案表》，将总机构、所有上级分支机构及下属分支机构信息报送至各自所在地主管税务机关备案。

非居民企业汇总纳税的各机构、场所应在首次办理汇总缴纳企业所得税申报时，向所在地主管税务机关报送全部机构、场所等信息。

二 特殊个人所得税事项报告

【知识点】报告事项内容及具体规定

1. 非上市公司授予本公司员工的股票期权、股权期权、限制性股票和股权奖励，符合规定条件的，经向主管税务机关备案，可实行递延纳税政策。员工在取得股权激励时可暂不纳税，递延至转让该股权时纳税。上市公司授予个人的股票期权、限制性股票和股权奖励，经向主管税务机关备案，个人可自股票期权行权、限制性股票解禁或取得股权奖励之日起，在不超过36个月的期限内缴纳个人所得税。个人以技术成果投资入股到境内居民企业，被投资企业支付的对价全部为股票（权）的，经向主管税务机关备案，投资入股当期可暂不纳税，允许递延至转让股权时，按股权转让收入减去技术成果原值和合理税费后的差额计算缴纳所得税。个人因非上市公司实施股权激励或以技术成果投资入股取得的股票（权），实行递延纳税期间，扣缴义务人应向主管税务机关报告。建立年金计划以及年金方案、受托人、托管人发生变化的企事业单位应向所在地主管税务机关报告企业年金、职业年金情况。

2. 个人以非货币性资产投资，一次性缴税有困难的，可合理确定分期缴纳计划并报主管税务机关备案，自发生上述应税行为之日起不超过5个公历年度（含）内分期缴纳个人所得税。

中小高新技术企业以未分配利润、盈余公积、资本公积向个人股东转增股本时，个人股东一次缴纳个人所得税确有困难的，可自行制定分期缴税计划，由企业向主管税务机关办理报告备案，在不超过5个公历年度（含）内分期缴纳。

高新技术企业转化科技成果，给予本企业相关技术人员的股权奖励，个人一次缴纳税款有困难的，可自行制定分期缴税计划，由企业向主管税务机关办理报告备案，在不超过5个公历年度（含）内分期缴纳。

3. 天使投资个人转让未上市的初创科技型企业股权，享受投资抵扣税收优惠时，应于股权转让次月15日内向主管税务机关报告。

合伙创投企业的个人合伙人享受投资抵扣税收政策的，合伙创投企业应在投资初创科技型企业满2年后的每个年度终了后3个月内，向合伙创投企业主管税务机关报告。

4. 符合《创业投资企业管理暂行办法》（发展改革委等10部门令第39号）或者《私募投资基金监督管理暂行办法》（证监会令第105号）有关规定完成备案且规范运作的合伙制创业投资企业（基金），可以选择按单一投资基金核算或者按创投企业年度所得整体核算两种方式之一，对其个人合伙人来源于创投企业的所得计算个人所得税应纳税额。上述合伙制创投企业选择按单一投资基金核算的，应当就其核算方式向主管税务机关报告备案。

>> 第七节
出口退（免）税备案报告

一、出口退（免）税备案

【知识点】办理范围及办理规定

出口企业或其他单位首次向税务机关申报出口退（免）税，应向主管税务机关办理出口退（免）税备案。

出口企业或其他单位备案登记的内容发生变更的，需自变更之日起 30 日内办理备案变更，需清税注销或撤回备案的应向主管税务机关申请办理撤回出口退（免）税备案手续。

经营融资租赁货物出口业务的企业应在首份融资租赁合同签订之日起 30 日内，向主管税务机关办理经营融资租赁退税备案手续。融资租赁业务出租方退税备案内容变更或撤回的，需向主管税务机关办理备案变更或备案撤回手续。

出口企业进行首次启运港退（免）税申报时，即视为出口企业完成启运港退（免）税备案。

广东横琴新区、福建平潭综合实验区内从区外购买货物的企业、区内水电气企业适用增值税和消费税退税政策的，应当向主管税务机关办理出口退（免）税备案手续。

退税代理机构首次申报境外旅客离境退税结算时，应先向主管税务机关办理退税代理机构备案。

二 生产企业委托代办退税备案

【知识点】办理范围及办理规定

符合条件的生产企业在已办理出口退（免）税备案后，首次委托外贸综合服务企业代办退税前，应当向主管税务机关办理委托代办出口退税备案。

委托代办退税的生产企业的《代办退税情况备案表》中的内容发生变更的，委托代办退税的生产企业应自变更之日起 30 日内，向主管税务机关申请办理备案内容的变更。

委托外贸综合服务企业代办退税的转登记纳税人，应在外贸综合服务企业主管税务机关按规定向外贸综合服务企业结清该转登记纳税人的代办退税款后，按照规定办理委托代办退税备案撤回。

生产企业办理撤回委托代办退税备案事项的，应在外贸综合服务企业主管税务机关按规定向外贸综合服务企业结清该生产企业的代办退税款后办理。

委托代办退税的生产企业办理撤回出口退（免）税备案事项的，应按规定先办理撤回委托代办退税备案事项。

三 外贸综合服务企业代办退税备案

【知识点】办理范围及办理规定

外贸综合服务企业在生产企业办理委托代办退税备案后，留存以下资料，即可为该生产企业申报代办退税，无须报送《代办退税情况备案表》（国家税务总局公告 2017 年第 35 号）和企业代办退税风险管控制度：

1. 与生产企业签订的外贸综合服务合同（协议）；
2. 每户委托代办退税生产企业的《代办退税情况备案表》；
3. 外贸综合服务企业代办退税风险管控制度、内部风险管控信息系统建设及应用情况。

生产企业办理委托代办退税备案变更后，外贸综合服务企业将变更后的《代办退税情况备案表》留存备查即可，无须重新报送该表。

四 退税商店资格信息报告

【知识点】办理范围及办理规定

1. 退税商店资格信息报告事项是指在落实境外旅客购物离境退税政策中，向境外旅客销售离境可申请退税物品的企业，向主管税务机关申请退税商店资格备案。
2. 申请办理退税商店备案企业应满足以下条件：
（1）具有增值税一般纳税人资格；
（2）纳税信用级别在 B 级以上；
（3）同意安装、使用离境退税管理系统，并保证系统应当具备的运行条件，能够及时、准确地向主管税务机关报送相关信息；
（4）已经安装并使用增值税发票系统升级版；
（5）同意单独设置退税物品销售明细账，并准确核算。
3. 退税商店备案资料所载内容发生变化的，应自有关变更之日起 10 日内向主管税务机关办理变更手续。

五 其他出口退（免）税备案

【知识点】办理范围及办理规定

1. 其他出口退（免）税备案事项是指出口企业为申报出口退（免）税或其他涉税业务而向税务机关申请办理的备案以及后续变更。具体包括：集团公司成员企业备案、免税品经营企业销售货物退税备案、边贸代理出口备案。
2. 集团公司成员企业备案。需要认定为可按收购视同自产货物申报免抵退税的集团公司，集团公司总部需向集团公司总部所在地的主管税务机关申请办理集团公司成员企业备案手续。

集团公司成员企业备案内容发生变更的，集团公司总部应向主管税务机关报送相关资料，重新办理备案。

集团公司成员企业备案不需要单独撤回，该备案信息随着集团公司总部出口退（免）税备案的撤回而失效。

3. 免税品经营企业销售货物退税备案。免税品经营企业享受销售货物退税政策的，应向主管税务机关申请备案。

如企业的经营范围发生变化，应在变化之日后的首个增值税纳税申报期内进行备案变更。

4. 边贸代理出口备案。从事以边境小额贸易方式代理外国企业、外国自然人报关出口货物业务的企业，需在货物报关出口之日（以出口货物报关单上的出口日期为准）次月起至次年 4 月 30 日前的增值税纳税申报期内，向主管税务机关申请办理边贸代理报关出口备案手续。

出口企业以边境小额贸易方式代理外国企业、外国自然人出口的货物，按规定已备案的，不属于增值税应税范围，其仅就代理费收入进行增值税申报。

六 出口企业放弃退（免）税报告

【知识点】办理范围及办理规定

1. 出口企业放弃退（免）税报告事项包括出口货物劳务放弃退（免）税备案、出口货物劳务放弃免税权备案和放弃适用增值税零税率备案。

2. 出口企业可以放弃全部适用退（免）税政策出口货物劳务的退（免）税，并选择适用增值税免税政策或征税政策。放弃适用退（免）税政策的出口企业，应向主管税务机关办理备案手续。自备案次日起 36 个月内，其出口的适用增值税退（免）税政策的出口货物劳务，适用增值税免税政策或征税政策。

3. 适用增值税免税政策的出口货物劳务，出口企业或其他单位如果放弃免税，实行按内销货物征税的，应向主管税务机关办理备案手续。自备案次月起执行征税政策，36 个月内不得变更。

4. 增值税零税率应税服务提供者提供适用增值税零税率的应税服务，如果放弃适用增值税零税率，选择免税或按规定缴纳增值税的，应向主管税务机关办理备案手续。自备案次月 1 日起 36 个月内，该企业提供的增值税零税率应税服务，不得申报增值税退（免）税。

第八节 国际税收涉税情况报告

一 境内机构和个人发包工程作业或劳务项目备案

【知识点】办理范围及办理规定

境内机构和个人向非居民发包工程作业或劳务项目的，应当自项目合同签订之日起30日内，向主管税务机关办理合同备案或劳务项目报告。

境内机构和个人发包工程作业或劳务项目变更的，应于项目合同变更之日起10日内，向主管税务机关办理变更报告。

二 服务贸易等项目对外支付税务备案

【知识点1】对外支付外汇资金，应当办理税务备案的情形

境内机构和个人向境外单笔支付等值5万美元以上（不含）下列外汇资金，除按规定无须办理税务备案的情形，均应向所在地主管税务机关进行税务备案：

（1）境外机构或个人从境内获得的包括运输、旅游、通信、建筑安装及劳务承包、保险服务、金融服务、计算机和信息服务、专有权利使用和特许、体育文化和娱乐服务、其他商业服务、政府服务等服务贸易收入。

（2）境外个人在境内的工作报酬，境外机构或个人从境内获得的股息、红利、利润、直接债务利息、担保费以及非资本转移的捐赠、赔偿、税收、偶然性所得等收益和经常转移收入。

（3）境外机构或个人从境内获得的融资租赁租金、不动产的转让收入、股权转让所得以及外国投资者其他合法所得。

【知识点2】对外支付外汇资金，无须办理税务备案的情形

境内机构和个人对外支付下列外汇资金，无须办理税务备案：

（1）境内机构在境外发生的差旅、会议、商品展销等各项费用；

（2）境内机构在境外代表机构的办公经费，以及境内机构在境外承包工程的工程款；

（3）境内机构发生在境外的进出口贸易佣金、保险费、赔偿款；

（4）进口贸易项下境外机构获得的国际运输费用；

（5）保险项下保费、保险金等相关费用；

（6）从事运输或远洋渔业的境内机构在境外发生的修理、油料、港杂等各项费用；

（7）境内旅行社从事出境旅游业务的团费以及代订、代办的住宿、交通等相关费用；

（8）亚洲开发银行和世界银行集团下属的国际金融公司从我国取得的所得或收入，包括投资合营企业分得的利润和转让股份所得、在华财产（含房产）出租或转让收入以及贷款给我国境内机构取得的利息；

（9）外国政府和国际金融组织向我国提供的外国政府（转）贷款［含外国政府混合（转）贷款］和国际金融组织贷款项下的利息，本项所称国际金融组织是指国际货币基金组织、世界银行集团、国际开发协会、国际农业发展基金组织、欧洲投资银行等；

（10）外汇指定银行或财务公司自身对外融资如境外借款、境外同业拆借、海外代付以及其他债务等项下的利息；

（11）我国省级以上国家机关对外无偿捐赠援助资金；

（12）境内证券公司或登记结算公司向境外机构或境外个人支付其依法获得的股息、红利、利息收入及有价证券卖出所得收益；

（13）境内个人境外留学、旅游、探亲等因私用汇；

（14）境内机构和个人办理服务贸易、收益和经常转移项下退汇；

（15）外国投资者以境内直接投资合法所得在境内再投资；

（16）财政预算内机关、事业单位、社会团体非贸易非经营性付汇业务；

（17）国家规定的其他情形。

三　同期资料报告

【知识点】办理范围及办理规定

企业应当依据《中华人民共和国企业所得税法实施条例》第一百一十四条的规定，按纳税年度准备并按税务机关要求提供其关联交易的同期资料。同期资料包括主体文档、本地文档和特殊事项文档。特殊事项文档包括成本分摊协议特殊事项文档和资本弱化特殊事项文档。

企业执行预约定价安排的，可以不准备预约定价安排涉及关联交易的本地文档和特殊事项文档。

企业仅与境内关联方发生关联交易的，可以不准备主体文档、本地文档和特殊事项文档。

依照规定需要准备主体文档的企业集团，如果集团内企业分属两个以上税务机关管辖，可以选择任一企业主管税务机关主动提供主体文档。集团内其他企业被主管税务机关要求提供主体文档时，在向主管税务机关书面报告集团主动提供主体文档情况后，可免于提供。

主体文档应当在企业集团最终控股企业会计年度终了之日起 12 个月内准备完毕；本地文档和特殊事项文档应当在关联交易发生年度次年 6 月 30 日之前准备完毕。同期资料应当自税务机关要求之日起 30 日内提供。

同期资料应当自税务机关要求的准备完毕之日起保存 10 年。

四 非居民企业间接转让财产事项报告

【知识点】办理范围及办理规定

非居民企业发生间接转让中国应税财产的，交易双方以及被间接转让股权的中国居民企业可以向主管税务机关报告股权转让事项，并提交以下资料：

（1）股权转让合同或协议；

（2）股权转让前后的企业股权架构图；

（3）境外企业及直接或间接持有中国应税财产的下属企业上两个年度财务、会计报表；

（4）间接转让中国应税财产交易不适用《国家税务总局关于非居民企业间接转让财产企业所得税若干问题的公告》（国家税务总局公告 2015 年第 7 号）第一条的理由。

五 非居民企业股权转让适用特殊性税务处理的备案

【知识点】办理范围及办理规定

非居民企业股权转让选择特殊性税务处理的，应于股权转让合同或协议生效且完成市场主体变更登记手续 30 日内进行备案。

股权转让方、受让方或其授权代理人办理备案时应填报以下资料：

（1）《非居民企业股权转让适用特殊性税务处理备案表》；

（2）股权转让业务总体情况说明，应包括股权转让的商业目的、证明股权转让符合特殊性税务处理条件、股权转让前后的公司股权架构图等资料；

（3）股权转让业务合同或协议；

（4）市场监管等相关部门核准企业股权变更事项证明资料；

（5）截至股权转让时，被转让企业历年的未分配利润资料；

（6）税务机关要求的其他材料。

六、境外注册中资控股企业居民身份认定申请

【知识点】办理范围及办理规定

境外注册中资控股企业应当根据生产经营和管理的实际情况，自行判定实际管理机构是否设立在中国境内。

境外注册中资控股企业符合居民企业认定条件的，应向其中国境内主要投资者登记注册地主管税务机关提出居民企业认定申请，同时提供以下资料：

（1）企业法律身份证明文件；

（2）企业集团组织结构说明及生产经营概况；

（3）企业上一个纳税年度的公证会计师审计报告；

（4）负责企业生产经营等事项的高层管理机构履行职责场所的地址证明；

（5）企业上一年度及当年度董事及高层管理人员在中国境内居住的记录；

（6）企业上一年度及当年度重大事项的董事会决议及会议记录；

（7）主管税务机关要求提供的其他资料。

非境内注册居民企业发生下列重大变化情形之一的，应当自变化之日起 15 日内报告主管税务机关，主管税务机关应当按照规定层报国家税务总局确定是否取消其居民身份。

（1）企业实际管理机构所在地变更为中国境外的；

（2）中方控股投资者转让企业股权，导致中资控股地位发生变化的。

第三章 发票办理

>> 知识架构

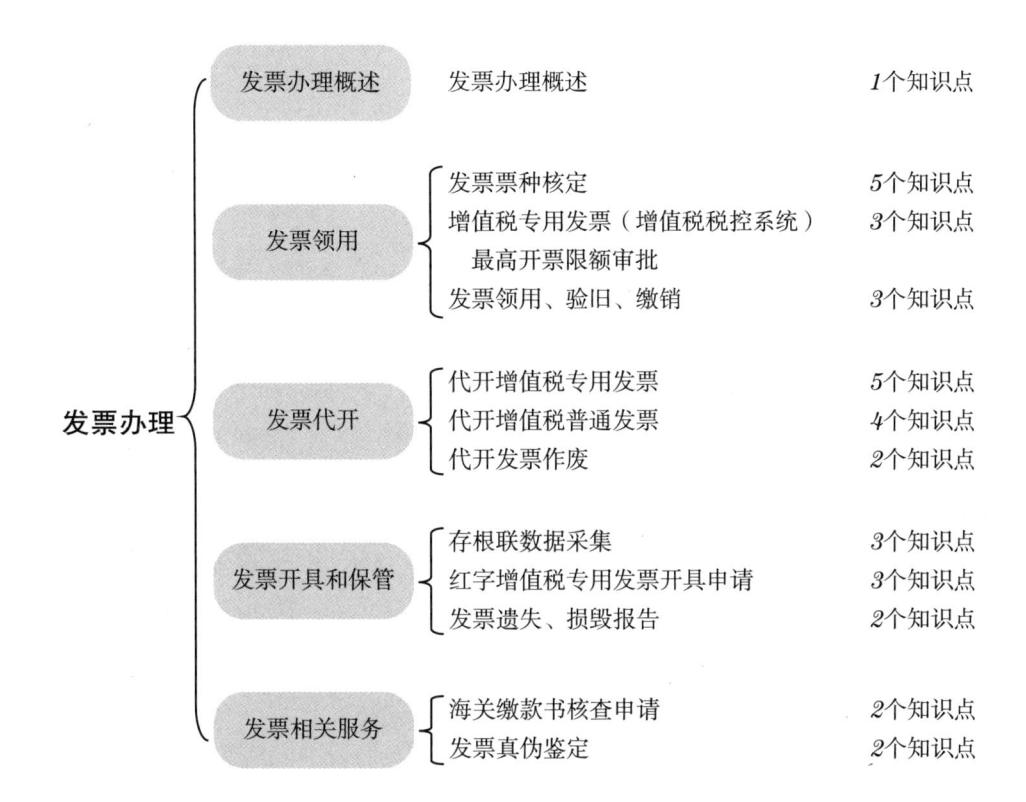

发票办理
- 发票办理概述
  - 发票办理概述 —— 1个知识点
- 发票领用
  - 发票票种核定 —— 5个知识点
  - 增值税专用发票（增值税税控系统）最高开票限额审批 —— 3个知识点
  - 发票领用、验旧、缴销 —— 3个知识点
- 发票代开
  - 代开增值税专用发票 —— 5个知识点
  - 代开增值税普通发票 —— 4个知识点
  - 代开发票作废 —— 2个知识点
- 发票开具和保管
  - 存根联数据采集 —— 3个知识点
  - 红字增值税专用发票开具申请 —— 3个知识点
  - 发票遗失、损毁报告 —— 2个知识点
- 发票相关服务
  - 海关缴款书核查申请 —— 2个知识点
  - 发票真伪鉴定 —— 2个知识点

>> 第一节 发票办理概述

发票办理概述

【知识点】发票办理概述

发票是指在购销商品、提供或接受服务以及从事其他经营活动中，开具、收取的收付款凭证，发票办理是指税务机关为纳税人办理发票印制、领用、开具、取得、缴销等业务的相关服务。

第二节 发票领用

一、发票票种核定

【知识点1】发票票种核定的概述

纳税人办理市场主体登记后需领用发票的，向主管税务机关申请办理发票领用手续。主管税务机关根据纳税人的经营范围和规模，确认领用发票的种类、数量、开票限额等事宜。已办理发票票种核定的纳税人，当前领用发票的种类、数量或者开票限额不能满足经营需要的，可以向主管税务机关提出调整。

【知识点2】新办纳税人首次申领增值税发票

1. 同时满足下列条件的新办纳税人首次申领增值税发票，主管税务机关应当自受理申请之日起2个工作日内办结，有条件的主管税务机关当日办结：

（1）纳税人的办税人员、法定代表人已经进行实名信息采集和验证（需要采集、验证法定代表人实名信息的纳税人范围由各省税务机关确定）；

（2）纳税人有开具增值税发票需求，主动申领发票；

（3）纳税人按照规定办理税控设备发行等事项。

2. 新办纳税人首次申领增值税发票主要包括发票票种核定、增值税专用发票（增值税税控系统）最高开票限额审批、增值税税控系统专用设备初始发行、发票领用等涉税事项。

3. 首次申领增值税发票的新办纳税人办理发票票种核定，增值税专用发票最高开票限额不超过10万元，每月最高领用数量不超过25份；增值税普通发票最高开票限额不超过10万元，每月最高领用数量不超过50份。各省税务机关可以在此范围内结合纳税人税收风险程度，自行确定新办纳税人首次申领增值税发票票种核定标准。

【知识点3】离线开具发票

1. 主管税务机关可以严格控制以下几类纳税人的增值税专用发票发放数量及最高开票限额，可暂不允许其离线开具发票：

（1）"一址多照"、无固定经营场所的纳税人；

（2）纳税信用评价为 D 级的纳税人；

（3）其法人或财务负责人曾任非正常户的法人或财务负责人的纳税人；

（4）其他税收风险等级较高的纳税人。

2. 对于新办理市场主体登记且通过增值税发票管理新系统开具发票的纳税人，主管税务机关为其核定发票票种后 3 个自然月内，不得允许纳税人离线开具发票，按照有关规定不使用网络办税或不具备网络条件的特定纳税人除外。

【知识点 4】印有本单位名称发票

用票单位可以向税务机关申请使用印有本单位名称的发票，税务机关确认印有该单位名称发票的种类和数量。使用印有本单位名称发票的单位必须按照税务机关批准的式样和数量，到发票印制企业印制发票，印制费用由用票单位与发票印制企业直接结算，并按规定取得印制费用发票。

【知识点 5】办理时限

5 个工作日内办结，本事项办结时限不包含增值税专用发票（增值税税控系统）最高开票限额审批环节时限。

二 增值税专用发票（增值税税控系统）最高开票限额审批

【知识点 1】增值税专用发票（增值税税控系统）最高开票限额审批的概述

纳税人在初次申请使用增值税专用发票以及变更增值税专用发票限额时，向主管税务机关申请办理增值税专用发票（增值税税控系统）最高开票限额审批。

【知识点 2】增值税专用发票（增值税税控系统）最高开票限额审批的相关规定

1. 一般纳税人申请增值税专用发票最高开票限额不超过 10 万元的，主管税务机关不需事前进行实地查验。

2. 实行纳税辅导期管理的小型商贸批发企业，领购增值税专用发票的最高开票限额不得超过 10 万元；其他一般纳税人增值税专用发票最高开票限额应根据企业实际经营情况重新核定。

【知识点 3】办理时限

对不能当场作出决定的，应当自受理之日起 10 个工作日内作出决定；10 个工作日内不能作出决定的，经主管税务机关负责人批准，可以延长 5 个工作日。

实行实名办税的地区，已由税务机关现场采集法定代表人（业主、负责人）实名信息的纳税人，申请增值税专用发票最高开票限额不超过 10 万元的，主管税务机关应自受理申请之日起 2 个工作日内办结，有条件的主管税务机关即时办结。

三 发票领用、验旧、缴销

【知识点1】领用环节

1. 纳税人在发票票种核定的范围（发票的种类、领用数量、开票限额）内领用发票。纳税信用 A 级的纳税人可一次领取不超过 3 个月的增值税发票用量。纳税信用 B 级的纳税人可一次领取不超过 2 个月的增值税发票用量。

2. 对于实行纳税辅导期管理的增值税一般纳税人，一个月内多次领用增值税专用发票的，应从当月第二次领用增值税专用发票时起，按照上一次已领用并开具的增值税专用发票销售额的 3% 预缴增值税，未预缴增值税的，主管税务机关不得向其发放增值税专用发票。

对于实行纳税辅导期管理的增值税一般纳税人领用的专用发票未使用完而再次领用的，主管税务机关发放增值税专用发票的份数不得超过核定的每次领用增值税专用发票份数与未使用完的增值税专用发票份数的差额。

3. 纳税信用 D 级的纳税人，增值税专用发票领用按辅导期一般纳税人政策办理，普通发票领用实行交（验）旧供新、严格限量供应。

4. 领用环节即时办结。

【知识点2】验旧环节

1. 使用增值税发票管理系统的纳税人，应联网上传发票开具信息，不具备联网条件的，可携带存储有申报所属月份开票信息的金税盘、税控盘、报税盘或其他存储介质到税务机关报送其发票开具信息，方便进行发票验旧。

2. 开具发票的单位和个人应当按照税务机关的规定存放和保管发票，不得擅自损毁。已经开具的发票存根联和发票领用簿，应当保存 5 年。

3. 验旧环节即时办结。

【知识点3】缴销环节

1. 纳税人因信息变更或清税注销，跨区域经营活动结束，发票换版、损毁等原因按规定需要缴销发票的，到税务机关进行缴销处理。税务机关对纳税人领用的空白发票作剪角处理。

2. 开具发票的纳税人应当在办理信息变更（指纳税人因住所、经营地点变动，涉及改变主管税务机关的）或者清税注销的同时，办理发票的缴销手续。

3. 使用增值税发票管理系统的纳税人办理清税注销时，应将结存未用的纸质增值税发票送交主管税务机关进行剪角作废，同时作废相应的发票数据电文。

4. 纳税人应在税务机关通知发票换版时，对领用尚未填开的空白发票进行缴销。

5. 临时到本省、自治区、直辖市以外从事经营活动的单位或者个人，向经营地税务机关领用经营地的发票。纳税人跨区域经营活动结束，应当向经营地税务机关结清税款、缴销发票。

6. 缴销环节即时办结。

>> 第三节 发票代开

一 代开增值税专用发票

【知识点1】代开增值税专用发票的范围

1. 已办理市场主体登记的增值税小规模纳税人（包括个体经营者），以及国家税务总局确定的其他可以代开增值税专用发票的纳税人发生增值税应税行为、需要开具增值税专用发票时，可向主管税务机关申请代开。

2. 增值税小规模纳税人（其他个人除外），发生增值税应税行为，需要开具增值税专用发票的，可以自愿使用增值税发票管理系统自行开具；选择自行开具增值税专用发票的增值税小规模纳税人，税务机关不再为其代开增值税专用发票。

3. 增值税小规模纳税人应在代开增值税专用发票的备注栏上，加盖本单位的发票专用章。

【知识点2】汇总代开增值税专用发票

接受税务机关委托代征税款的保险业、证券业、信用卡业和旅游业企业，向代理人或经纪人支付佣金费用后，可代代理人或经纪人统一向主管税务机关申请汇总代开增值税普通发票或增值税专用发票。代开增值税发票时，应向主管税务机关出具个人保险代理人的姓名、身份证号码、联系方式、付款时间、付款金额、代征税款的详细清单。主管税务机关为个人保险代理人汇总代开增值税发票时，在备注栏内注明"个人保险代理人汇总代开"字样。

【知识点3】销售或出租不动产

1. 其他个人委托房屋中介、住房租赁企业等单位出租不动产，需要向承租方开具增值税发票的，可以由受托单位代其向主管税务机关按规定申请代开增值税发票。

2. 增值税小规模纳税人转让其取得的不动产，不能自行开具增值税发票的，可向不动产所在地主管税务机关申请代开；纳税人向其他个人转让其取得的不动产，不得开具或申请代开增值税专用发票。

3. 增值税小规模纳税人中的单位和个体工商户出租不动产，不能自行开具增值税发票的，可向不动产所在地主管税务机关申请代开增值税发票；纳税人向其他个人出租不动产，不得开具或申请代开增值税专用发票。

4. 其他个人销售其取得的不动产和出租不动产，购买方或承租方不属于其他个人的，纳税人缴纳增值税等税费后可以向不动产所在地主管税务机关申请代开增值税专用发票。

5. 纳税人办理产权过户手续需要使用发票的，可以使用增值税专用发票第六联或者增值税普通发票第三联。

6. 销售不动产，纳税人代开增值税发票时，应在"货物或应税劳务、服务名称"栏填写不动产名称及房屋产权证书号码（无房屋产权证书的可不填写），"单位"栏填写面积单位，应提供不动产的详细地址。

出租不动产，纳税人代开增值税发票时，应提供不动产的详细地址。

跨县（市、区）提供不动产经营租赁服务、建筑服务的增值税小规模纳税人（不包括其他个人），代开增值税发票时，在发票备注栏中自动打印"YD"字样。

【知识点4】提供建筑服务

1. 增值税小规模纳税人跨县（市、区）提供建筑服务，不能自行开具增值税发票的，可向建筑服务发生地主管税务机关按照其取得的全部价款和价外费用申请代开增值税发票。

2. 提供建筑服务，纳税人代开增值税发票时，应提供建筑服务发生地县（市、区）名称及项目名称。

【知识点5】办理时限

即时办结。

二　代开增值税普通发票

【知识点1】代开增值税普通发票的范围

1. 符合代开条件的单位和个人发生增值税应税行为，需要开具增值税普通发票时，可向主管税务机关申请代开。不能自开增值税普通发票的小规模纳税人销售其取得的不动产，以及其他个人出租不动产，可以向税务机关申请代开增值税普通发票。

2. 申请代开增值税普通发票经营额达不到省、自治区、直辖市税务机关确定的按次起征点的，只代开不征增值税。

其他个人采取一次性收取租金形式出租不动产取得的租金收入，可在对应的租赁期内平均分摊，分摊后的月租金收入未超过10万元的，在代开增值税普通发票时，可以免征增值税。

【知识点2】汇总代开增值税普通发票

接受税务机关委托代征税款的保险业、证券业、信用卡业和旅游业企业，向代理人或经纪人支付佣金费用后，可代代理人或经纪人统一向主管税务机关申请汇总代开增值税普通发票或增值税专用发票。代开增值税发票时，应向主管税务机关出具个人保险代理人的姓名、身份证号码、联系方式、付款时间、付款金额、代征税款的详细清单。主管税务机关为个人保险代理人汇总代开增值税发票时，在备注栏内注明"个人保险代理人汇总代开"字样。

【知识点3】销售或出租不动产

1. 其他个人委托房屋中介、住房租赁企业等单位出租不动产，需要向承租方开具增值税发票的，可以由受托单位代其向主管税务机关按规定申请代开增值税发票。

2. 增值税小规模纳税人转让其取得的不动产，不能自行开具增值税发票的，可向不动产所在地主管税务机关申请代开。纳税人向其他个人转让其取得的不动产，不得开具或申请代开增值税专用发票。

3. 增值税小规模纳税人中的单位和个体工商户出租不动产，不能自行开具增值税发票的，可向不动产所在地主管税务机关申请代开增值税发票；其他个人出租不动产，可向不动产所在地主管税务机关申请代开增值税发票。

4. 纳税人办理产权过户手续需要使用发票的，可以使用增值税专用发票第六联或者增值税普通发票第三联。

5. 销售不动产，纳税人代开增值税发票时，应在"货物或应税劳务、服务名称"栏填写不动产名称及房屋产权证书号码（无房屋产权证书的可不填写），"单位"栏填写面积单位，应提供不动产的详细地址。

出租不动产，纳税人代开增值税发票时，应提供不动产的详细地址。

【知识点4】办理时限

即时办结。

三、代开发票作废

【知识点1】代开发票作废的相关规定

1. 纳税人代开发票后，发生销货退回或销售折让、开票有误、应税服务中止等情形，需作废已代开增值税发票的，可凭已代开发票在代开当月向原代开税务机关提出作废申请；不符合作废条件的，可以通过开具红字发票方式对原代开发票进行对冲处理。

2. 代开发票作废需交回已开具发票的所有联次。

3. 因开具错误、销货退回、销售折让、服务中止等原因，纳税人作废已代开增值税发票或通过开具红字发票处理后，需退回已征收税款的，可以向税务机关申请退税。

4. 增值税小规模纳税人月销售额未超过10万元（按季30万元）的，当期因开具增值税专用发票已经缴纳的税款，在增值税专用发票全部联次追回或者按规定开具红字专用发票后，可以向主管税务机关申请退还。

【知识点2】办理时限

即时办结。

>> 第四节　发票开具和保管

一、存根联数据采集

【知识点1】上线开具发票存根联数据采集

1. 使用增值税发票管理系统的纳税人应于每月申报期内向税务机关报送增值税发票数据，税务机关对数据进行比对校验，接收数据。

2. 纳税人应在互联网连接状态下在线使用增值税发票管理系统开具发票，系统可自动上传已开具的发票明细数据。

【知识点2】离线开具发票存根联数据采集

1. 纳税人因网络故障等原因无法在线开票的，在税务机关设定的离线开票时限和离线开具发票总金额范围内仍可开票，超限将无法开具发票。纳税人开具发票次月仍未连通网络上传已开具发票明细数据的，也将无法开具发票。纳税人需连通网络上传发票数据后方可开票，若仍无法连通网络的需携带专用设备到税务机关处理。

2. 按照有关规定不使用网络办税或不具备网络条件的特定纳税人，以离线方式开具发票，不受离线开票时限和离线开具发票总金额限制。特定纳税人需携带专用设备和相关资料到税务机关进行存根联数据采集。

3. 以离线方式开具发票的纳税人，因金税盘、税控盘同时损坏等原因不能报税的，纳税人应提供当月全部增值税发票到税务机关进行数据采集。

【知识点3】办理时限

即时办结。

二 红字增值税专用发票开具申请

【知识点1】红字增值税专用发票开具申请一般规定

1. 纳税人开具增值税专用发票后，发生销货退回、开票有误、应税服务中止以及发票抵扣联、发票联均无法认证等情形但不符合作废条件，或者因销货部分退回及发生销售折让，需要开具红字增值税专用发票的，需取得税务机关系统校验通过的《开具红字增值税专用发票信息表》。

2. 购买方取得增值税专用发票已用于申报抵扣的，购买方可在增值税发票管理系统中填开并上传《开具红字增值税专用发票信息表》，在填开《开具红字增值税专用发票信息表》时不填写相对应的蓝字增值税专用发票信息，应暂依《开具红字增值税专用发票信息表》所列增值税税额从当期进项税额中转出，待取得销售方开具的红字增值税专用发票后，与《开具红字增值税专用发票信息表》一并作为记账凭证。

购买方取得增值税专用发票未用于申报抵扣，但发票联或抵扣联无法退回的，购买方填开《开具红字增值税专用发票信息表》时应填写相对应的蓝字增值税专用发票信息。

销售方开具增值税专用发票尚未交付购买方，以及购买方未用于申报抵扣并将发票联及抵扣联退回的，销售方可在增值税发票管理系统中填开并上传《开具红字增值税专用发票信息表》。销售方填开《开具红字增值税专用发票信息表》时应填写相对应的蓝字增值税专用发票信息。

3. 纳税人已使用增值税发票管理系统的，可在开票系统中申请并获取校验结果，即在开票系统中通过上传《开具红字增值税专用发票信息表》(也可凭《开具红字增值税专用发票信息表》电子信息或纸质资料到税务机关申请校验),系统自动校验通过后,生成带有"红字发票信息表编号"的《开具红字增值税专用发票信息表》,并将信息同步至纳税人端系统中。

4. 销售方凭税务机关系统校验通过的《开具红字增值税专用发票信息表》开具红字增值税专用发票,在增值税发票管理系统中以销项负数开具。红字增值税专用发票应与《开具红字增值税专用发票信息表》一一对应。

【知识点2】特殊情形处理

1. 纳税人开业设立至认定或登记为一般纳税人期间,未取得生产经营收入,未按照销售额和征收率简易计算应纳税额申报缴纳增值税的,其在此期间取得的增值税扣税凭证在认定或登记为一般纳税人后,可以在认定或登记为一般纳税人后抵扣进项税额。

购买方纳税人取得的增值税专用发票,按照《国家税务总局关于推行增值税发票系统升级版有关问题的公告》(国家税务总局公告2014年第73号)规定的程序,由销售方纳税人开具红字增值税专用发票后重新开具蓝字增值税专用发票。

购买方纳税人按照国家税务总局公告2014年第73号规定填开《开具红字增值税专用发票信息表》或《开具红字货物运输业增值税专用发票信息表》时,选择"所购货物或劳务、服务不属于增值税扣税项目范围"或"所购服务不属于增值税扣税项目范围"。

2. 自行开具增值税专用发票的小规模纳税人以及税务机关为小规模纳税人代开增值税专用发票,需要开具红字增值税专用发票的,按照一般纳税人开具红字增值税专用发票的方法处理。

【知识点3】办理时限
即时办结。

三、发票遗失、损毁报告

【知识点1】发票遗失、损毁报告一般规定

1. 使用发票的单位和个人发生发票丢失情形时,应当于发现丢失当日书面报告税务机关。
2. 已取消发票丢失登报作废声明。
3. 纳税人违反发票管理规定的,税务机关按照规定进行处理。
4. 增值税纳税人使用的税控盘、金税盘、报税盘等税控专用设备丢失、被盗,应及时向主管税务机关报告。

【知识点2】办理时限
即时办结。

>> 第五节
发票相关服务

一 海关缴款书核查申请

【知识点1】海关缴款书核查申请一般规定

1. 自2020年2月1日起,对于稽核比对结果为不符、缺联的海关缴款书,纳税人应当持海关缴款书原件向主管税务机关申请数据修改或核对。属于纳税人数据采集错误的,数据修改后再次进行稽核比对;不属于数据采集错误的,纳税人可向主管税务机关申请数据核对,主管税务机关会同海关进行核查。经核查,海关缴款书票面信息与纳税人实际进口货物业务一致的,纳税人登录选择确认平台查询、选择用于申报抵扣或出口退税的海关缴款书信息。

2. 自2020年2月1日起,对于稽核比对结果为重号的海关缴款书,纳税人可向主管税务机关申请核查。经核查,海关缴款书票面信息与纳税人实际进口货物业务一致的,纳税人登录选择确认平台查询、选择用于申报抵扣或出口退税的海关缴款书信息。

3. 自2020年2月1日起,对于稽核比对结果为滞留的海关缴款书,可继续参与稽核比对,纳税人不需申请数据核对。

【知识点2】办理时限
7个工作日内向海关发函。

二 发票真伪鉴定

【知识点1】发票真伪鉴定

1. 取得增值税发票的单位和个人可登录全国增值税发票查验平台(https://inv-veri.chinatax.gov.cn),对增值税发票管理系统以及电子发票服务平台开具的发票信息

纳税服务岗位知识与技能

进行查验。

2. 普通发票的真伪鉴定由鉴定受理税务机关负责；受理税务机关鉴定有困难的，可以提请发票监制税务机关协助鉴定。

3. 在伪造、变造现场以及买卖地、存放地查获的发票，由当地税务机关鉴别。

【知识点2】办理时限

即时办结。

第四章 申报纳税

>> 知识架构

	纳税申报概述	纳税申报概述	1个知识点
	增值税申报纳税	纳税人、征税对象及征税范围	1个知识点
		增值税税率及征收率	2个知识点
		应纳税额的计算	2个知识点
		申报与缴纳	3个知识点
		增值税预缴申报	1个知识点
		增值税差额征税	1个知识点
申报纳税	企业所得税申报纳税	纳税人	1个知识点
		征税对象	1个知识点
		税率	1个知识点
		应纳税所得额的计算	4个知识点
		资产的税务处理	7个知识点
		资产损失税前扣除的所得税处理	1个知识点
		应纳所得税额的计算	4个知识点
		特别纳税调整	1个知识点
		征收管理	5个知识点
		税前扣除凭证管理	1个知识点
	个人所得税申报纳税	纳税人	2个知识点
		扣缴义务人	1个知识点
		综合所得	5个知识点
		综合所得预扣预缴	6个知识点
		综合所得汇算清缴	2个知识点
		经营所得	4个知识点
		分类所得	4个知识点
		非居民个人所得税	1个知识点
		无住所个人工资、薪金所得收入额的确定	5个知识点
		纳税申报期限、地点和涉税表单	1个知识点

纳税服务岗位知识与技能

```
申报纳税 ┬─ 其他主要税种申报纳税 ┬─ 消费税 ............ 4个知识点
         │                        ├─ 车辆购置税 ........ 3个知识点
         │                        ├─ 契税 .............. 4个知识点
         │                        ├─ 房产税 ............ 5个知识点
         │                        ├─ 城镇土地使用税 .... 5个知识点
         │                        ├─ 耕地占用税 ........ 4个知识点
         │                        ├─ 土地增值税 ........ 7个知识点
         │                        ├─ 印花税 ............ 3个知识点
         │                        ├─ 资源税 ............ 4个知识点
         │                        ├─ 环境保护税 ........ 5个知识点
         │                        └─ 车船税 ............ 5个知识点
         │
         ├─ 社会保险费及非税收入申报 ┬─ 社会保险费申报 .... 3个知识点
         │                          └─ 非税收入申报 ...... 3个知识点
         │
         ├─ 出口退（免）税申报 ── 出口退（免）税申报 .... 11个知识点
         │
         └─ 申报相关服务 ┬─ 财务会计报告报送 .............. 1个知识点
                         ├─ 对纳税人延期申报的核准 ........ 1个知识点
                         ├─ 对纳税人延期缴纳税款的核准 .... 1个知识点
                         ├─ 对纳税人变更纳税定额的核准 .... 1个知识点
                         ├─ 误收多缴退抵税 ................ 1个知识点
                         ├─ 入库减免退抵税 ................ 1个知识点
                         ├─ 汇算清缴结算多缴退抵税 ........ 1个知识点
                         ├─ 增值税期末留抵税额退税 ........ 1个知识点
                         ├─ 石脑油、燃料油消费税退税 ...... 1个知识点
                         ├─ 车辆购置税退税 ................ 1个知识点
                         ├─ 车船税退（抵）税 .............. 1个知识点
                         └─ 申报错误更正 .................. 1个知识点
```

第一节 纳税申报概述

纳税申报概述

【知识点】纳税申报概述

纳税申报，是指纳税人按照税法规定的期限和内容向税务机关提交有关纳税事项书面报告的法律行为，是纳税人履行纳税义务、承担法律责任的主要依据，是税务机关税收管理信息的主要来源和税务管理的一项重要制度。

根据《中华人民共和国税收征收管理法》及其实施细则规定，纳税人必须依照规定的申报期限、申报内容如实办理纳税申报。

第二节 增值税申报纳税

一 纳税人、征税对象及征税范围

【知识点】纳税人、征税对象及范围

在中华人民共和国境内销售货物或者加工、修理修配劳务，销售服务、无形资产、不动产以及进口货物的单位和个人，为增值税的纳税人。

货物，是指有形动产，包括电力、热力、气体在内。

加工，是指受托加工货物，即委托方提供原料及主要材料，受托方按照委托方的要求，制造货物并收取加工费的业务。

修理修配，是指受托对损伤和丧失功能的货物进行修复，使其恢复原状和功能的业务。

销售服务，是指提供交通运输服务、邮政服务、电信服务、建筑服务、金融服务、现代服务、生活服务。

销售无形资产，是指转让无形资产所有权或者使用权的业务活动。

销售不动产，是指转让不动产所有权的业务活动。

单位，是指企业、行政单位、事业单位、军事单位、社会团体及其他单位。

个人，是指个体工商户和其他个人。

二 增值税税率及征收率

【知识点1】增值税税率

增值税税率分为13%、9%、6%和零四档。

1. 纳税人销售货物、劳务、有形动产租赁服务或者进口货物，除《中华人民共和国增值税暂行条例》第二条第（二）项、第（四）项、第（五）项另有规定外，税率为13%。

2. 纳税人销售交通运输、邮政、基础电信、建筑、不动产租赁服务，销售不动产，转让土地使用权，销售或者进口下列货物，税率为9%：

（1）粮食等农产品、食用植物油、食用盐；

（2）自来水、暖气、冷气、热水、煤气、石油液化气、天然气、二甲醚、沼气、居民用煤炭制品；

（3）图书、报纸、杂志、音像制品、电子出版物；

（4）饲料、化肥、农药、农机、农膜；

（5）国务院规定的其他货物。

3. 纳税人销售服务、无形资产以及增值电信服务，除另有规定外，税率为6%。

4. 纳税人出口货物、劳务或者境内单位和个人发生的跨境应税行为，税率为零；但是，国务院另有规定的除外。

【知识点2】增值税征收率

小规模纳税人简易计税适用增值税征收率，一般纳税人发生财政部和国家税务总局规定的特定应税行为，可以选择适用简易计税方法计税。

1. 增值税征收率为3%和5%。

2. 适用征收率5%特殊情况。

主要有销售不动产，不动产租赁，转让2016年4月30日前取得的土地使用权选择适用简易计税方法的，提供劳务派遣服务、安全保护服务选择差额纳税的。

3. 特殊情况。

（1）销售自己使用过的固定资产、旧货，按照3%征收率减按2%征收。

（2）个人出租住房，按照5%的征收率减按1.5%计算应纳税额。

（3）自2021年10月1日起，住房租赁企业中的增值税一般纳税人向个人出租住房取得的全部出租收入，可以选择适用简易计税方法，按照5%的征收率减按1.5%计算缴纳增值税。住房租赁企业中的增值税小规模纳税人向个人出租住房，按照5%的征收率减按1.5%计算缴纳增值税。

（4）自2020年5月1日至2023年12月31日，从事二手车经销业务的纳税人销售其收购的二手车，减按0.5%征收率征收增值税。

（5）自2023年1月1日至2027年12月31日，增值税小规模纳税人适用3%征收率的应税销售收入，减按1%征收率征收增值税。

三 应纳税额的计算

【知识点1】一般计税方法

一般纳税人发生应税行为适用一般计税方法计税。

一般计税方法的应纳税额，是指当期销项税额抵扣当期进项税额后的余额。应纳税额计算公式：

$$应纳税额 = 当期销项税额 - 当期进项税额$$

当期销项税额小于当期进项税额不足抵扣时，其不足部分可以结转下期继续抵扣。

1. 销项税额

销项税额，是指纳税人发生应税行为按照销售额和增值税税率计算并收取的增值税额。销项税额计算公式：

$$销项税额 = 销售额 \times 税率$$

一般计税方法的销售额不包括销项税额，纳税人采用销售额和销项税额合并定价方法的，按照下列公式计算销售额：

$$销售额 = 含税销售额 \div (1 + 税率)$$

2. 进项税额

进项税额，是指纳税人购进货物、加工修理修配劳务、服务、无形资产或者不动产，支付或者负担的增值税额。

下列进项税额准予从销项税额中抵扣：

（1）从销售方取得的增值税专用发票（含税控机动车销售统一发票，下同）上注明的增值税额。

（2）从海关取得的海关进口增值税专用缴款书上注明的增值税额。

（3）购进农产品，除取得增值税专用发票或者海关进口增值税专用缴款书外，按照农产品收购发票或者销售发票上注明的农产品买价和9%的扣除率计算的进项税额。进项税额计算公式为：

$$进项税额 = 买价 \times 扣除率$$

买价，是指纳税人购进农产品在农产品收购发票或者销售发票上注明的价款和按照规定缴纳的烟叶税。

（4）纳税人购进国内旅客运输服务，其进项税额允许从销项税额中抵扣。

（5）自2023年1月1日至2027年12月31日，允许先进制造业企业按照当期可抵扣进项税额加计5%抵减应纳增值税税额。允许集成电路设计、生产、封测、装备、材料企业，按照当期可抵扣进项税额加计15%抵减应纳增值税税额。对生产销售先进工业母机主机、关键功能部件、数控系统的增值税一般纳税人，允许按当期可抵扣进项税额加计15%抵减企业应纳增值税税额。计算公式如下：

$$当期计提加计抵减额 = 当期可抵扣进项税额 \times 5\%（或15\%）$$
$$当期可抵减加计抵减额 = 上期末加计抵减额余额 + 当期计提加计抵减额 - 当期调减加计抵减额$$

（6）从境外单位或者个人购进服务、无形资产或者不动产，自税务机关或者扣缴义务人取得的解缴税款的完税凭证上注明的增值税额。

纳税人取得的增值税扣税凭证不符合法律、行政法规或者国家税务总局有关规定的，其进项税额不得从销项税额中抵扣。

【知识点2】简易计税方法

一般纳税人发生财政部和国家税务总局规定的特定应税行为，可以选择适用简易计税方法计税。

简易计税方法的应纳税额，是指按照销售额和增值税征收率计算的增值税额，不得抵扣进项税额。应纳税额计算公式：

$$应纳税额 = 销售额 \times 征收率$$

简易计税方法的销售额不包括其应纳税额，纳税人采用销售额和应纳税额合并定价方法的，按照下列公式计算销售额：

$$销售额 = 含税销售额 \div (1 + 征收率)$$

纳税人适用简易计税方法计税的，因销售折让、中止或者退回而退还给购买方的销售额，应当从当期销售额中扣减。扣减当期销售额后仍有余额造成多缴的税款，可以从以后的应纳税额中扣减。

四 申报与缴纳

【知识点1】纳税（扣缴）义务发生时间

增值税纳税义务发生时间，是指增值税纳税义务人发生应税行为应承担纳税义务的起始时间。

增值税扣缴义务发生时间，是指扣缴义务人发生扣缴行为应承担扣缴义务的起始时间，为纳税人增值税纳税义务发生的当天。

增值税纳税义务、扣缴义务发生时间为：

（1）纳税人发生应税行为并收讫销售款项或者取得索取销售款项凭据的当天；先开具发票的，为开具发票的当天。

（2）纳税人提供租赁服务采取预收款方式的，其纳税义务发生时间为收到预收款的当天；采取预收货款方式销售货物，为货物发出的当天，但生产销售生产工期超过12个月的大型机械设备、船舶、飞机等货物，为收到预收款或者书面合同约定的收款日期的当天。

（3）纳税人从事金融商品转让的，为金融商品所有权转移的当天。

（4）采取托收承付和委托银行收款方式销售货物，为发出货物并办妥托收手续的当天。

（5）采取赊销和分期收款方式销售货物，为书面合同约定的收款日期的当天，无书面合同的或者书面合同没有约定收款日期的，为货物发出的当天。

（6）委托其他纳税人代销货物，为收到代销单位的代销清单或者收到全部或者部分货款的当天。未收到代销清单及货款的，为发出代销货物满180天的当天。

（7）纳税人发生视同销售情形的，其纳税义务发生时间为货物移送、服务、无形资产转让完成的当天或者不动产权属变更的当天。

（8）增值税扣缴义务发生时间为纳税人增值税纳税义务发生的当天。

【知识点2】纳税期限

增值税的纳税期限分别为1日、3日、5日、10日、15日、1个月或者1个季度。纳税人的具体纳税期限，由主管税务机关根据纳税人应纳税额的大小分别核定；不能按照固定期限纳税的，可以按次纳税。

纳税人以1个月或者1个季度为1个纳税期的，自期满之日起15日内申报纳税；以1日、3日、5日、10日或者15日为1个纳税期的，自期满之日起5日内预缴税款，于次月1日起15日内申报纳税并结清上月应纳税款。纳税人进口货物，应当自海关填发海关进口增值税专用缴款书之日起15日内缴纳税款。纳税期限遇最后1日是法定休假日的，以休假日期满的次日为期限的最后1日；在期限内有连续3日以上法定休假日的，按休假日天数顺延。

银行、财务公司、信托投资公司、信用社、财政部和国家税务总局规定的其他纳税人可选择按季申报。

【知识点3】纳税地点

1. 固定业户应当向其机构所在地或者居住地主管税务机关申报纳税。总机构和分支机构不在同一县（市）的，应当分别向各自所在地的主管税务机关申报纳税；经财政部和国家税务总局或者其授权的财政和税务机关批准，可以由总机构汇总向总机构所在地的主管税务机关申报纳税。

2. 非固定业户应当向应税行为发生地主管税务机关申报纳税；未申报纳税的，由其机构所在地或者居住地主管税务机关补征税款。

3. 其他个人提供建筑服务，销售或者租赁不动产，转让自然资源使用权，应向建筑服务发生地、不动产所在地、自然资源所在地主管税务机关申报纳税。

4. 扣缴义务人应当向其机构所在地或者居住地主管税务机关申报缴纳扣缴的税款。

五 增值税预缴申报

【知识点】增值税预缴申报

纳税人（不含其他个人）跨地（市、州）提供建筑服务、房地产开发企业预售自行开发的房地产项目、纳税人（不含其他个人）出租与机构所在地不在同一县（市）的不动产等按规定需要在项目所在地或不动产所在地主管税务机关预缴税款的，需填报《增值税及附加税费预缴表》及其附列资料，向税务机关进行纳税申报。

六 增值税差额征税

【知识点】增值税差额征税

1. 金融商品转让

金融商品转让，按照卖出价扣除买入价后的余额为销售额。

2. 经纪代理服务

经纪代理服务，以取得的全部价款和价外费用，扣除向委托方收取并代为支付的政府性基金或者行政事业性收费后的余额为销售额。

3. 融资租赁和融资性售后回租业务

融资租赁：经人民银行、银监会（现为银保监会）或者商务部批准从事融资租赁业务的试点纳税人，提供融资租赁服务，以取得的全部价款和价外费用，扣除支付的借款利息（包括外汇借款和人民币借款利息）、发行债券利息和车辆购置税后的余额为销售额。

融资性售后回租：经人民银行、银监会（现为银保监会）或者商务部批准从事融资租赁业务的试点纳税人,提供融资性售后回租服务,以取得的全部价款和价外费用(不含本金),扣除对外支付的借款利息(包括外汇借款和人民币借款利息)、发行债券利息后的余额作为销售额。

4. 航空运输企业

航空运输企业的销售额,不包括代收的机场建设费和代售其他航空运输企业客票而代收转付的价款。

5. 客运场站服务

试点纳税人中的一般纳税人提供客运场站服务,以其取得的全部价款和价外费用,扣除支付给承运方运费后的余额为销售额。

小规模企业提供客运场站服务不涉及差额征税。

6. 旅游服务

试点纳税人提供旅游服务,可以选择以取得的全部价款和价外费用,扣除向旅游服务购买方收取并支付给其他单位或者个人的住宿费、餐饮费、交通费、签证费、门票费和支付给其他接团旅游企业的旅游费用后的余额为销售额。

7. 建筑服务简易计税方法

试点纳税人提供建筑服务适用简易计税方法的,以取得的全部价款和价外费用扣除支付的分包款后的余额为销售额。

8. 房地产企业销售商品房选择一般计税方法

房地产开发企业中的一般纳税人销售其开发的房地产项目(选择简易计税方法的房地产老项目除外),以取得的全部价款和价外费用,扣除受让土地时向政府部门支付的土地价款后的余额为销售额。

9. 劳务派遣服务

一般纳税人提供劳务派遣服务,可以选择差额纳税,以取得的全部价款和价外费用,扣除代用工单位支付给劳务派遣员工的工资、福利和为其办理社会保险及住房公积金后的余额为销售额,按照简易计税方法依5%的征收率计算缴纳增值税。

小规模纳税人提供劳务派遣服务,可以选择差额纳税,以取得的全部价款和价外费用,扣除代用工单位支付给劳务派遣员工的工资、福利和为其办理社会保险及住房公积金后的余额为销售额,按照简易计税方法依5%的征收率计算缴纳增值税。

10. 人力资源外包服务

纳税人提供人力资源外包服务,按照经纪代理服务缴纳增值税,其销售额不包括受客户单位委托代为向客户单位员工发放的工资和代理缴纳的社会保险、住房公积金。

一般纳税人提供人力资源外包服务,可以选择适用简易计税方法,按照5%的征收率计算缴纳增值税。

11. 转让营改增前取得的土地使用权

纳税人转让2016年4月30日前取得的土地使用权，可以选择适用简易计税方法，以取得的全部价款和价外费用减去取得该土地使用权的原价后的余额为销售额，按照5%的征收率计算缴纳增值税。

12. 按照简易计税方法转让二手房

一般纳税人转让其2016年4月30日前取得（不含自建）的不动产，可以选择适用简易计税方法计税，以取得的全部价款和价外费用扣除不动产购置原价或者取得不动产时的作价后的余额为销售额，按照5%的征收率计算应纳税额。纳税人应按照上述计税方法向不动产所在地主管税务机关预缴税款，向机构所在地主管税务机关申报纳税。

小规模纳税人转让其取得（不含自建）的不动产，以取得的全部价款和价外费用扣除不动产购置原价或者取得不动产时的作价后的余额为销售额，按照5%的征收率计算应纳税额。

个人转让其购买的住房，按照有关规定差额缴纳增值税的，以取得的全部价款和价外费用扣除购买住房价款后的余额为销售额，按照5%的征收率计算应纳税额。

13. 物业公司水费收取

提供物业管理服务的纳税人，向服务接受方收取的自来水水费，以扣除其对外支付的自来水水费后的余额为销售额，按照简易计税方法依3%的征收率计算缴纳增值税。

14. 安保服务

一般纳税人提供安全保护服务，可以选择差额纳税，以取得的全部价款和价外费用，扣除代用工单位支付给外派员工的工资、福利和为其办理社会保险及住房公积金后的余额为销售额，按照简易计税方法依5%的征收率计算缴纳增值税。

小规模纳税人提供安全保护服务，也可以选择差额纳税，以取得的全部价款和价外费用，扣除代用工单位支付给外派员工的工资、福利和为其办理社会保险及住房公积金后的余额为销售额，按照简易计税方法依5%的征收率计算缴纳增值税。

15. 中国证券登记结算公司

中国证券登记结算公司的销售额，不包括以下资金项目：按规定提取的证券结算风险基金、代收代付的证券公司资金交收违约垫付资金利息、结算过程中代收代付的资金交收违约罚息。

16. 电信企业为公益性机构接受捐款

中国移动通信集团公司、中国联合网络通信集团有限公司、中国电信集团公司及其成员单位通过手机短信公益特服号为公益性机构接受捐款，以其取得的全部价款和价外费用，扣除支付给公益性机构捐款后的余额为销售额。

17. 境外单位通过教育部考试中心及其直属单位在境内开展考试

境外单位通过教育部考试中心及其直属单位在境内开展考试,教育部考试中心及其直属单位应以取得的考试费收入扣除支付给境外单位考试费后的余额为销售额,按提供"教育辅助服务"缴纳增值税,就代为收取并支付给境外单位的考试费统一扣缴增值税。

第三节 企业所得税申报纳税

一、纳税人

【知识点】纳税人

在我国境内,企业和其他取得收入的组织(以下统称企业)为企业所得税的纳税人,依照法律规定缴纳企业所得税。个人独资企业、合伙企业除外。

1. 企业所得税的纳税人分为居民企业和非居民企业。

(1)居民企业。

居民企业,是指依法在中国境内成立,或者依照外国(地区)法律成立但实际管理机构在中国境内的企业。

(2)非居民企业。

非居民企业,是指依照外国(地区)法律成立且实际管理机构不在中国境内,但在中国境内设立机构、场所的,或者在中国境内未设立机构、场所,但有来源于中国境内所得的企业。

在中国境内从事生产经营活动的机构、场所,包括:

①管理机构、营业机构、办事机构;

②工厂、农场、开采自然资源的场所;

③提供劳务的场所;

④从事建筑、安装、装配、修理、勘探等工程作业的场所;

⑤其他从事生产经营活动的机构、场所。

2. 判定居民企业的标准有两个:登记注册地标准、实际管理机构所在地标准。

实际管理机构,是指对企业的生产经营、人员、账务、财产等实施实质性全面管理和控制的机构。

二、征税对象

【知识点】征税对象

企业所得税的征税对象,是指企业取得的生产经营所得、其他所得和清算所得。包括销售货物所得,提供劳务所得,转让财产所得,股息、红利等权益性投资所得,利息所得,租金所得,特许权使用费所得,接受捐赠所得和其他所得。

居民企业应当就其来源于中国境内、境外的所得缴纳企业所得税。

非居民企业在中国境内设立机构、场所的,应当就其所设机构、场所取得的来源于中国境内的所得,以及发生在中国境外但与其所设机构、场所有实际联系的所得缴纳企业所得税。

非居民企业在中国境内未设立机构、场所的,或者虽设立机构、场所但取得的所得与其所设机构、场所没有实际联系的,应当就其来源于中国境内的所得缴纳企业所得税。

三、税率

【知识点】税率

企业所得税税率分为基本税率与低税率,具体税率及适用范围见表4-1。

表4-1　　　　　　　　　　企业所得税税率

种类	税率	适用范围
基本税率	25%	居民企业; 在中国境内设立机构、场所的非居民企业
低税率	20%（目前减按10%）	非居民企业在中国境内未设立机构、场所的,或者虽设立机构、场所但取得的所得与其所设机构、场所没有实际联系的

四、应纳税所得额的计算

【知识点1】应纳税所得额的计算公式

应纳税所得额是企业所得税的计税依据,基本公式为:

应纳税所得额 = 年度收入总额 - 不征税收入 - 免税收入 - 各项扣除金额 - 允许弥补的以前年度亏损

税法规定,在计算应纳税所得额时,企业财务、会计处理办法与税收法律、行政法规的规定不一致的，应当依照税收法律、行政法规的规定计算。即企业在平时进行会计核算时，可以按会计制度的有关规定进行账务处理。但在计算应纳税所得额和申报纳税时，对企业按照有关财务会计规定计算的利润总额，要按照税法的规定进行必要调整后，才能作为应纳税所得额计算缴纳所得税。故上述计算公式也可转换为：

应纳税所得额＝会计利润＋纳税调整增加额－纳税调整减少额

【知识点2】收入总额的确定

1. 收入总额的两种形式

企业的收入总额包括以货币形式和非货币形式从各种来源取得的收入。

货币形式的收入，包括现金、存款、应收账款、应收票据、准备持有至到期的债券投资以及债务的豁免等。

非货币形式的收入，包括固定资产、生物资产、无形资产、股权投资、存货、不准备持有至到期的债券投资、劳务以及有关权益等。

2. 收入总额的九大构成

（1）销售货物收入，是指企业销售商品、产品、原材料、包装物、低值易耗品以及其他存货取得的收入。

（2）提供劳务收入，是指企业从事建筑安装、修理修配、交通运输、仓储租赁、金融保险、邮电通信、咨询经纪、文化体育、科学研究、技术服务、教育培训、餐饮住宿、中介代理、卫生保健、社区服务、旅游、娱乐、加工以及其他劳务服务活动取得的收入。

（3）转让财产收入，是指企业转让固定资产、生物资产、无形资产、股权、债权等财产取得的收入。

（4）股息、红利等权益性投资收益，是指企业因权益性投资从被投资方取得的收入。

股息、红利等权益性投资收益，除国务院财政、税务主管部门另有规定外，按照被投资方作出利润分配决定的日期确认收入的实现。

（5）利息收入，是指企业将资金提供他人使用但不构成权益性投资，或者因他人占用本企业资金取得的收入，包括存款利息、贷款利息、债券利息、欠款利息等收入。

利息收入，按照合同约定的债务人应付利息的日期确认收入的实现。

（6）租金收入，是指企业提供固定资产、包装物或者其他有形资产的使用权取得的收入。

租金收入，按照合同约定的承租人应付租金的日期确认收入的实现。

（7）特许权使用费收入，是指企业提供专利权、非专利技术、商标权、著作权以及其他特许权的使用权取得的收入。

特许权使用费收入，按照合同约定的特许权使用人应付特许权使用费的日期确认收入的实现。

（8）接受捐赠收入，是指企业接受的来自其他企业、组织或者个人无偿给予的货币性资产、非货币性资产。

接受捐赠收入，按照实际收到捐赠资产的日期确认收入的实现。

（9）其他收入，是指企业取得的除上述收入外的其他收入，包括企业资产溢余收入、逾期未退包装物押金收入、确实无法偿付的应付款项、已作坏账损失处理后又收回的应收款项、债务重组收入、补贴收入、违约金收入、汇兑收益等。

3. 视同销售确定收入的情形

企业发生非货币性资产交换，以及将货物、财产、劳务用于捐赠、偿债、赞助、集资、广告、样品、职工福利或者利润分配等用途的，应当视同销售货物、转让财产或者提供劳务，但国务院财政、税务主管部门另有规定的除外。

对于货物在同一法人实体内部之间的转移，比如用于在建工程、管理部门、分公司等不作为销售处理。

企业以买一赠一等方式组合销售本企业商品的，不属于捐赠，应将总的销售金额按各项商品的公允价值的比例来分摊确认各项的销售收入。

【知识点3】不征税收入

1. 财政拨款。
2. 依法收取并纳入财政管理的行政事业性收费、政府性基金。
3. 国务院规定的其他不征税收入。

【知识点4】税前扣除原则、范围和标准

1. 税前扣除的原则

企业申报的扣除项目和金额要真实、合法。除税收法规另有规定外，税前扣除一般应遵循以下原则：

（1）权责发生制原则；
（2）配比原则；
（3）相关性原则；
（4）确定性原则；
（5）合理性原则。

2. 税前扣除项目的范围

企业实际发生的与取得收入直接相关的、符合生产经营活动常规、应计入当期损益或有关资产成本的必要和正常的支出，包括成本、费用、税金、损失和其他支出，准予在计算应纳税所得额时扣除。

企业取得的各项免税收入所对应的成本费用，除另有规定外，可以在计算企业应纳税所得额时扣除。

（1）成本，是指企业在生产经营活动中发生的销售成本、销货成本、业务支出以及其他耗费。

（2）费用，是指企业在生产经营活动中发生的销售费用、管理费用和财务费用，已经计入成本的有关费用除外。

（3）税金，是指企业发生的除企业所得税和允许抵扣的增值税以外的各项税金及其附加。

（4）损失，是指企业在生产经营活动中发生的固定资产和存货的盘亏、毁损、报废损失、转让财产损失、呆账损失、坏账损失、自然灾害等不可抗力因素造成的损失以及其他损失。

（5）其他支出，是指除成本、费用、税金、损失外，企业在生产经营活动中发生的与生产经营活动有关的、合理的支出。

3. 准予税前扣除的具体项目和标准

（1）工资、薪金支出。

企业发生的合理的工资、薪金支出，准予扣除。

工资、薪金，是指企业每一纳税年度支付给在本企业任职或者受雇的员工的所有现金形式或者非现金形式的劳动报酬，包括基本工资、奖金、津贴、补贴、年终加薪、加班工资，以及与员工任职或者受雇有关的其他支出。

（2）保险费用。

下列保险费用准予扣除：

①企业依照国务院有关主管部门或者省级人民政府规定的范围和标准为职工缴纳的"五险一金"，即基本养老保险费、基本医疗保险费、失业保险费、工伤保险费、生育保险费等基本社会保险费和住房公积金；

②企业为投资者或者职工支付的，在国务院财政、税务主管部门规定的范围和标准内的补充养老保险费、补充医疗保险费；

③企业依照国家有关规定为特殊工种职工支付的人身安全保险费和国务院财政、税务主管部门规定可以扣除的其他商业保险费；

④企业参加财产保险，按照规定缴纳的保险费。

除企业依照国家有关规定为特殊工种职工支付的人身安全保险费和国务院财政、税务主管部门规定可以扣除的其他商业保险费外，企业为投资者或者职工支付的商业保险费，不得扣除。

(3) 借款费用。

企业在生产经营活动中发生的合理的不需要资本化的借款费用，准予扣除。

企业为购置、建造固定资产、无形资产和经过 12 个月以上的建造才能达到预定可销售状态的存货发生借款的，在有关资产购置、建造期间发生的合理的借款费用，应当作为资本性支出计入有关资产的成本，并依照《中华人民共和国企业所得税法实施条例》的规定扣除。

(4) 利息支出。

企业在生产经营活动中发生的下列利息支出，准予扣除：

①非金融企业向金融企业借款的利息支出、金融企业的各项存款利息支出和同业拆借利息支出、企业经批准发行债券的利息支出。

②非金融企业向非金融企业借款的利息支出，不超过按照金融企业同期同类贷款利率计算的数额的部分。

(5) 汇兑损失。

企业在货币交易中，以及纳税年度终了时将人民币以外的货币性资产、负债按照期末即期人民币汇率中间价折算为人民币时产生的汇兑损失，除已经计入有关资产成本以及与向所有者进行利润分配相关的部分外，准予扣除。

(6) 职工福利费、工会经费、职工教育经费。

职工福利费支出，不超过工资、薪金总额 14% 的部分，准予扣除。

工会经费，自 2010 年 7 月 1 日起，凭《工会经费收入专用收据》，不超过工资、薪金总额 2% 的部分，准予扣除。

企业发生的职工教育经费支出，不超过工资、薪金总额 8% 的部分，准予在计算企业所得税应纳税所得额时扣除；超过部分，准予在以后纳税年度结转扣除。

(7) 业务招待费。

企业发生的与生产经营活动有关的业务招待费支出，按照发生额的 60% 扣除，但最高不得超过当年销售（营业）收入的 5‰。

(8) 广告费和业务宣传费。

企业发生的符合条件的广告费和业务宣传费支出，除国务院财政、税务主管机关另有规定外，不超过当年销售（营业）收入 15% 的部分，准予扣除超过部分，准予在以后纳税年度结转扣除。

自 2016 年 1 月 1 日至 2025 年 12 月 31 日，对化妆品制造或销售、医药制造和饮料制造（不含酒类制造）企业发生的广告费和业务宣传费支出，不超过当年销售（营业）收入 30% 的部分，准予扣除；超过部分，准予在以后纳税年度结转扣除；烟草企业的烟草广告费和业务宣传费支出，一律不得在计算应纳税所得额时扣除。

(9)环境保护专项资金。

企业依照法律、行政法规有关规定提取的用于环境保护、生态恢复等方面的专项资金,准予扣除。上述专项资金提取后改变用途的,不得扣除,已经扣除的,则应计入企业的当期应纳税所得额,缴纳企业所得税。

(10)租赁费。

企业根据生产经营活动的需要租入固定资产支付的租赁费,按照以下方法扣除:

①以经营租赁方式租入固定资产发生的租赁费支出,按照租赁期限均匀扣除;

②以融资租赁方式租入固定资产发生的租赁费支出,按照规定构成融资租入固定资产价值的部分应当提取折旧费用,分期扣除。

(11)劳动保护支出。

企业发生的合理的劳动保护支出,准予扣除。

(12)总机构分摊的费用。

非居民企业在中国境内设立的机构、场所,就其中国境外总机构发生的与该机构、场所生产经营有关的费用,能够提供总机构出具的费用汇集范围、定额、分配依据和方法等证明文件,合理分摊的,准予扣除。

(13)公益性捐赠。

企业通过公益性社会组织或者县级(含县级)以上人民政府及其组成部门和直属机构,用于慈善活动、公益事业的捐赠支出,在年度利润总额12%以内的部分,准予在计算应纳税所得额时扣除。自2017年1月1日起,超过年度利润总额12%的部分,准予结转以后3年内在计算应纳税所得额时扣除。

(14)固定资产折旧。

在计算应纳税所得额时,企业按照规定计算的固定资产折旧,准予扣除。

4. 不得税前扣除的项目

企业在计算应纳税所得额时,下列支出不得扣除:

(1)向投资者支付的股息、红利等权益性投资收益款项。

(2)企业所得税税款。

(3)税收滞纳金。

(4)罚金、罚款和被没收财物的损失。

(5)超过规定标准的捐赠支出。

(6)赞助支出,是指企业发生的与生产经营活动无关的各种非广告性质支出。申报扣除的广告费支出,必须符合下列条件:广告是通过市场监管部门批准的专业机构制作的;已实际支付费用,并已取得相应发票;通过一定的媒体传播。

(7)未经核定的准备金支出,是指不符合国务院财政、税务主管部门规定的各项资产减值准备、风险准备等准备金支出。

（8）企业之间支付的管理费、企业内营业机构之间支付的租金和特许权使用费，以及非银行企业内营业机构之间支付的利息。

（9）与取得收入无关的其他支出。

5. 亏损弥补

企业某一纳税年度发生的亏损可以用下一年度的所得弥补，下一年度的所得不足以弥补的，可以逐年延续弥补，但最长不得超过 5 年。而且，企业在汇总计算缴纳企业所得税时，其境外营业机构的亏损不得抵减境内营业机构的盈利。

自 2018 年 1 月 1 日起，当年具备高新技术企业或科技型中小企业资格的企业，其具备资格年度之前 5 个年度发生的尚未弥补完的亏损，准予结转以后年度弥补，最长结转年限由 5 年延长至 10 年。

受疫情影响较大的困难行业（包括交通运输、餐饮、住宿、旅游）企业 2020 年度发生的亏损，最长结转年限由 5 年延长至 8 年。对电影行业企业 2020 年度发生的亏损，最长结转年限由 5 年延长至 8 年。

国家鼓励的线宽小于 130 纳米（含）的集成电路生产企业，属于国家鼓励的集成电路生产企业清单年度之前 5 个纳税年度发生的尚未弥补完的亏损，准予向以后年度结转，总结转年限最长不得超过 10 年。

五 资产的税务处理

【知识点1】固定资产的税务处理

在计算应纳税所得额时，企业按照规定计算的固定资产折旧，准予扣除。

（1）固定资产计算折旧的最低年限。

除国务院财政、税务主管部门另有规定外，其最低年限如下：

①房屋、建筑物，为 20 年；

②飞机、火车、轮船、机器、机械和其他生产设备，为 10 年；

③与生产经营活动有关的器具、工具、家具等，为 5 年；

④飞机、火车、轮船以外的运输工具，为 4 年；

⑤电子设备，为 3 年。

（2）不得计算折旧的固定资产。

①房屋、建筑物以外未投入使用的固定资产；

②以经营租赁方式租入的固定资产；

③以融资租赁方式租出的固定资产；

④已足额提取折旧仍继续使用的固定资产；

⑤与经营活动无关的固定资产；

⑥单独估价作为固定资产入账的土地；
⑦其他不得计算折旧扣除的固定资产。

【知识点2】生产性生物资产的税务处理

生产性生物资产，是指企业为生产农产品、提供劳务或者出租等而持有的生物资产，包括经济林、薪炭林、产畜和役畜等。

生产性生物资产按照直线法计算的折旧，准予扣除，其最低年限如下：

（1）林木类生产性生物资产，为10年；
（2）畜类生产性生物资产，为3年。

【知识点3】无形资产的税务处理

无形资产按照直线法计算的摊销费用，准予扣除，其摊销年限不得低于10年。

下列无形资产不得计算摊销费用扣除：

（1）自行开发的支出已在计算应纳税所得额时扣除的无形资产；
（2）自创商誉；
（3）与经营活动无关的无形资产；
（4）其他不得计算摊销费用扣除的无形资产。

【知识点4】长期待摊费用的税务处理

在计算应纳税所得额时，企业发生的下列支出作为长期待摊费用，按照规定摊销的，准予扣除：

（1）已足额提取折旧的固定资产的改建支出；
（2）租入固定资产的改建支出；
（3）固定资产的大修理支出；
（4）其他应当作为长期待摊费用的支出。

自支出发生月份的次月起，分期摊销，摊销年限不得低于3年。

【知识点5】投资资产的税务处理

投资资产，是指企业对外进行权益性投资和债权性投资形成的资产。

企业对外投资期间，投资资产的成本在计算应纳税所得额时不得扣除；企业在转让或者处置投资资产时，投资资产的成本，准予扣除。

【知识点6】存货的税务处理

企业使用或者销售存货，按照规定计算的存货成本，准予在计算应纳税所得额时扣除。

【知识点7】转让资产的税务处理

企业转让资产，该项资产的净值，准予在计算应纳税所得额时扣除。

六 资产损失税前扣除的所得税处理

【知识点】资产损失税前扣除的所得税处理

资产损失，是指企业在生产经营活动中实际发生的、与取得应税收入有关的资产损失，包括现金损失、存款损失、坏账损失、贷款损失、股权投资损失、固定资产和存货的盘亏、毁损、报废、被盗损失、自然灾害等不可抗力因素造成的损失以及其他损失。

企业向税务机关申报扣除资产损失，仅需填报企业所得税年度纳税申报表《资产损失税前扣除及纳税调整明细表》，不再报送资产损失相关资料。相关资料由企业留存备查。企业应当完整保存资产损失相关资料，保证资料的真实性、合法性。

企业实际资产损失，应当在其实际发生且会计上已作损失处理的年度申报扣除；法定资产损失，应当在企业留存证据资料证明该项资产已符合法定资产损失确认条件，且会计上已作损失处理的年度申报扣除。企业以前年度发生的资产损失未能在当年税前扣除的，可以按规定向税务机关说明并进行专项申报扣除。其中，属于实际资产损失，准予追补至该项损失发生年度扣除，其追补确认期限一般不得超过5年。属于法定资产损失，应在申报年度扣除。

企业因以前年度实际资产损失未在税前扣除而多缴的企业所得税税款，可在追补确认年度企业所得税应纳税款中予以抵扣，不足抵扣的，向以后年度递延抵扣。企业实际资产损失发生年度扣除追补确认的损失后出现亏损的，应先调整资产损失发生年度的亏损额，再按弥补亏损的原则计算以后年度多缴的企业所得税税款，并按前款办法进行税务处理。

企业对外进行权益性投资所发生的损失，在经确认的损失发生年度，作为企业损失在计算企业应纳税所得额时一次性扣除。

七 应纳所得税额的计算

【知识点1】居民企业应纳税额的计算

基本计算公式为：

$$应纳税额 = 应纳税所得额 \times 适用税率 - 减免税额 - 抵免税额$$

在实际过程中，应纳税所得额的计算一般有两种方法。

1. 直接计算法

在直接计算法下，企业每一纳税年度的收入总额减除不征税收入、免税收入、各项扣除以及允许弥补的以前年度亏损后的余额为应纳税所得额。计算公式为：

$$应纳税所得额 = 收入总额 - 不征税收入 - 免税收入 - 各项扣除金额 - 允许弥补的以前年度亏损$$

2. 间接计算法

在间接计算法下，在会计利润总额的基础上加上或减去按照税法规定调整的项目金额后，即为应纳税所得额。计算公式为：

$$应纳税所得额 = 会计利润总额 \pm 纳税调整项目金额$$

纳税调整项目金额包括两方面的内容：一是企业财务会计制度规定的项目范围与税法规定的项目范围不一致应予以调整的金额；二是企业财务会计制度规定的扣除标准与税法规定的扣除标准不一致应予以调整的金额。

【知识点2】境外所得抵免税额的计算

企业取得的下列所得已在境外缴纳的所得税税额，可以从其当期应纳税额中抵免，抵免限额为该项所得依照税法规定计算的应纳税额；超过抵免限额的部分，可以在以后5个年度内，用每年度抵免限额抵免当年应抵税额后的余额进行抵补：

（1）居民企业来源于中国境外的应税所得；

（2）非居民企业在中国境内设立机构、场所，取得发生在中国境外但与该机构、场所有实际联系的应税所得。

【知识点3】居民企业核定征收应纳税额的计算

根据《中华人民共和国企业所得税法》及其实施条例、《中华人民共和国税收征收管理法》及其实施细则的有关规定，核定征收企业所得税的有关规定如下：

（1）核定征收企业所得税的范围。

居民企业纳税人具有下列情形之一的，核定征收企业所得税：

①依照法律、行政法规的规定可以不设置账簿的；

②依照法律、行政法规的规定应当设置但未设置账簿的；

③擅自销毁账簿或者拒不提供纳税资料的；

④虽设置账簿，但账目混乱或者成本资料、收入凭证、费用凭证残缺不全，难以查账的；

⑤发生纳税义务，未按照规定的期限办理纳税申报，经税务机关责令限期申报，逾期仍不申报的；

⑥申报的计税依据明显偏低，又无正当理由的。

特殊行业、特殊类型的纳税人和一定规模以上的纳税人不适用上述办法。

（2）核定征收的办法。

税务机关应根据纳税人的具体情况，对核定征收企业所得税的纳税人，核定应税所得率或者核定应纳所得税额。计算公式为：

$$应纳税所得额 = 应税收入额 \times 应税所得率$$

或者：

$$应纳税所得额 = 成本（费用）支出额 \div （1 - 应税所得率）\times 应税所得率$$

上述"应税收入额"等于收入总额减去不征税收入和免税收入后的余额。

用公式表示为：

$$应税收入额 = 收入总额 - 不征税收入 - 免税收入$$

实行应税所得率方式核定征收企业所得税的纳税人，经营多业的，无论其经营项目是否单独核算，均由税务机关根据其主营项目确定适用的应税所得率。

【知识点4】非居民企业应纳税额的计算

对于在中国境内未设立机构、场所的，或者虽设立机构、场所但取得的所得与其所设机构、场所没有实际联系的非居民企业的所得，按照下列方法计算应纳税所得额：

（1）股息、红利等权益性投资收益和利息、租金、特许权使用费所得，以收入全额为应纳税所得额；

（2）转让财产所得，以收入全额减除财产净值后的余额为应纳税所得额；

（3）其他所得，参照前两项规定的方法计算应纳税所得额。

扣缴义务人在每次向非居民企业支付或者到期应支付所得时，应从支付或者到期应支付的款项中扣缴企业所得税。

扣缴企业所得税应纳税额计算公式如下：

$$扣缴企业所得税应纳税额 = 应纳税所得额 \times 实际征收率$$

应纳税所得额的计算，以上述（1）至（3）项规定为标准；实际征收率是指《中华人民共和国企业所得税法》及其实施条例等相关法律法规规定的税率，或者税收协定规定的更低的税率。

八 特别纳税调整

【知识点】特别纳税调整

特别纳税调整，是指企业与其关联方之间的业务往来，不符合独立交易原则而减少企业或者其关联方应纳税收入或者所得额的，税务机关有权按照合理方法进行调整。企业与其关联方共同开发、受让无形资产，或者共同提供、接受劳务发生的成本，在计算应纳税所得额时应当按照独立交易原则进行分摊。

上述所称关联方，是指与企业有下列关联关系之一的企业、其他组织或者个人，具体指：

（1）在资金、经营、购销等方面存在直接或者间接的控制关系；

（2）直接或者间接地同为第三者控制；

（3）在利益上具有相关联的其他关系。

上述所称独立交易原则，是指没有关联关系的交易各方，按照公平成交价格和营业常规进行业务往来遵循的原则。

九 征收管理

【知识点1】纳税地点

1. 除税收法律、行政法规另有规定外，居民企业以企业登记注册地为纳税地点；但登记注册地在境外的，以实际管理机构所在地为纳税地点。企业注册登记地，是指企业依照国家有关规定登记注册的住所地。

2. 居民企业在中国境内设立不具有法人资格的营业机构的，应当汇总计算并缴纳企业所得税。企业汇总计算并缴纳企业所得税时，应当统一核算应纳税所得额，具体办法由国务院财政、税务主管部门另行制定。

3. 非居民企业在中国境内设立机构、场所的，应当就其所设机构、场所取得的来源于中国境内的所得，以及发生在中国境外但与其所设机构、场所有实际联系的所得，以机构、场所所在地为纳税地点。非居民企业在中国境内设立两个或者两个以上机构、场所的，可以选择由其主要机构、场所汇总缴纳企业所得税。非居民企业选择汇总缴纳企业所得税后，需要增设、合并、迁移、关闭机构、场所或停止机构、场所业务的，应当事先由负责汇总申报缴纳企业所得税的主要机构、场所向其所在地税务机关报告；需要变更汇总缴纳企业所得税的主要机构、场所的，依照上述规定办理。

4. 非居民企业在中国境内未设立机构、场所的，或者虽设立机构、场所但取得的所得与其所设机构、场所没有实际联系的，以扣缴义务人所在地为纳税地点。

5. 除国务院另有规定外，企业之间不得合并缴纳企业所得税。

【知识点2】纳税期限

企业所得税按年计征，分月或者分季预缴，年终汇算清缴，多退少补。

纳税服务岗位知识与技能

企业所得税的纳税年度，自公历 1 月 1 日起至 12 月 31 日止。企业在一个纳税年度的中间开业，或者由于合并、关闭等原因终止经营活动，使该纳税年度的实际经营期不足 12 个月的，应当以其实际经营期为 1 个纳税年度。企业清算时，应当以清算期间作为 1 个纳税年度。

正常情况下，企业自年度终了之日起 5 个月内，向主管税务机关报送年度企业所得税纳税申报表，并汇算清缴，结清应缴应退税款。企业在年度中间终止经营活动的，应当自实际经营终止之日起 60 日内，向税务机关办理当期企业所得税汇算清缴。

【知识点 3】纳税申报

按月或按季预缴的，应当自月份或者季度终了之日起 15 日内，向税务机关报送预缴企业所得税纳税申报表，预缴税款。

企业在报送企业所得税纳税申报表时，应当按照规定附送财务会计报告或其他有关资料。

企业应当在办理注销登记前，就其清算所得向税务机关申报并依法缴纳企业所得税。

企业在纳税年度内无论盈利或者亏损，都应当依照《中华人民共和国企业所得税法》第五十四条规定的期限，向税务机关报送预缴企业所得税纳税申报表、年度企业所得税纳税申报表、财务会计报告和税务机关规定应当报送的其他有关资料。

【知识点 4】跨地区经营汇总纳税企业所得税征收管理

1. 居民企业在中国境内跨地区（指跨省、自治区、直辖市和计划单列市）设立不具有法人资格的营业机构、场所（以下称分支机构）的，该居民企业为汇总纳税企业。

2. 企业实行"统一计算、分级管理、就地预缴、汇总清算、财政调库"的企业所得税征收管理办法。

3. 总机构和具有主体生产经营职能的二级分支机构，就地分期预缴企业所得税。

二级分支机构及其下属机构均由二级分支机构集中就地预缴企业所得税，三级及以下分支机构不就地预缴企业所得税，其经营收入、职工工资和资产总额统一计入二级分支机构。

总机构设立具有独立生产经营职能部门，且具有独立生产经营职能部门的经营收入、职工工资和资产总额与管理职能部门分开核算的，可将具有独立生产经营职能的部门视同一个分支机构，就地预缴企业所得税。

不具有主体生产经营职能，且在当地不缴纳增值税的产品售后服务、内部研发、仓储等企业内部辅助性的二级及以下分支机构，不就地预缴企业所得税。

上年度认定为小型微利企业的，其分支机构不就地预缴企业所得税。

新设立的分支机构，设立当年不就地预缴企业所得税。

【知识点5】合伙企业所得税的征收管理

自2008年1月1日起，合伙企业缴纳的所得税按下列规定处理：

（1）合伙企业以每一个合伙人为纳税义务人。合伙企业合伙人是自然人的，缴纳个人所得税；合伙人是法人和其他组织的，缴纳企业所得税。

（2）合伙企业生产经营所得和其他所得采取"先分后税"的原则。具体应纳税所得额的计算按照《财政部 国家税务总局关于印发〈关于个人独资企业和合伙企业投资者征收个人所得税的规定〉的通知》（财税〔2000〕91号）及《财政部 国家税务总局关于调整个体工商户个人独资企业和合伙企业个人所得税税前扣除标准有关问题的通知》（财税〔2008〕65号）的有关规定执行。

以上所称生产经营所得和其他所得，包括合伙企业分配给所有合伙人的所得和企业当年留存的所得（利润）。

（3）合伙企业的合伙人是法人和其他组织的，合伙人在计算其缴纳企业所得税时，不得用合伙企业的亏损抵减其盈利。

十　税前扣除凭证管理

【知识点】税前扣除凭证管理

税前扣除凭证，是指企业在计算企业所得税应纳税所得额时，证明与取得收入有关的、合理的支出实际发生，并据以税前扣除的各类凭证。

税前扣除凭证在管理中遵循真实性、合法性、关联性原则。真实性，是指税前扣除凭证反映的经济业务真实，且支出已经实际发生；合法性，是指税前扣除凭证的形式、来源符合国家法律、法规等相关规定；关联性，是指税前扣除凭证与其反映的支出相关联且有证明力。

企业发生支出，应取得税前扣除凭证，作为计算企业所得税应纳税所得额时扣除相关支出的依据。企业应在当年度企业所得税法规定的汇算清缴期结束前取得税前扣除凭证。企业应将与税前扣除凭证相关的资料，包括合同协议、支出依据、付款凭证等留存备查，以证实税前扣除凭证的真实性。

税前扣除凭证按照来源分为内部凭证和外部凭证。

>> 第四节
个人所得税申报纳税

一 纳税人

【知识点1】纳税人概述

在中国境内有住所，或者无住所而一个纳税年度内在中国境内居住累计满183天的个人，为居民个人。居民个人从中国境内和境外取得的所得，依照《中华人民共和国个人所得税法》规定缴纳个人所得税。

在中国境内无住所又不居住，或者无住所而一个纳税年度内在中国境内居住累计不满183天的个人，为非居民个人。非居民个人从中国境内取得的所得，依照《中华人民共和国个人所得税法》规定缴纳个人所得税。

居民个人和非居民个人的判断标准：住所和居住时间。

（1）住所：指因户籍、家庭、经济利益关系而在中国境内习惯性居住。

（2）纳税年度：自公历1月1日起至12月31日止。

（3）居民个人从中国境内和境外取得的所得缴纳个人所得税。

中国境内无住所个人所得征税的相关规定，具体见表4-2。

表4-2 中国境内无住所个人所得征税情形分析

一个纳税年度内在中国境内累计居住时间		境内所得		境外所得	
^^	^^	境内支付	境外支付	境内支付	境外支付
不满183天	连续或累计不超过90天	征税	免税	不征税（除高管外）	不征税
^^	90~183天	征税	征税	不征税（除高管外）	不征税
满183天	累计满183天的年度连续不满6年	征税	征税	征税	免税（备案）
^^	累计满183天的年度连续满6年	征税	征税	征税	征税

需要注意的是：

（1）高层管理职务包括企业正、副（总）经理、各职能总师、总监及其他类似公司管理层的职务。

（2）无住所个人一个纳税年度内在中国境内累计居住天数，按照个人在中国境内累计停留的天数计算。在中国境内停留的当天满 24 小时的，计入中国境内居住天数，在中国境内停留的当天不足 24 小时的，不计入中国境内居住天数。

（3）超过 183 天的年度连续满 6 年，但其间单次离境超过 30 天的，视为第三类情形。

（4）连续满 6 年，是指该纳税年度的前 1 年至前 6 年的连续 6 个年度，其起始年度自 2019 年（含）以后年度开始计算。

（5）在中国境内居住累计满 183 天的任一年度中有一次离境超过 30 天的，其在中国境内居住累计满 183 天的年度的连续年限重新起算。

【知识点 2】所得来源的确定

除国务院财政、税务主管部门另有规定外，下列所得，不论支付地点是否在中国境内，均为来源于中国境内的所得：

（1）因任职、受雇、履约等在中国境内提供劳务取得的所得；

（2）将财产出租给承租人在中国境内使用而取得的所得；

（3）许可各种特许权在中国境内使用而取得的所得；

（4）转让中国境内的不动产等财产或者在中国境内转让其他财产取得的所得；

（5）从中国境内企业、事业单位、其他组织以及居民个人取得的利息、股息、红利所得；

（6）由境内企业、事业单位、其他组织支付或者负担的稿酬所得，为来源于境内的所得。

二 扣缴义务人

【知识点】扣缴义务人概述

1. 个人所得税，以所得人为纳税义务人，以支付所得的单位或者个人为扣缴义务人。扣缴义务人应当按照国家规定办理全员全额扣缴申报，并向纳税人提供其个人所得和已扣缴税款等信息。

2. 全员全额扣缴申报，是指扣缴义务人应当在代扣税款的次月 15 日内，向主管税务机关报送其支付所得的所有个人的有关信息、支付所得数额、扣除事项和数额、扣缴税款的具体数额和总额以及其他相关涉税信息资料。

3. 除"经营所得"税目外，扣缴义务人在向纳税人支付各项应纳税所得时，须履行代扣代缴税款的义务。

4. 由于支付所得的单位和个人与取得所得的人之间有多重支付的现象，有时难以确定扣缴义务人。为保证全国执行的统一，现将认定标准规定为：凡税务机关认定对所得的支付对象和支付数额有决定权的单位和个人，即为扣缴义务人。

5. 税务机关应根据扣缴义务人所扣缴的税款，付给2%的手续费，由扣缴义务人用于代扣代缴费用开支和奖励代扣代缴工作做得较好的办税人员。

三、综合所得

【知识点1】综合所得的构成

综合所得包括：工资、薪金所得，劳务报酬所得，稿酬所得和特许权使用费所得。居民个人取得综合所得按纳税年度合并计算个人所得税；非居民个人取得这四项所得，按月或者按次分项计算个人所得税。

【知识点2】工资、薪金所得

工资、薪金所得，是指个人因任职或者受雇取得的工资、薪金、奖金、年终加薪、劳动分红、津贴、补贴以及与任职或者受雇有关的其他所得。

1. 工资、薪金所得属于非独立个人劳动所得，强调个人所从事的是他人指定、安排并接受管理的劳动、工作，或服务于公司、工厂、行政、事业单位（私营企业主除外）。

2. 年终加薪、劳动分红不分种类和取得情况，一律按工资、薪金所得课税；津贴、补贴等则有例外。

3. 退休人员再任职取得的收入，按"工资、薪金所得"项目征税。

"退休人员再任职"应同时符合下列条件：

（1）受雇人员与用人单位签订1年以上（含1年）劳动合同（协议），存在长期或连续的雇佣与被雇佣关系；

（2）受雇人员因事假、病假、休假等原因不能正常出勤时，仍享受固定或基本工资收入；

（3）受雇人员与单位其他正式职工享受同等福利、培训及其他待遇；

（4）受雇人员的职务晋升、职称评定等工作由用人单位负责组织。

4. 公司职工取得的用于购买企业国有股权的劳动分红，按"工资、薪金所得"项目计征个人所得税。

5. 出租汽车经营单位对出租车驾驶员采取单车承包或承租方式运营，出租车驾驶员从事客运取得的收入，按"工资、薪金所得"征税。

（1）从事个体出租车运营的出租车驾驶员取得的收入，按"经营所得"项目缴纳个人所得税。

（2）出租车属个人所有，但挂靠出租汽车经营单位或企事业单位，驾驶员向挂靠单位缴纳管理费的，或出租汽车经营单位将出租车所有权转移给驾驶员的，出租车驾驶员从事客货运营取得的收入，按照"经营所得"项目征税。

6. 根据我国目前个人收入的构成情况，税法规定对于一些不属于工资、薪金性质的补贴、津贴或不属于纳税人本人工资、薪金所得项目的收入不予征税。这些项目包括：①独生子女补贴；②执行公务员工资制度未纳入基本工资总额的补贴、津贴差额和家属成员的副食品补贴；③托儿补助费；④差旅费津贴、误餐补助。

7. 自2004年1月20日起，对商品营销活动中，企业和单位对营销业绩突出的雇员（非雇员，按"劳务报酬所得"征税）以培训班、研讨会、工作考察等名义组织旅游活动，通过免收差旅费、旅游费对个人实行的营销业绩奖励（包括实物、有价证券等），应根据所发生费用的全额并入营销人员当期的工资、薪金所得，按照"工资、薪金所得"项目征收个人所得税，并由提供上述费用的企业和单位代扣代缴。

8. 员工股票期权所得性质的确认及其具体征税规定：

（1）员工接受实施股票期权计划企业授予的股票期权时，除另有规定外，一般不作为应税所得征税。

（2）员工行权时，其从企业取得股票的实际购买价（施权价）低于购买日公平市场价（指该股票当日的收盘价，下同）的差额，是因员工在企业的表现和业绩情况而取得的与任职、受雇有关的所得，应按"工资、薪金所得"适用的规定计算缴纳个人所得税。

对因特殊情况，员工在行权日之前将股票期权转让的，以股票期权的转让净收入，作为工资、薪金所得征收个人所得税。

员工行权日所在期间的工资薪金所得，应按下列公式计算工资、薪金应纳税所得额：

$$\text{股票期权形式的工资、薪金应纳税所得额} = \left(\text{行权股票的每股市场价} - \text{员工取得该股票期权支付的每股施权价}\right) \times \text{股票数量}$$

（3）员工将行权后的股票再转让时获得的高于购买日公平市场价的差额，是因个人在证券二级市场上转让股票等有价证券而获得的所得，应按照"财产转让所得"适用的征免规定计算缴纳个人所得税。

（4）员工因拥有股权而参与企业税后利润分配取得的所得，应按照"利息、股息、红利所得"适用的规定计算缴纳个人所得税。

【知识点3】劳务报酬所得

劳务报酬所得，是指个人从事设计、装潢、安装、制图、化验、测试、医疗、法律、会计、咨询、讲学、新闻、广播、翻译、审稿、书画、雕刻、影视、录音、录像、演出、表演、广告、展览、技术服务、介绍服务、经纪服务、代办服务以及其他劳务报酬的所得。

1. "劳务报酬所得"与"工资、薪金所得"的区别：

（1）非独立个人劳动（任职雇佣）适用"工资、薪金所得"；

（2）独立个人劳动（非任职雇佣）适用"劳务报酬所得"。

2. 个人兼职取得的收入，按"劳务报酬所得"征税。

3. 董事费收入：

（1）个人在公司包括关联公司任职、受雇同时兼任董事、监事，按"工资、薪金所得"征税。

（2）个人担任公司董事监事且不在公司任职受雇的，按"劳务报酬所得"项目征税。

4. 在校学生参与勤工俭学活动应依法缴纳个人所得税。

【知识点4】稿酬所得

稿酬所得，是指个人因其作品以图书、报刊等形式出版、发表而取得的所得。

1. 任职、受雇于报纸、杂志等单位的记者、编辑等专业人员，因在本单位的报纸、杂志上发表作品取得的所得，与其当月工资收入合并，按"工资、薪金所得"项目征税。

除上述专业人员以外，其他人员在本单位的报纸、杂志上发表作品取得的所得，按"稿酬所得"项目征税。

2. 出版社的专业作者撰写、编写或翻译的作品，由本社以图书形式出版而取得的稿费收入，按"稿酬所得"项目征税。

3. 以图书、报刊形式出版、发表取得的所得。包括文字、书画、摄影以及其他作品，包括作者去世后，财产继承人取得的遗作稿酬。

【知识点5】特许权使用费所得

特许权使用费所得，是指个人提供专利权、商标权、著作权、非专利技术以及其他特许权的使用权取得的所得。包括提供著作权的使用权取得的所得，不包括稿酬所得。

1. 作者将自己的文字作品手稿原件或复印件公开拍卖（竞价）取得的所得。

2. 个人取得特许权的经济赔偿收入按"特许权使用费所得"项目征税，税款由支付赔款的单位或个人代扣代缴。

3. 编剧从电视剧的制作单位取得的剧本使用费，按"特许权使用费所得"项目征税。

四 综合所得预扣预缴

【知识点 1】综合所得扣除项目规定

1. 纳税人同时从两处以上取得工资、薪金所得,并由扣缴义务人办理上述专项附加扣除的,对同一专项附加扣除项目,一个纳税年度内,纳税人只能选择从其中一处扣除。

2. 居民个人取得劳务报酬所得、稿酬所得、特许权使用费所得,应当在汇算清缴时向税务机关提供有关信息,减除专项附加扣除。居民个人没有取得综合所得,专项附加扣除费用不得扣除。

3. 大病医疗专项附加扣除,由纳税人在次年 3 月 1 日至 6 月 30 日内办理年度汇算清缴时,在限额内据实扣除。

4. 纳税人选择在扣缴义务人发放工资、薪金所得时享受专项附加扣除的,首次享受时应当填写并向扣缴义务人报送《个人所得税专项附加扣除信息表》;纳税年度中间相关信息发生变化的,纳税人应当更新《个人所得税专项附加扣除信息表》相应栏次,并及时报送给扣缴义务人。

更换工作单位,需要由新任职、受雇扣缴义务人办理专项附加扣除的,应在入职当月,填写并向扣缴义务人报送《个人所得税专项附加扣除信息表》。

5. 纳税人不愿意将专项附加信息报送给任职受雇单位的,可在次年 3 月 1 日至 6 月 30 日内,向汇缴地主管税务机关办理年度汇算清缴申报时扣除。

6. 个人所得税专项附加扣除额本年度扣除不完的,不能结转以后年度扣除。

7. 纳税人次年需要由扣缴义务人继续办理专项附加扣除的,应当于每年 12 月份对次年享受专项附加扣除的内容进行确认,并报送至扣缴义务人。纳税人未及时确认的,扣缴义务人于次年 1 月起暂停扣除,待纳税人确认后再行办理专项附加扣除。

8. 纳税人可以通过远程办税端、电子或者纸质报表等方式,向扣缴义务人或者主管税务机关报送个人专项附加扣除信息。

9. 纳税人应当将《个人所得税专项附加扣除信息表》及相关留存备查资料,自法定汇算清缴期结束后保存 5 年。纳税人报送给扣缴义务人的《个人所得税专项附加扣除信息表》,扣缴义务人应当自预扣预缴年度的次年起留存 5 年。

10. 扣缴义务人应当及时按照纳税人提供的信息计算办理扣缴申报,不得擅自更改纳税人提供的相关信息。

扣缴义务人发现纳税人提供的信息与实际情况不符,可以要求纳税人修改。纳税人拒绝修改的,扣缴义务人应当向主管税务机关报告,税务机关应当及时处理。

11. 除纳税人另有要求外，扣缴义务人应当于年度终了后两个月内，向纳税人提供已办理的专项附加扣除项目及金额等信息。

12. 纳税人有下列情形之一的，主管税务机关应当责令其改正；情形严重的，应当纳入有关信用信息系统，并按照国家有关规定实施联合惩戒；涉及违反《中华人民共和国税收征收管理法》等法律法规的，税务机关依法进行处理：

（1）报送虚假专项附加扣除信息；

（2）重复享受专项附加扣除；

（3）超范围或标准享受专项附加扣除；

（4）拒不提供留存备查资料；

（5）国家税务总局规定的其他情形。

纳税人在任职、受雇单位报送虚假扣除信息的，税务机关责令改正的同时，通知扣缴义务人。

13. 个人未续保或退保的，应于未续保或退保当月告知扣缴义务人终止商业健康保险税前扣除。

14. 个人购买商业健康保险未获得税优识别码的，其支出金额不得税前扣除。

15. 扣缴义务人在填报《扣缴个人所得税报告表》或《特定行业个人所得税年度申报表》时，应将当期扣除的个人购买商业健康保险支出金额填至申报表"税前扣除项目"的"其他"列中（需注明商业健康保险扣除金额），并同时填报《商业健康保险税前扣除情况明细表》。

16. 捐赠收入全额扣除的情形：

（1）红十字事业；

（2）福利性、非营利性老年机构；

（3）农村义务教育、教育事业；

（4）公益性青少年活动场所；

（5）农村义务教育的捐赠；

（6）宋庆龄基金会等六家；

（7）中国医药卫生事业发展基金会、教育发展基金会、老龄事业发展基金会和中华快车基金会。

17. 专项扣除、专项附加扣除和依法确定的其他扣除，以居民个人一个纳税年度的应纳税所得额为限额；一个纳税年度扣除不完的，不结转以后年度扣除。

扣除项目的具体内容见表4-3。

表 4-3　　　　　　　　　　　　　综合所得扣除项目明细

序号	扣除项目	扣除标准
1	基本减除费用	6 万元/年，5000 元/月
2	专项扣除	
(1)	基本养老保险 基本医疗保险 失业保险	按国家或省（自治区、直辖市）人民政府规定的缴费比例实际缴付的金额
(2)	住房公积金	单位上一年度月平均工资 12%，职工个人缴存住房公积金的月平均工资不得超过职工工作地所在设区城市上一年度职工月平均工资的 3 倍
3	专项附加扣除	
(1)	子女教育	每个子女每月定额扣除 2000 元
(2)	继续教育	学历教育每月 400 元定额扣除，同一学位（历）不超过 48 个月；职业资格继续教育在取得证书的当年定额扣除 3600 元
(3)	大病医疗	扣除医保报销后个人负担累计超过 15000 元的部分，在办理汇算清缴时在 80000 元限额内据实扣除
(4)	住房贷款利息	每月 1000 元的标准定额扣除，不超过 240 个月
(5)	住房租金	直辖市、省会（首府）城市、计划单列市以及国务院确定的其他城市，扣除标准为每月 1500 元； 除上述所列城市之外，市辖区户籍人口超过 100 万的城市，扣除标准为每月 1100 元；市辖区户籍人口不超过 100 万的城市，扣除标准为每月 800 元
(6)	赡养老人	纳税人为独生子女，按照每月 3000 元的标准定额扣除； 纳税人为非独生子女，与其兄弟姐妹分摊每月 3000 元扣除额度，每人分摊的额度不能超过每月 1500 元
(7)	婴幼儿照护	纳税人照护 3 岁以下婴幼儿子女的相关支出，按照每个婴幼儿每月 2000 元的标准定额扣除
4	其他扣除	
(1)	符合国家规定的企业年金、职业年金	不超过本人缴费工资计税基数的 4% 标准内的部分
(2)	符合国家规定的商业健康保险	扣除限额为 2400 元/年（200 元/月）
(3)	税收递延型商业养老保险	扣除限额按照当月工资薪金、连续性劳务报酬收入的 6% 和 1000 元孰低
(4)	个人养老金	在缴费环节，个人向个人养老金资金账户的缴费按照 12000 元/年的限额标准在综合所得或经营所得中据实扣除

续表

序号	扣除项目	扣除标准
5	公益慈善事业捐赠	个人将其所得对教育、扶贫、济困等公益慈善事业进行捐赠，捐赠额未超过纳税人申报的应纳税所得额30%的部分，可以从其应纳税所得额中扣除； 国务院规定对公益慈善事业捐赠实行全额税前扣除的，从其规定

【知识点2】工资、薪金累计预扣法

1. 扣缴义务人向居民个人支付工资、薪金所得时，应当按照累计预扣法计算预扣税款，并按月办理扣缴申报。

2. 累计预扣法具体计算公式如下：

本期应预扣预缴税额 =（累计预扣预缴应纳税所得额 × 预扣率 - 速算扣除数）-
累计减免税额 - 累计已预扣预缴税额

累计预扣预缴应纳税所得额 = 累计收入 - 累计免税收入 - 累计减除费用 -
累计专项扣除 - 累计专项附加扣除 -
累计依法确定的其他扣除

其中，累计减除费用，按照5000元/月乘以纳税人当年截至本月在本单位的任职受雇月份数计算。

自2020年7月1日起，对一个纳税年度内首次取得工资、薪金所得的居民个人，扣缴义务人在预扣预缴个人所得税时，可按照5000元/月乘以纳税人当年截至本月月份数计算累计减除费用。首次取得工资、薪金所得的居民个人，是指自纳税年度首月起至新入职时，未取得工资、薪金所得或者未按照累计预扣法预扣预缴过连续性劳务报酬所得个人所得税的居民个人。

自2021年1月1日起，对上一完整纳税年度内每月均在同一单位预扣预缴工资、薪金所得个人所得税且全年工资、薪金收入不超过6万元的居民个人，扣缴义务人在预扣预缴本年度工资、薪金所得个人所得税时，累计减除费用自1月起直接按照全年6万元计算扣除，即在纳税人累计收入不超过6万元的月份，暂不预扣预缴个人所得税；在其累计收入超过6万元的当月及年内后续月份，再预扣预缴个人所得税。

如果计算本月应预扣预缴税额为负值时，暂不退税。纳税年度终了后余额仍为负值时，由纳税人通过办理综合所得年度汇算清缴，税款多退少补。

【知识点3】工资、薪金特殊规定

1. 两处取得工资、薪金

居民个人取得两处以上工资、薪金所得的，对于各个支付所得的企业或其他组织，

只需按照《国家税务总局关于发布〈个人所得税扣缴申报管理办法（试行）〉的公告》（国家税务总局公告2018年第61号）的规定，各自按照累计预扣法预扣预缴个人所得税即可。

居民个人同时从两处以上取得工资、薪金所得，并由扣缴义务人减除专项附加扣除的，对同一专项附加扣除项目，在一个纳税年度内只能选择从一处取得的所得中减除。

2. 居民个人取得全年一次性奖金

在2027年12月31日前，居民个人取得全年一次性奖金：

（1）符合《国家税务总局关于调整个人取得全年一次性奖金等计算征收个人所得税方法问题的通知》（国税发〔2005〕9号）规定的，单独作为一个月工资、薪金所得。以全年一次性奖金收入除以12个月得到的数额，按照按月换算后的综合所得税率表，确定适用税率和速算扣除数，单独计算纳税。计算公式为：

$$应纳税额 = 全年一次性奖金收入 \times 适用税率 - 速算扣除数$$

（2）也可以选择并入当年综合所得计算纳税。

3. 关于解除劳动关系一次性补偿收入的政策

个人与用人单位解除劳动关系取得一次性补偿收入（包括用人单位发放的经济补偿金、生活补助费和其他补助费），在当地上年职工平均工资3倍数额以内的部分，免征个人所得税；超过3倍数额的部分，不并入当年综合所得，单独适用综合所得税率表，计算纳税。计算公式为：

$$应纳税所得额 = (一次性补偿收入 - 3 \times 当地上年职工平均工资) \times 适用税率 - 速算扣除数$$

4. 上市公司股权激励

（1）居民个人取得股票期权、股票增值权、限制性股票、股权奖励等股权激励，符合相关条件的，在2027年12月31日前，不并入当年综合所得，全额单独适用综合所得税率表，计算纳税。计算公式为：

$$应纳税额 = 股权激励收入 \times 适用税率 - 速算扣除数$$

（2）居民个人一个纳税年度内取得两次以上（含两次）股权激励的，应合并计算纳税。

5. 个人领取企业年金、职业年金

个人达到国家规定的退休年龄，领取的企业年金、职业年金，符合《财政部 人力资源社会保障部 国家税务总局关于企业年金 职业年金个人所得税有关问题的通知》（财税〔2013〕103号）规定的，不并入综合所得，全额单独计算应纳税款。其中按月领取的，适用月度税率表计算纳税；按季领取的，平均分摊计入各月，按每月领取额适用月度税率表计算纳税；按年领取的，适用综合所得税率表计算纳税。

个人因出境定居而一次性领取的年金个人账户资金，或个人死亡后，其指定的受益人或法定继承人一次性领取的年金个人账户余额,适用综合所得税率表计算纳税。对个人除上述特殊原因外一次性领取年金个人账户资金或余额的,适用月度税率表计算纳税。

6. 个人领取递延型商业养老保险

个人按照《财政部 税务总局 人力资源社会保障部 中国银行保险监督管理委员会 证监会关于开展个人税收递延型商业养老保险试点的通知》(财税〔2018〕22号)的规定,领取的税收递延型商业养老保险的养老金收入,其中25%的部分予以免税,其余75%的部分按照10%的比例税率计算缴纳个人所得税,税款计入"工资、薪金所得"项目,由保险机构代扣代缴后,在个人购买税延养老保险的机构所在地办理全员全额扣缴申报。

7. 个人养老金

自2022年1月1日起,对个人养老金实施递延纳税优惠政策。在缴费环节,个人向个人养老金资金账户的缴费,按照12000元/年的限额标准,在综合所得或经营所得中据实扣除;在投资环节,计入个人养老金资金账户的投资收益暂不征收个人所得税;在领取环节,个人领取的个人养老金,不并入综合所得,单独按照3%的税率计算缴纳个人所得税,其缴纳的税款计入"工资、薪金所得"项目。

【知识点4】劳务报酬预扣预缴

1. 劳务报酬预扣预缴的计算方法(见表4-4)

表4-4　　　　　　　　劳务报酬预扣预缴的计算方法

劳务报酬所得	扣缴义务人支付时,按以下方法按次或按月预扣预缴税款: (1) 每次收入不超过4000元的,预扣预缴税额 = (收入 - 800) × 预扣率 (2) 每次收入4000元以上的,预扣预缴税额 = 收入 × (1 - 20%) × 预扣率 - 速算扣除数

自2020年7月1日起,正在接受全日制学历教育的学生因实习取得劳务报酬所得的,扣缴义务人预扣预缴个人所得税时,可按照《国家税务总局关于发布〈个人所得税扣缴申报管理办法(试行)〉的公告》(国家税务总局公告2018年第61号)规定的累计预扣法计算并预扣预缴税款。

对按照累计预扣法预扣预缴劳务报酬所得个人所得税的居民个人,扣缴义务人应当按照《国家税务总局关于进一步简便优化部分纳税人个人所得税预扣预缴方法的公告》(国家税务总局公告2020年第19号)规定的预扣预缴方法执行。

2. 每次收入的确定

劳务报酬所得,根据不同劳务项目的特点,分别规定为:

（1）只有一次性收入的，以取得该项收入为一次。例如，从事设计、安装、装潢、制图、化验、测试等劳务，往往是接受客户的委托，按照客户的要求，完成一次劳务后取得收入。

（2）属于同一事项连续取得收入的，以1个月内取得的收入为一次。

（3）考虑到属地管理与时间划定有交叉的特殊情况，统一规定以县（含县级市、区）为一地，其管辖范围内一个月内的劳务服务为一次；当月跨县地域的，则应分别计算。

3. 劳务报酬的特殊规定

保险营销员、证券经纪人取得的佣金收入，属于劳务报酬所得，以不含增值税的收入减除20%的费用后的余额为收入额，收入额减去展业成本以及附加税费后，并入当年综合所得，计算缴纳个人所得税。保险营销员、证券经纪人展业成本按照收入额的25%计算。

扣缴义务人向保险营销员、证券经纪人支付佣金收入时，应按照《国家税务总局关于发布〈个人所得税扣缴申报管理办法（试行）〉的公告》（国家税务总局公告2018年第61号）规定的累计预扣法计算预扣税款。

【知识点5】稿酬所得预扣预缴

1. 稿酬所得预扣预缴计算方法（见表4-5）

表4-5　　　　　　　　稿酬所得预扣预缴的计算方法

稿酬所得	扣缴义务人支付时，按以下方法按次或按月预扣预缴税款： 1. 每次收入不超过4000元的，预扣预缴税额=（收入-800）×70%×20% 2. 每次收入4000元以上的，预扣预缴税额=收入×（1-20%）×70%×20%

2. 每次收入的确定

（1）个人每次以图书，报刊方式出版，发表同一作品（文字作品，书画作品，摄影作品以及其他作品），不论出版单位是预付还是分笔支付稿酬，或者加印该作品后再付稿酬，均应合并其稿酬所得按一次计征个人所得税。

（2）在两处或两处以上出版，发表或再版同一作品而取得稿酬所得，则可分别将各处取得的所得或再版所得按分次所得计征个人所得税。

（3）个人的同一作品在报刊上连载，应合并其因连载而取得的所有稿酬所得为一次计税。在其连载之后又出书取得稿酬所得，或先出书后连载取得稿酬所得，应视同再版稿酬分次计征个人所得税。

【知识点6】特许权使用费预扣预缴

1. 特许权使用费所得预扣预缴计算方法（见表4-6）

表4-6　　　　　　　　　特许权使用费预扣预缴的计算方法

特许权使用费所得	扣缴义务人支付时，按以下方法按次或按月预扣预缴税款： （1）每次收入不超过4000元的，预扣预缴税额=（收入-800）×20% （2）每次收入4000元以上的，预扣预缴税额=收入×（1-20%）×20%

2. 每次收入的确定

特许权使用费所得，属于一次性收入的，以取得该项收入为一次；属于同一项目连续性收入的，以一个月内取得的收入为一次。

五、综合所得汇算清缴

【知识点1】汇算清缴办理条件

1. 无须办理汇算的纳税人

根据《国家税务总局关于办理2023年度个人所得税综合所得汇算清缴事项的公告》（国家税务总局公告2024年第2号）规定，纳税人在2023年度内已依法预缴个人所得税且符合下列情形之一的，无须办理2023年度个人所得税综合所得汇算清缴（以下简称汇算）：

（1）汇算需补税但综合所得收入全年不超过12万元的；

（2）汇算需补税金额不超过400元的；

（3）已预缴税额与汇算应纳税额一致；

（4）符合汇算退税条件但不申请退税的。

2. 需要办理汇算的纳税人

依据税法规定，符合下列情形之一的，纳税人需要办理汇算：

（1）已预缴税额大于汇算应纳税额且申请退税的。

（2）2023年取得的综合所得收入超过12万元且汇算需要补税金额超过400元的。

因适用所得项目错误或者扣缴义务人未依法履行扣缴义务，造成2023年少申报或者未申报综合所得的，纳税人应当依法据实办理汇算。

【知识点 2】年度汇算的规定

1. 年度汇算的计算

2023 年度汇算应退或应补税额＝[（综合所得收入额－6 万元－"三险一金"等专项扣除－子女教育等专项附加扣除－依法确定的其他扣除－捐赠）×适用税率－速算扣除数]－2023 年已预缴税额

$$综合所得收入额＝工资薪金收入额＋劳务报酬收入额＋特许权使用费收入额＋稿酬所得收入额$$

2. 可享受的税前扣除

下列在 2023 年发生的税前扣除，纳税人可在汇算期间填报或补充扣除：

（1）减除费用 6 万元，以及符合条件的基本养老保险、基本医疗保险、失业保险等社会保险费和住房公积金等专项扣除；

（2）符合条件的 3 岁以下婴幼儿照护、子女教育、继续教育、大病医疗、住房贷款利息或住房租金、赡养老人专项附加扣除；

（3）符合条件的企业年金和职业年金、商业健康保险、个人养老金等其他扣除；

（4）符合条件的公益慈善事业捐赠。

同时取得综合所得和经营所得的纳税人，可在综合所得或经营所得中申报减除费用 6 万元、专项扣除、专项附加扣除以及依法确定的其他扣除，但不得重复申报减除。

3. 办理时间

2023 年度汇算办理时间为 2024 年 3 月 1 日至 6 月 30 日。在中国境内无住所的纳税人在 3 月 1 日前离境的，可以在离境前办理。

4. 办理方式

纳税人可自主选择下列办理方式：

（1）自行办理；

（2）通过任职受雇单位（含按累计预扣法预扣预缴其劳务报酬所得个人所得税的单位）代为办理。

纳税人提出代办要求的，单位应当代为办理，或者培训、辅导纳税人完成汇算申报和退（补）税。

由单位代为办理的，纳税人应提前与单位以书面或者电子等方式进行确认，补充提供 2023 年在本单位以外取得的综合所得收入、相关扣除、享受税收优惠等信息资料，并对所提交信息的真实性、准确性、完整性负责。纳税人未与单位确认请其代为办理的，单位不得代办。

（3）委托受托人（含涉税专业服务机构或其他单位及个人）办理，纳税人需与受托人签订授权书。

单位或受托人为纳税人办理年度汇算后,应当及时将办理情况告知纳税人。纳税人发现申报信息存在错误的,可以要求单位或受托人更正申报,也可自行更正申报。

5. 办理渠道

为便利纳税人,税务机关为纳税人提供高效、快捷的网络办税渠道。纳税人可优先通过手机个人所得税 App、自然人电子税务局网站办理汇算,税务机关将为纳税人提供申报表项目预填服务;不方便通过上述方式办理的,也可以通过邮寄方式或到办税服务厅办理。

选择邮寄申报的,纳税人需将申报表寄送至主管税务机关所在省、自治区、直辖市和计划单列市税务局公告的地址。

6. 申报信息及资料留存

纳税人办理汇算,适用《个人所得税年度自行纳税申报表》,如需修改本人相关基础信息,新增享受扣除或者税收优惠的,还应按规定一并填报相关信息。纳税人需仔细核对,确保所填信息真实、准确、完整。

纳税人、代办汇算的单位,需各自将专项附加扣除、税收优惠材料等汇算相关资料,自汇算期结束之日起留存 5 年。

存在股权(股票)激励(含境内企业以境外企业股权为标的对员工进行的股权激励)、职务科技成果转化现金奖励等情况的单位,应当按照相关规定报告、备案。同时,纳税人在一个纳税年度内从同一单位多次取得股权激励的,由该单位合并计算扣缴税款。纳税人在一个纳税年度内从不同单位取得股权激励的,可将之前单位取得的股权激励有关信息提供给现单位并由其合并计算扣缴税款,也可在次年 3 月 1 日至 6 月 30 日自行向税务机关办理合并申报。

7. 受理申报的税务机关

按照方便就近原则,纳税人自行办理或受托人为纳税人代为办理的,向纳税人任职受雇单位的主管税务机关申报;有两处及以上任职受雇单位的,可自主选择向其中一处申报。

纳税人没有任职受雇单位的,向其户籍所在地、经常居住地或者主要收入来源地的主管税务机关申报。主要收入来源地,是指 2023 年向纳税人累计发放劳务报酬、稿酬及特许权使用费金额最大的扣缴义务人所在地。

单位为纳税人代办年度汇算的,向单位的主管税务机关申报。

为方便纳税服务和征收管理,汇算期结束后,税务部门将为尚未办理汇算申报、多次股权激励合并申报的纳税人确定其主管税务机关。

8. 年度汇算的退税、补税

纳税人申请年度汇算退税,应当提供其在中国境内开设的符合条件的银行账户。税务机关按规定审核后,按照国库管理有关规定办理税款退库。纳税人未提供本人有效银行账户,或者提供的信息资料有误的,税务机关将通知纳税人更正,纳税人按要求更正后依法办理退税。

为方便纳税人获取退税,2023年综合所得全年收入额不超过6万元且已预缴个人所得税的纳税人,可选择使用个人所得税App及网站提供的简易申报功能,便捷办理汇算退税。

申请2023年度汇算退税的纳税人,如存在应当办理2022年及以前年度汇算补税但未办理,或者经税务机关通知2022年及以前年度汇算申报存在疑点但未更正或说明情况的,需在办理2022年及以前年度汇算申报补税、更正申报或者说明有关情况后依法申请退税。

纳税人办理汇算补税的,可以通过网上银行、办税服务厅POS机刷卡、银行柜台、非银行支付机构等方式缴纳。邮寄申报并补税的,纳税人需通过个人所得税App及网站或者主管税务机关办税服务厅及时关注申报进度并缴纳税款。

六 经营所得

【知识点1】经营所得征税范围

1. 个体工商户的生产、经营所得

(1) 个体工商户从事生产、经营活动取得的所得,个人独资企业投资人、合伙企业的个人合伙人来源于境内注册的个人独资企业、合伙企业生产、经营的所得。

(2) 个人依法从事办学、医疗、咨询以及其他有偿服务活动取得的所得。

(3) 个人对企业、事业单位承包经营、承租经营以及转包、转租取得的所得。

(4) 个人从事其他生产、经营活动取得的所得。

2. 个人独资企业和合伙企业的生产、经营所得

(1) 合伙企业以每一个合伙人为纳税义务人。合伙企业合伙人是自然人的,缴纳个人所得税。合伙企业生产经营所得和其他所得采取"先分后税"的原则。生产经营所得和其他所得,包括合伙企业分配给所有合伙人的所得和企业当年留存的所得(利润)。

(2) 个人独资企业、合伙企业的个人投资者以企业资金为本人、家庭成员及其相关人员支付与企业生产经营无关的消费性支出及购买汽车、住房等财产性支出,视为企业对个人投资者利润分配,并入投资者个人的生产经营所得,依照"个体工商户的生产、经营所得"项目计征个人所得税。

【知识点2】应纳税所得额的计算

1. 个体工商户应纳税所得额的计算

(1) 应纳税所得额 = 收入总额 – 成本 – 费用 – 损失 – 税金 – 其他支出 – 允许弥补的以前年度亏损。

(2) 个体工商户下列支出不得扣除：

①个人所得税税款；

②税收滞纳金；

③罚金、罚款和被没收财物的损失；

④不符合扣除规定的捐赠支出；

⑤赞助支出；

⑥用于个人和家庭的支出；

⑦与取得生产经营收入无关的其他支出；

⑧国家税务总局规定不准扣除的支出。

(3) 个体工商户生产经营活动中，应当分别核算生产经营费用和个人、家庭费用。对于生产经营与个人、家庭生活混用难以分清的费用，其40%视为与生产经营有关费用，准予扣除。

(4) 个体工商户纳税年度发生的亏损，准予向以后年度结转，用以后年度的生产经营所得弥补，但结转年限最长不得超过5年。

(5) 个体工商户经营所得的扣除项目及标准见表4-7。

表4-7　　　　　　　　个体工商户经营所得的扣除项目及标准

扣除项目	从业人员扣除标准	业主扣除标准
工资薪金支出	实际支付可以据实扣除	不得税前扣除，按5000元/月标准扣除
五险一金	规定的范围和标准缴纳准予扣除	
补充养老保险费和补充医疗保险费	分别在不超过从业人员工资总额5%标准内的部分据实扣除；超过部分，不得扣除	当地（地级市）上年度社会平均工资的3倍为计算基数，分别在不超过该计算基数5%标准内的部分据实扣除；超过部分，不得扣除
商业保险	按规定为特殊工种从业人员支付的人身安全保险费和按规定可以扣除的其他商业保险费外，业主本人或为从业人员支付的商业保险费不得扣除，但业主本人购买的商业健康险允许按照200元/月的限额扣除	
工会经费、职工福利费和职工教育经费支出	工资薪金总额的2%、14%和2.5%的标准内据实扣除	当地（地级市）上年度社会平均工资的3倍为计算基数，在规定比例内据实扣除

(6) 个体工商户业主、企事业单位承包承租经营者、个人独资和合伙企业投资者自行购买符合条件的商业健康保险产品的，在不超过2400元/年的标准内据实扣除。一年内保费金额超过2400元的部分，不得税前扣除。以后年度续保时，按上述规定执行。

(7) 个体工商户业主、个人独资企业投资者、合伙企业个人合伙人和企事业单位承包承租经营者购买符合规定的商业健康保险产品支出，在年度申报填报《个人所得税生产经营所得纳税申报表（B表）》、享受商业健康保险税前扣除政策时，应将商业健康保险税前扣除金额填至"允许扣除的其他费用"行（需注明商业健康保险扣除金额），并同时填报《商业健康保险税前扣除情况明细表》。

（8）其他扣除项目及标准见表4-8。

表4-8　　　　　　　　个体工商户经营所得其他扣除项目及标准

序号	扣除项目	扣除标准
1	广告费和业务宣传费	个体工商户每一纳税年度发生的与其生产经营活动直接相关的广告费和业务宣传费不超过当年销售（营业）收入15%的部分，可以据实扣除；超过部分，准予在以后纳税年度结转扣除
2	业务招待费	个体工商户发生的与生产经营活动有关的业务招待费，按照实际发生额的60%扣除，但最高不得超过当年销售（营业）收入的5‰。业主自申请营业执照之日起至开始生产经营之日止所发生的业务招待费，按照实际发生额的60%计入个体工商户的开办费
3	开办费	个体工商户自申请营业执照之日起至开始生产经营之日止所发生符合规定的费用，除为取得固定资产、无形资产的支出，以及应计入资产价值的汇兑损益、利息支出外，作为开办费，个体工商户可以选择在开始生产经营的当年一次性扣除，也可自生产经营月份起在不短于3年期限内摊销扣除，但一经选定，不得改变
4	研发费用	个体工商户研究开发新产品、新技术、新工艺所发生的开发费用，以及研究开发新产品、新技术而购置单台价值在10万元以下的测试仪器和试验性装置的购置费准予直接扣除；单台价值在10万元以上（含10万元）的测试仪器和试验性装置，按固定资产管理，不得在当期直接扣除
5	租赁费	个体工商户根据生产经营活动的需要租入固定资产支付的租赁费，以经营租赁方式租入固定资产发生的租赁费支出，按照租赁期限均匀扣除；以融资租赁方式租入固定资产发生的租赁费支出，按照规定构成融资租入固定资产价值的部分应当提取折旧费用，分期扣除
6	劳动保护费	合理的劳动保护支出，均予扣除
7	利息支出	向金融企业借款的利息支出；向非金融企业和个人借款的利息支出，不超过按照金融企业同期同类贷款利率计算的数额的部分
8	捐赠支出	个体工商户通过公益性社会团体或者县级以上人民政府及其部门，用于规定的公益事业的捐赠，捐赠额不超过其应纳税所得30%的部分可以据实扣除。规定可以全额在税前扣除的捐赠支出项目按有关规定执行。个体工商户直接对受益人的捐赠不得扣除
9	摊位费等其他费用	个体工商户按照规定缴纳的摊位费、行政性收费、协会会费等，按实际发生数额扣除

2. 个人独资企业和合伙企业应纳税额计算

（1）个人独资企业以投资者为纳税人，合伙企业以每一个合伙人为纳税人。

（2）投资者工资不得在税前扣除。投资者的费用扣除标准为5000元/月。投资者兴办两个或两个以上企业的，其费用扣除标准由投资者选择在其中一个企业的生产经营所得中扣除。

（3）投资者及其家庭发生的生活费用不允许在税前扣除。生活费用与企业生产经营费用混合在一起难以划分的，全部视为生活费用，不允许税前扣除。

（4）投资者及其家庭共用的固定资产，难以划分的，由税务机关核定准予扣除的折旧费用的数额或者比例。

（5）投资者兴办两个或两个以上企业的，企业的年度经营亏损不能跨企业弥补。实行查账征税方式的个人独资企业和合伙企业改为核定征税方式后，在查账征税方式下认定的年度经营亏损未弥补完的部分，不得再继续弥补。

（6）个人独资企业的投资者以全部生产经营所得为应纳税所得额；合伙企业的投资者按照合伙企业的全部生产经营所得和其他所得，按照合伙协议约定的分配比例确定应纳税所得额；合伙协议没有约定或约定不明的，按照合伙人协商决定的分配比例确定应纳税所得额；协商不成的，按合伙人实缴出资比例确定；无法确认出资比例的，按合伙人数量平均计算每个投资者的应纳税所得额。合伙协议不得约定将全部利润分配给部分合伙人。

生产经营所得，包括企业分配给投资者个人的所得和企业当年留存的所得（利润）。

（7）扣除项目及标准同个体工商户经营所得。

【知识点3】经营所得征收方式

1. 查账征收

（1）月（季）度预缴税款的计算。

$$本期应纳税额 = 累积应纳税额 - 累积已缴税额$$

$$累积应纳税额 = 累积应纳税所得额 \times 适用税率 - 速算扣除数$$

（2）本年度汇算清缴税款的计算。

$$汇算应补退税额 = 全年应纳税额 - 累积已缴税额$$

$$全年应纳税额 = 全年应纳税所得额 \times 适用税率 - 速算扣除数$$

（3）应纳税所得额（经营所得）= 收入总额 - 成本费用 - 损失 - 税金 - 其他支出 - 允许弥补的以前年度亏损。

（4）经营两个及两个以上个体工商户或个人独资企业、合伙企业年终汇算清缴。

$$应纳税所得额 = \sum 各个企业的经营所得（汇总确定税率）$$

$$应纳税额 = 应纳税所得额 \times 税率 - 速算扣除数$$

$$本企业应纳税额 = 应纳税额 \times 本企业的经营所得 \div \sum 各个企业的经营所得$$

$$本企业应补缴的税额 = 本企业应纳税额 - 本企业预缴的税额$$

2. 核定征收

核定征收包括核定应税所得率征收、定期定额征收以及其他合理的征收方式。

（1）核定应税所得率征收方式。

$$应纳所得税额 = 应纳税所得额 \times 适用税率$$

$$应纳税所得额 = 收入总额 \times 应税所得率 或 应纳税所得额$$

$$= 成本费用支出额 \div (1 - 应税所得率) \times 应税所得率$$

（2）定期定额征收（核定征收率或附征率）。

$$应纳所得税额 = 收入总额 \times 核定征收率（或附征率）$$

【知识点4】经营所得税收优惠

1. 自2023年1月1日至2027年12月31日，对个体工商户年应纳税所得额不超过200万元的部分，减半征收个人所得税。个体工商户在享受现行其他个人所得税优惠政策的基础上，可叠加享受本条优惠政策。个体工商户不区分征收方式，均可享受。

2. 个体工商户在预缴税款时即可享受，其年应纳税所得额暂按截至本期申报所属期末的情况进行判断，并在年度汇算清缴时按年计算、多退少补。若个体工商户从两处以上取得经营所得，需在办理年度汇总纳税申报时，合并个体工商户经营所得年应纳税所得额，重新计算减免税额，多退少补。

3. 个体工商户按照以下方法计算减免税额：

减免税额 =（个体工商户经营所得应纳税所得额不超过200万元部分的应纳税额 - 其他政策减免税额 × 个体工商户经营所得应纳税所得额不超过200万元部分 ÷ 经营所得应纳税所得额）× 50%

4. 个体工商户需将按上述方法计算得出的减免税额填入对应经营所得纳税申报表"减免税额"栏次，并附报《个人所得税减免税事项报告表》。对于通过电子税务局申报的个体工商户，税务机关将提供该优惠政策减免税额和报告表的预填服务。实行简易申报的定期定额个体工商户，税务机关按照减免后的税额进行税款划缴。

七 分类所得

【知识点1】财产租赁所得

1. 征收范围

财产租赁所得，是指个人出租建筑物、土地使用权、机器设备、车船以及其他财产取得的所得。个人取得的财产转租收入,属于"财产租赁所得"。

在确定纳税义务人时,应以产权凭证为依据,对无产权凭证的,由主管税务机关根据实际情况确定;产权所有人死亡,在未办理产权继承手续期间,该财产出租而有租金收入的,以领取租金的个人为纳税义务人。

(1)酒店产权式经营业主在约定的时间内提供房产使用权与酒店进行合作经营,如房产权并未归属新的经济实体,酒店产权式经营业主按照约定取得的固定收入和分红收入均应视为租金收入,根据有关税收法律、行政法规的规定,应按照"财产租赁所得"项目征收个人所得税。

(2)房地产开发企业与商店购买者个人签订协议规定,房地产开发企业按优惠价格出售其开发的商店给购买者个人,但购买者个人在一定期限内必须将购买的商店无偿提供给房地产开发企业对外出租使用。对购买者个人少支出的购房价款视同"财产租赁所得"。每次财产租赁所得的收入额,按照少支出的购房价款和协议规定的租赁月份数平均计算确定。

2. 应纳税额的计算方法(见表4-9)

表4-9　　　　　　　　　财产租赁所得的应纳税额计算方法

财产租赁所得	应纳税额
(每次收入-修缮费用)不超过4000元	应纳税额=[收入-准予扣除项目-修缮费用(800元为限)-800(费用额)]×20%
(每次收入-修缮费用)超过4000元	应纳税额=[收入-准予扣除项目-修缮费用(800元为限)]×(1-20%)×20%

(1)财产租赁所得以一个月内取得的收入为一次。

(2)个人出租财产取得的财产租赁收入,在计算缴纳个人所得税时,应依次扣除以下费用:

①财产租赁过程中缴纳的税费。

②转租的,可以扣除向出租方支付的租金。

③由纳税人负担的该出租财产实际开支的修缮费用,每次800元为限,一次扣不完的,可在以后期扣除。

④税法规定的费用扣除标准。

⑤适用税率为20%,个人出租住房减按10%。

【知识点2】财产转让所得

1. 征税范围

财产转让所得,是指个人转让有价证券、股权、建筑物、土地使用权、机器设备、车船以及其他财产取得的所得。

(1) 境内股票转让所得暂不征收个人所得税。

(2) 个人转让自用5年以上并且是家庭唯一生活用房取得的所得免税。

(3) 转让改组改制中取得的量化资产:

①对职工个人以股份形式取得的仅作为分红依据,不拥有所有权的企业量化资产,不征收个人所得税。

②对职工个人以股份形式取得的拥有所有权的企业量化资产,暂缓征收个人所得税;待个人将股份转让时,就其转让收入额,减除个人取得该股份时实际支付的费用支出和合理转让费用后的余额,按"财产转让所得"项目计征个人所得税。

③对职工个人以股份形式取得的企业量化资产参与企业分配而获得的股息、红利,应按"利息、股息、红利所得"项目征收个人所得税。

(4) 个人拍卖除文字作品原稿及复印件外的其他财产,按照"财产转让所得"项目征收个人所得税。

(5) 个人以非货币性资产投资,属于个人转让非货币性资产和投资同时发生。对个人转让非货币性资产的所得,应按照"财产转让所得"项目,依法计算缴纳个人所得税。

非货币性资产投资:以非货币性资产出资设立新的企业,以及以非货币性资产出资参与企业增资扩股、定向增发股票、股权置换、重组改制等投资行为。

2. 应纳税额的计算

$$应纳税额 = (收入总额 - 财产原值 - 合理税费) \times 20\%$$

3. 个人转让上市公司限售股

$$应纳税所得额 = 限售股转让收入 - (限售股原值 + 合理税费)$$

$$应纳税额 = 应纳税所得额 \times 20\%$$

如果纳税人未能提供完整、真实的限售股原值凭证的,不能准确计算限售股原值的,主管税务机关一律按限售股转让收入的15%核定限售股原值及合理税费。

4. 个人以非货币性资产投资

$$应纳税所得额 = 非货币性资产转让收入 - 资产原值 - 合理税费$$

非货币性资产转让收入:评估后的公允价值确认。个人以非货币性资产投资,应于非货币性资产转让、取得被投资企业股权时,确认非货币性资产转让收入的实现。

个人应在发生上述应税行为的次月15日内向主管税务机关申报纳税。

纳税人一次性缴税有困难的，可合理确定分期缴纳计划并报主管税务机关备案后，自发生上述应税行为之日起不超过5个公历年度内（含）分期缴纳个人所得税。

个人以非货币性资产投资交易过程中取得现金补价的，现金部分应优先用于缴税；现金不足以缴纳的部分，可分期缴纳。

个人在分期缴税期间转让其持有的上述全部或部分股权，并取得现金收入的，该现金收入应优先用于缴纳尚未缴清的税款。

【知识点3】利息、股息、红利所得

1. 征税范围

利息、股息、红利所得，是指个人拥有债权、股权等而取得的利息、股息、红利所得。

（1）对职工个人以股份形式取得的企业量化资产参与企业分配而获得的股息、红利，应按"利息、股息、红利所得"项目征收个人所得税。

（2）对个人独资企业、合伙企业的个人投资者以外企业的个人投资者为本人、家庭成员及其相关人员取得上述收入，依照"利息、股息、红利所得"项目征收个人所得税。

2. 股息红利差异化政策

（1）个人从公开发行和转让市场取得的上市公司股票，持股期限在1个月以内（含1个月）的，其股息红利所得全额计入应纳税所得额；持股期限在1个月以上至1年（含1年）的，暂减按50%计入应纳税所得额；持股期限超过1年的，暂免征收。

（2）全国中小企业股份转让系统挂牌公司股息红利差别化个人所得税政策也按上述政策执行。

（3）上市公司派发股息红利时，对个人持股1年以内（含）的，上市公司暂不扣缴个人所得税；待个人转让股票时，证券登记结算公司根据其持股期限计算应纳税额，由证券公司等股份托管机构从个人资金账户中扣收并划付证券登记结算公司，证券登记结算公司应于次月5个工作日内划付上市公司，上市公司在收到税款当月的法定申报期内向主管税务机关申报缴纳。

（4）个人持有的上市公司限售股，解禁后取得的股息红利，持股时间自解禁日起计算；解禁前取得的股息红利继续暂减按50%计入应纳税所得额，适用20%的税率计征个人所得税。

3. 个人投资者收购企业股权后将原有盈余积累转增股本

1名或多名个人投资者以股权收购方式取得被收购企业100%股权，股权收购前，被收购企业原账面金额中的"资本公积、盈余公积、未分配利润"等盈余积累未转增股本，而在股权交易时将其一并计入股权转让价格并履行了所得税纳税义务。股权收购后，企业将原账面金额中的盈余积累向个人投资者（新股东，下同）转增股本，有关个人所得税问题区分以下情形处理：

（1）新股东以不低于净资产价格收购股权的，企业原盈余积累已全部计入股权交易价格，新股东取得盈余积累转增股本的部分，不征收个人所得税。

（2）新股东以低于净资产价格收购股权的，企业原盈余积累中，对于股权收购价格减去原股本的差额部分已经计入股权交易价格，新股东取得盈余积累转增股本的部分，不征收个人所得税；对于股权收购价格低于原所有者权益的差额部分未计入股权交易价格，新股东取得盈余积累转增股本的部分，应按照"利息、股息、红利所得"项目征收个人所得税。

【知识点4】偶然所得

1. 征税范围

偶然所得，是指个人得奖、中奖、中彩以及其他偶然性质的所得。

（1）对个人购买社会福利有奖募捐奖券或体育彩票一次中奖收入不超过10000元的暂免征收个人所得税，对一次中奖收入超过10000元的，应按税法规定的"偶然所得"项目全额征税。

（2）个人取得单张有奖发票奖金所得不超过800元（含800元）的，暂免征收个人所得税；个人取得单张有奖发票奖金所得超过800元的，应按照税法规定的"偶然所得"项目征收个人所得税。

（3）企业在业务宣传、广告等活动中，随机向本单位以外的个人赠送礼品（包括网络红包，下同），以及企业在年会、座谈会、庆典以及其他活动中向本单位以外的个人赠送礼品，个人取得的礼品收入，按照"偶然所得"项目计算缴纳个人所得税，但企业赠送的具有价格折扣或折让性质的消费券、代金券、抵用券、优惠券等礼品除外。

（4）累计消费达到一定额度的顾客给予额外抽奖机会的获奖所得属于偶然所得。

（5）个人取得网络红包：

①对个人取得企业派发的现金网络红包，应按照"偶然所得"项目计算缴纳个人所得税，税款由派发红包的企业代扣代缴。

②对个人取得企业派发的且用于购买该企业商品（产品）或服务才能使用的非现金网络红包，包括各种消费券、代金券、抵用券、优惠券等，以及个人因购买该企业商品或服务达到一定额度而取得企业返还的现金网络红包，属于企业销售商品（产品）或提供服务的价格折扣、折让，不征收个人所得税。

③个人之间派发的现金网络红包，不属于《中华人民共和国个人所得税法》规定的应税所得，不征收个人所得税。

（6）房屋产权所有人将房屋产权无偿赠与他人的，受赠人因无偿受赠房屋取得的受赠收入，按照"偶然所得"项目计算缴纳个人所得税。

（7）个人为单位或他人提供担保获得收入，按照"偶然所得"项目计算缴纳个人所得税。

（8）个人因在各行各业做出突出贡献而从省级以下人民政府及其所属部门取得的一次性奖励收入，不论其奖金来源，均不属于税法规定的免税收入，应按"偶然所得"项目计算缴纳个人所得税。

2. 应纳税额的计算

$$应纳税额 = 应纳税所得额 \times 适用税率 = 每次收入额 \times 20\%$$

八、非居民个人所得税

【知识点】非居民个人所得来源地规定

1. 关于工资、薪金所得来源地的规定

个人取得归属于中国境内（以下简称境内）工作期间的工资、薪金所得为来源于境内的工资、薪金所得。境内工作期间按照个人在境内工作天数计算，包括其在境内的实际工作日以及境内工作期间在境内、境外享受的公休假、个人休假、接受培训的天数。在境内、境外单位同时担任职务或者仅在境外单位任职的个人，在境内停留的当天不足24小时的，按照半天计算境内工作天数。

2. 关于数月奖金以及股权激励所得来源地的规定

无住所个人取得的数月奖金或者股权激励所得按照上述规定确定所得来源地的，无住所个人在境内履职或者执行职务时收到的数月奖金或者股权激励所得，归属于境外工作期间的部分，为来源于境外的工资、薪金所得；无住所个人停止在境内履约或者执行职务离境后收到的数月奖金或者股权激励所得，对属于境内工作期间的部分，为来源于境内的工资、薪金所得。

3. 关于董事、监事及高层管理人员取得报酬所得来源地的规定

对于担任境内居民企业的董事、监事及高层管理职务的个人（以下统称高管人员），无论是否在境内履行职务，取得由境内居民企业支付或者负担的董事费、监事费、工资、薪金或者其他类似报酬，属于来源于境内的所得。

4. 关于稿酬所得来源地的规定

由境内企业、事业单位、其他组织支付或者负担的稿酬所得，为来源于境内的所得。

九 无住所个人工资、薪金所得收入额的确定

【知识点1】无住所个人为非居民个人的收入额的确定

非居民个人取得工资、薪金所得，除"无住所个人为高管人员的情形"规定以外，当月工资、薪金收入额分别按照以下两种情形计算：

1. 非居民个人境内居住时间累计不超过90天的情形，工资、薪金所得收入额的计算公式为：

$$当月工资、薪金收入额 = 当月境内外工资、薪金总额 \times \frac{当月境内支付工资、薪金数额}{当月境内外工资、薪金总额} \times \frac{当月工资、薪金所属工作期间境内工作天数}{当月工资、薪金所属工作期间公历天数}$$

2. 非居民个人境内居住时间累计超过90天不满183天的情形，工资、薪金所得收入额的计算公式为：

$$当月工资、薪金收入额 = 当月境内外工资、薪金总额 \times \frac{当月工资、薪金所属工作期间境内工作天数}{当月工资、薪金所属工作期间公历天数}$$

【知识点2】无住所个人为居民个人的收入额的确定

在一个纳税年度内，在境内累计居住满183天的无住所居民个人取得工资、薪金所得，当月工资、薪金收入额按照以下规定计算：

1. 无住所居民个人在境内居住累计满183天的年度连续不满6年的情形，工资、薪金所得收入额的计算公式为：

$$当月工资、薪金收入额 = 当月境内外工资、薪金总额 \times \left(1 - \frac{当月境外支付工资、薪金数额}{当月境内外工资、薪金总额} \times \frac{当月工资、薪金所属工作期间境外工作天数}{当月工资、薪金所属工作期间公历天数}\right)$$

2. 无住所居民个人在境内居住累计满183天的年度连续满6年的情形，无论是来源于境内或境外的所得（包含境内或境外的支付）均按规定缴纳个人所得税。

【知识点3】无住所个人为高管人员的收入额的确定

1. 无住所居民个人为高管人员的，工资、薪金收入额按照上述知识点2中规定计算纳税。

2. 非居民个人为高管人员的，按照以下规定处理：

(1) 高管人员在境内居住时间累计不超过90天的情形。

在一个纳税年度内，在境内累计居住不超过90天的高管人员，其取得由境内雇主支付或者负担的工资、薪金所得应当计算缴纳个人所得税；不是由境内雇主支付或者负担的工资、薪金所得，不缴纳个人所得税。

(2) 高管人员在境内居住时间累计超过90天不满183天的情形。

在一个纳税年度内，在境内居住累计超过90天但不满183天的高管人员，其取得的工资、薪金所得，除归属于境外工作期间且不是由境内雇主支付或者负担的部分外，应当计算缴纳个人所得税。当月工资、薪金收入额计算适用上述知识点2的计算公式。

【知识点4】无住所个人应纳税额的计算

1. 无住所非居民个人应纳税额的计算。

非居民个人取得工资、薪金所得，劳务报酬所得，稿酬所得和特许权使用费所得，有扣缴义务人的，由扣缴义务人代扣代缴税款，不办理汇算清缴。扣缴义务人向非居民个人支付工资、薪金所得，劳务报酬所得，稿酬所得和特许权使用费所得时，应当按以下方法按月或者按次代扣代缴个人所得税：

(1) 工资、薪金所得。

工资、薪金所得应纳税所得额＝每月收入额－5000元

(2) 劳务报酬所得、稿酬所得、特许权使用费所得，以每次收入额为应纳税所得额，其中：

劳务报酬所得应纳税额＝收入×(1－20%)×税率－速算扣除数

稿酬所得应纳税额＝收入×(1－20%)×70%×税率－速算扣除数

特许权使用费所得应纳税额＝收入×(1－20%)×税率－速算扣除数

2. 无住所居民个人应纳税额的计算。

无住所居民个人取得综合所得，年度终了后，应按年计算个人所得税；有扣缴义务人的，由扣缴义务人按月或者按次预扣预缴税款；需要办理汇算清缴的，按照规定办理汇算清缴，年度综合所得应纳税额计算公式如下：

年度综合所得应纳税额＝(年度工资、薪金收入额＋年度劳务报酬收入额＋年度稿酬收入额＋年度特许权使用费收入额－减除费用－专项扣除－专项附加扣除－依法确定的其他扣除)×适用税率－速算扣除数

无住所居民个人为外籍个人的，在2023年12月31日前计算工资、薪金收入额时，已经按规定减除住房补贴、子女教育费、语言训练费等八项津补贴的，不能同时享受专项附加扣除。

3. 非居民个人1个月内取得数月奖金，单独按规定计算当月收入额，不与当月其

他工资、薪金合并，按6个月分摊计税，不减除费用，适用月度税率表计算应纳税额，在一个公历年度内，对每一个非居民个人，该计税办法只允许适用一次。计算公式如下：

$$当月数月奖金应纳税额=[(数月奖金收入额÷6)×适用税率-速算扣除数]×6$$

4. 非居民个人1个月内取得股权激励所得，单独按照规定计算当月收入额，不与当月其他工资、薪金合并，按6个月分摊计税（一个公历年度内的股权激励所得应合并计算），不减除费用，适用月度税率表计算应纳税额，计算公式如下：

$$当月股权激励所得应纳税额=[(本公历年度内股权激励所得合计额÷6)×适用税率-速算扣除数]×6-本公历年度内股权激励所得已纳税额$$

【知识点5】无住所个人预计境内居住时间的规定

无住所个人在一个纳税年度内首次申报时，应当根据合同约定等情况预计一个纳税年度内境内居住天数以及在税收协定规定的期间内境内停留天数，按照预计情况计算缴纳税款。实际情况与预计情况不符的，分别按照以下规定处理：

（1）无住所个人预先判定为非居民个人，因延长居住天数达到居民个人条件的，一个纳税年度内税款扣缴方法保持不变，年度终了后按照居民个人有关规定办理汇算清缴，但该个人在当年离境且预计年度内不再入境的，可以选择在离境之前办理汇算清缴。

（2）无住所个人预先判定为居民个人，因缩短居住天数不能达到居民个人条件的，在不能达到居民个人条件之日起至年度终了15天内，应当向主管税务机关报告，按照非居民个人重新计算应纳税额，申报补缴税款，不加收税收滞纳金。需要退税的，按照规定办理。

（3）无住所个人预计一个纳税年度境内居住天数累计不超过90天，但实际累计居住天数超过90天的，或者对方税收居民个人预计在税收协定规定的期间内境内停留天数不超过183天，但实际停留天数超过183天的，待达到90天或者183天的月度终了后15天内，应当向主管税务机关报告，就以前月份工资、薪金所得重新计算应纳税款，并补缴税款，不加收税收滞纳金。

十 纳税申报期限、地点和涉税表单

【知识点】纳税期限、地点和涉税表单

个人所得税纳税申报相关事项见表4-10。

纳税服务岗位知识与技能

表4-10 个人所得税纳税申报相关事项规定

项目	具体情形	申报期限	申报纳税地点	申报表单
居民个人取得应税所得	有扣缴义务人	1. 扣缴义务人按月或按次预扣预缴税款，在次月15日内缴入国库	任职、受雇单位所在地主管税务机关	1.《个人所得税基础信息表（A表）》 2.《个人所得税扣缴申报表》 3.《个人所得税专项附加扣除信息表》
		2. 需要办理汇算清缴的，应当在取得所得的次年3月1日至6月30日前办理	1. 有任职、受雇单位的：向任职、受雇单位所在地。有两处以上任职、受雇单位的，选择向其中一处任职、受雇单位所在地；2. 纳税人没有任职、受雇单位的，向户籍所在地或经常居住地主管税务机关办理纳税申报	《个人所得税年度自行纳税申报表》
	有扣缴义务人但没有扣缴税款的	取得综合所得的，次年3月1日至6月30日前	向综合所得汇算清缴申报地主管税务机关办理	《个人所得税年度自行纳税申报表》
		取得其他所得，次月6月30日前或税务机关通知的期限		《个人所得税自行纳税申报表（A表）》
	没有扣缴义务人	取得综合所得的次月15日内	户籍所在地或常住地	《个人所得税年度自行纳税申报表》
		取得分类所得的次月15日内		《个人所得税自行纳税申报表（A表）》
	从中国境外取得应税所得的	在取得所得的次年3月1日至6月30日前	1. 向境内任职受雇单位所在地主管税务机关办理纳税申报； 2. 没有任职、受雇单位的，向户籍所在地或经常居住地主管税务机关办理纳税申报； 3. 户籍所在地与经常居住地不一致的，选择其中一地主管税务机关办理纳税申报； 4. 在没有户籍的，向经常居住地主管税务机关办理纳税申报	《个人所得税自行纳税申报表（A表）》
因移居境外注销中国户籍的	取得综合所得	注销中国户籍前	向户籍所在地主管税务机关办理	《个人所得税年度自行纳税申报表》
	取得经营所得			1.《个人所得税经营所得纳税申报表（B表）》 2.《个人所得税经营所得纳税申报表（C表）》
	取得其他所得			《个人所得税自行纳税申报表（A表）》

续表

项目	具体情形	申报期限	申报纳税地点	申报表单
居民个人取得经营所得	预缴纳税申报	季度终了后15日内报送	向经营管理所在地主管税务机关办理	《个人所得税经营所得纳税申报表（A表）》
	汇算清缴	次年3月31日前报送	向经营管理所在地主管税务机关办理	《个人所得税经营所得纳税申报表（B表）》
	两处以上取得经营所得，办理年度汇总纳税申报	次年3月31日前报送	从两处以上取得经营所得的，选择向其中一处经营管理所在地主管税务机关办理	《个人所得税经营所得纳税申报表（C表）》
非居民个人取得应税所得	有扣缴义务人	由扣缴义务人按月或者按次代扣代缴税款，次月15日内	扣缴义务人向所在地主管税务机关办理	1.《个人所得税基础信息表（A表）》 2.《个人所得扣缴申报表》
	有扣缴义务人，但没扣缴税款的	次年6月30日前和离境日期孰早或税务机关通知的期限	向为扣缴税款的扣缴义务人所在地主管税务机关办理	《个人所得税自行纳税申报表（A表）》
	没有扣缴义务人		向经常居住地所在地主管税务机关办理	
	从两处以上取得工资、薪金所得	次月15日内	选择向其中一处任职受雇单位所在地主管税务机关办理	

注：①纳税人自行申报，首次申报或者个人基础信息发生变化的，还应报送《个人所得税基础信息表（B表）》；②纳税人办理注销户籍纳税申报时，需要办理专项附加扣除、依法确定的其他扣除的，应当向税务机关报送《个人所得税专项附加扣除信息表》《商业健康保险税前扣除情况明细表》《个人税收递延型商业养老保险税前扣除情况明细表》等。

>> 第五节
其他主要税种申报纳税

一 消费税

【知识点1】纳税人和征税范围

在中华人民共和国境内生产、委托加工和进口以及国务院确定的销售应纳消费税的消费品（以下简称应税消费品）的单位和个人，为消费税的纳税义务人。

消费税实行从价定率、从量定额，或者从价定率和从量定额复合计税（以下简称复合计税）的办法计算应纳税额。（具体税目税率表略）

纳税人兼营不同税率的应税消费品，应当分别核算不同税率应税消费品的销售额、销售数量；未分别核算销售额、销售数量，或者将不同税率的应税消费品组成成套消费品销售的，从高适用税率。

【知识点2】计税依据

国家在确定消费税的计税依据时，主要从应税消费品的价格变化和便于征纳等角度出发，分别采用从价定率和从量定额以及混合征收的方式计税。

1. 实行从价定率计征办法的计税依据

实行从价定率办法征税的应税消费品，计税依据为应税消费品的销售额。销售额为纳税人销售应税消费品向购买方收取的全部价款和价外费用，但不包括向购买方收取的增值税税额。如果纳税人应税消费品的销售额中未扣除增值税税额或者因不得开具增值税专用发票而发生价款和增值税税额合并收取，在计算消费税时，应当换算成不含增值税税额的销售额。其换算公式为：

$$应税消费品的销售额 = 含增值税的销售额 \div (1 + 增值税税率或征收率)$$

2. 实行从量定额计征办法的计税依据

实行从量定额计征办法的计税依据通常以销售应税消费品的重量、容积或数量为计税依据，并按规定的定额税率计算应纳消费税。

3. 实行复合计征办法的计征依据

实行复合计征办法的应税消费品，其计税依据为应税消费品的销售额和销售应税消费品的重量、容积、数量，分别按相应消费税比例税率和定额税率计算应纳消费税。

【知识点3】应纳税额的计算

1. 应纳税额的一般计算

消费税应纳税额的计算分为从价定率、从量定额和从价从量复合计税三种计算方法。

（1）从价定率计算方法。

基本计算公式为：

$$应纳税额 = 应税消费品的销售额 \times 比例税率$$

（2）从量定额计算方法。

基本计算公式为：

$$应纳税额 = 应税消费品的销售数量 \times 单位税额$$

（3）从价定率和从量定额复合计税计算方法。

现行消费税的征税范围中，只有卷烟、白酒采用混合计算方法。其基本计算公式为：

$$应纳税额 = 应税销售数量 \times 定额税率 + 应税销售额 \times 比例税率$$

2. 委托加工应税消费品应纳税额的计算

（1）委托加工的应税消费品，按照受托方的同类消费品的销售价格计算纳税，其计算公式为：

$$应纳税额 = 同类消费品销售单价 \times 委托加工数量 \times 适用税率$$

（2）没有同类消费品销售价格的，按照组成计税价格计算纳税，计算公式为：

$$组成计税价格 = (材料成本 + 加工费) \div (1 - 比例税率)$$

（3）自2009年1月1日起，增加了实行复合计税办法，组成计税价格计算公式为：

$$组成计税价格 = (材料成本 + 加工费 + 委托加工数量 \times 定额税率) \div (1 - 比例税率)$$

$$应纳税额 = 组成计税价格 \times 比例税率 + 委托加工数量 \times 定额税率$$

【知识点4】申报与缴纳

1. 纳税义务发生时间

（1）纳税人销售应税消费品的，按不同的销售结算方式分别为：

①采取赊销和分期收款结算方式的，为书面合同约定的收款日期的当天，书面合同没有约定收款日期或者无书面合同的，为发出应税消费品的当天；

②采取预收货款结算方式的，为发出应税消费品的当天；

③采取托收承付和委托银行收款方式的，为发出应税消费品并办妥托收手续的当天；

④采取其他结算方式的，为收讫销售款或者取得索取销售款凭据的当天。

（2）纳税人自产自用应税消费品的，为移送使用的当天。

（3）纳税人委托加工应税消费品的，为纳税人提货的当天。

（4）纳税人进口应税消费品的，为报关进口的当天。

2. 纳税地点

（1）纳税人销售的应税消费品及自产自用的应税消费品，除国家另有规定外，应当向机构所在地或者居住地的主管税务机关申报纳税。纳税人总机构和分支机构不在同一县（市）的，应当分别向各自机构所在地的主管税务机关申报纳税；经财政部、国家税务总局或者其授权的财政、税务机关批准，可以由总机构汇总向总机构所在地的主管税务机关申报纳税。

（2）纳税人到外县（市）销售或委托外县（市）代销自产应税消费品的，于应税消费品销售后，向机构所在地或者居住地主管税务机关申报纳税。

（3）委托单位加工的应税消费品，由受托方向机构所在地或者居住地的主管税务机关解缴税款；委托个人加工的应税消费品，由委托方向其机构所在地或者居住地主管税务机关申报纳税。

3. 纳税环节

（1）生产环节。纳税人生产的应税消费品，由生产者于销售时纳税。生产者自产自用的应税消费品，用于连续生产应税消费品的，不纳税；用于其他方面（非用于本企业连续生产应税消费品）的，于移送使用时纳税。

委托单位加工的应税消费品，由受托方在向委托方交货时代收代缴税款；委托个人加工的应税消费品，由委托方收回后缴纳消费税。

（2）零售环节。金银首饰、超豪华小汽车消费税在零售环节征收。

（3）批发环节。卷烟消费税除生产环节征税外，从2009年5月1日起，增加一道批发环节。

（4）进口环节。

4. 纳税期限

消费税的纳税期限分别为1日、3日、5日、10日、15日、1个月或者1个季度。纳税人的具体纳税期限，由主管税务机关根据纳税人应纳税额的大小分别核定；不能按照固定期限纳税的，可以按次纳税。

纳税人以1个月或者1个季度为1个纳税期的，自期满之日起15日内（节假日顺延，下同）申报纳税；以1日、3日、5日、10日或者15日为1个纳税期的，自期满之日起5日内预缴税款，于次月1日起15日内申报纳税并结清上月应纳税款。

纳税人进口应税消费品，应当自海关填发海关进口消费税专用缴款书之日起15日内缴纳税款。

二 车辆购置税

【知识点1】纳税人和征税范围

在中华人民共和国境内购置汽车、有轨电车、汽车挂车、排气量超过150毫升的摩托车（以下统称应税车辆）的单位和个人，为车辆购置税的纳税人，应当依照《中华人民共和国车辆购置税法》规定缴纳车辆购置税。

购置，是指以购买、进口、自产、受赠、获奖或者其他方式取得并自用应税车辆的行为。

【知识点2】税率、计税依据和应纳税额计算

1. 车辆购置税的税率为10%。车辆购置税的应纳税额按照应税车辆的计税价格乘

以税率计算。

2. 应税车辆的计税价格，按照下列规定确定：

（1）纳税人购买自用应税车辆的计税价格，为纳税人实际支付给销售者的全部价款，不包括增值税税款；

（2）纳税人进口自用应税车辆的计税价格，为关税完税价格加上关税和消费税；

（3）纳税人自产自用应税车辆的计税价格，按照纳税人生产的同类应税车辆的销售价格确定，不包括增值税税款；

（4）纳税人以受赠、获奖或者其他方式取得自用应税车辆的计税价格，按照购置应税车辆时相关凭证载明的价格确定，不包括增值税税款。

购置应税车辆时相关凭证，是指原车辆所有人购置或者以其他方式取得应税车辆时载明价格的凭证。无法提供相关凭证的，参照同类应税车辆市场平均交易价格确定其计税价格。原车辆所有人为车辆生产或者销售企业，未开具机动车销售统一发票的，按照车辆生产或者销售同类应税车辆的销售价格确定应税车辆的计税价格。无同类应税车辆销售价格的，按照组成计税价格确定应税车辆的计税价格。

3. 纳税人以外汇结算应税车辆价款的，按照申报纳税之日的人民币汇率中间价折合成人民币计算缴纳税款。

4. 免税、减税车辆因转让、改变用途等原因不再属于免税、减税范围的，纳税人应当在办理车辆转移登记或者变更登记前缴纳车辆购置税。计税价格以免税、减税车辆初次办理纳税申报时确定的计税价格为基准，每满一年扣减10%。

5. 纳税人将已征车辆购置税的车辆退回车辆生产企业或者销售企业的，可以向主管税务机关申请退还车辆购置税。退税额以已缴税款为基准，自缴纳税款之日至申请退税之日，每满一年扣减10%。

6. 车辆购置税的应纳税额按照应税车辆的计税价格乘以税率计算。

【知识点3】申报与纳税

1. 纳税申报

车辆购置税实行一次性征收。购置已征车辆购置税的车辆，不再征收车辆购置税。

纳税人办理纳税申报时应当如实填报《车辆购置税纳税申报表》，同时提供车辆合格证明和车辆相关价格凭证。

车辆合格证明，是指整车出厂合格证或者《车辆电子信息单》。

车辆相关价格凭证是指：境内购置车辆为机动车销售统一发票或者其他有效凭证；进口自用车辆为《海关进口关税专用缴款书》或者海关进出口货物征免税证明，属于应征消费税车辆的还包括《海关进口消费税专用缴款书》。

纳税人身份证明是指，单位纳税人为《统一社会信用代码证书》，或者营业执照或者其他有效机构证明；个人纳税人为居民身份证，或者居民户口簿或者入境的身份证件。

2. 纳税环节

纳税人应当在向公安机关交通管理部门办理车辆注册登记前，缴纳车辆购置税。公安机关交通管理部门办理车辆注册登记，应当根据税务机关提供的应税车辆完税或者免税电子信息对纳税人申请登记的车辆信息进行核对，核对无误后依法办理车辆注册登记。

3. 纳税地点

购置应税车辆的纳税人，应当到下列地点申报纳税：

（1）需要办理车辆登记的，向车辆登记地的主管税务机关申报纳税。

（2）不需要办理车辆登记的，单位纳税人向其机构所在地的主管税务机关申报纳税，个人纳税人向其户籍所在地或者经常居住地的主管税务机关申报纳税。

4. 纳税期限

车辆购置税的纳税义务发生时间为纳税人购置应税车辆的当日。纳税人应当自纳税义务发生之日起 60 日内申报缴纳车辆购置税。

纳税义务发生时间，按照下列情形确定：

（1）购买自用应税车辆的为购买之日，即车辆相关价格凭证的开具日期。

（2）进口自用应税车辆的为进口之日，即《海关进口增值税专用缴款书》或者其他有效凭证的开具日期。

（3）自产、受赠、获奖或者以其他方式取得并自用应税车辆的为取得之日，即合同、法律文书或者其他有效凭证的生效或者开具日期。

三 契税

【知识点1】纳税人和征税范围

1. 纳税人

在中华人民共和国境内转移土地、房屋权属，承受的单位和个人为契税的纳税人，应当依照规定缴纳契税。

2. 征税范围

（1）土地使用权出让；

（2）土地使用权转让，包括出售、赠与、互换；

（3）房屋买卖、赠与、互换。

土地使用权转让，不包括土地承包经营权和土地经营权的转移。以作价投资（入股）、偿还债务、划转、奖励等方式转移土地、房屋权属的，应当征收契税。

【知识点2】计税依据

计征契税的成交价格不含增值税。免征增值税的，确定计税依据时，成交价格不扣减增值税额。税务机关核定的计税价格不含增值税。

1. 土地使用权出让、出售，房屋买卖，为土地、房屋权属转移合同确定的成交价格，包括应交付的货币以及实物、其他经济利益对应的价款。
2. 土地使用权互换、房屋互换，为所互换的土地使用权、房屋价格的差额。
3. 土地使用权赠与、房屋赠与以及其他没有价格的转移土地、房屋权属行为，为税务机关参照土地使用权出售、房屋买卖的市场价格依法核定的价格。

纳税人申报的成交价格、互换价格差额明显偏低且无正当理由的，由税务机关依照《中华人民共和国税收征收管理法》的规定核定。

【知识点3】税率和应纳税额的计算

1. 税率

契税税率为3%～5%。

2. 应纳税额的计算

$$应纳税额 = 计税依据 \times 税率$$

【知识点4】申报与纳税

1. 纳税义务发生时间

契税的纳税义务发生时间，为纳税人签订土地、房屋权属转移合同的当日，或者纳税人取得其他具有土地、房屋权属转移合同性质凭证的当日。

2. 纳税环节和地点

纳税人应当在依法办理土地、房屋权属登记手续前，向土地、房屋所在地的税务机关申报缴纳契税。

四 房产税

【知识点1】纳税人和征税对象

1. 纳税义务人

在我国境内拥有房屋产权的单位和个人是房产税的纳税义务人。

（1）产权属于全民所有的，经营管理单位为纳税人；产权属于集体和个人所有的，由集体单位和个人缴纳；

（2）产权出典的，承典人为纳税人；由承典人依照房产余值缴纳房产税；融资租赁的房产，承租人为纳税人，按照房产余值缴纳房产税；

（3）产权所有人或承典人不在房产所在地的，或者产权未确定及租典纠纷未解决的，房产代管人或者使用人为纳税人；

（4）纳税单位和个人无租使用房产管理部门、免税单位及纳税单位的房产，应由使用人按照房产余值代缴房产税；

（5）以自有房产参与联营的单位和个人，产权转移的，联营单位为纳税人；产权未转移的，产权所有人为纳税人；

（6）转租行为不征收房产税；

（7）融资租赁的房产，由承租人依照房产余值缴纳房产税。

2. 征税对象

房产税的征税对象是房屋。应纳房产税的房屋，是指以房屋形态表现的财产。它应有屋面和围护结构（有墙或两边有柱），能够遮风避雨，可供人们在其中生产、工作、学习、娱乐、居住或储藏物资。

属于房屋附属设备的水管、下水道、暖气管、煤气管等从最近的探视井或三通管算起。电灯网、照明线从进线盒联接管算起。

凡在房产税征税范围内具备房屋功能的地下建筑，包括与地上房屋相连的地下建筑以及完全建在地面以下的建筑、地下人防设施等。

不属房产的建筑物不属于房产税的征税对象，即不纳房产税。独立于房屋之外的建筑物，如围墙、烟囱、水塔、变电塔、油池油柜、酒窖菜窖、酒精池、糖蜜池、室外游泳池、玻璃暖房、砖瓦石灰窑以及各种油气罐等，都不属于房产。

【知识点2】征税范围

房产税在城市、县城、建制镇和工矿区征收：

（1）城市是指经国务院批准设立的市。城市的征税范围为市区、郊区，不包括农村。

（2）县城是指县人民政府所在的城镇。

（3）建制镇是指经省、自治区、直辖市人民政府批准设立的建制镇。建制镇的征税范围为镇人民政府所在地，不包括所辖行政村。

（4）工矿区是指工商业比较发达，人口比较集中，符合国务院规定的建制镇标准，但尚未设立镇建制的大中型工矿企业所在地。开征房产税的工矿区须经省、自治区、直辖市人民政府批准。

【知识点3】计税依据及应纳税额计算

房产税的计税依据分别为房产余值和房产租金收入。自2023年1月1日至2027年12月31日，对增值税小规模纳税人、小型微利企业和个体工商户减半征收房产税。

1. 房产税依照房产原值一次减除10%~30%后的余值计算缴纳，称为从价计征，税率为1.2%，具体减除幅度，由省、自治区、直辖市人民政府规定。

从价计征房产税计算公式：

$$全年应纳税额 = [应税房产原值 \times (1 - 原值扣除比例)] \times 1.2\%$$

房产原值的确认是这样规定的：

（1）房产原值是指纳税人按照会计制度规定，在账簿"固定资产"科目中记载的房屋原价。对依照房产原值计税的房产，不论是否记载在会计账簿固定资产科目中，均应按照房屋原价计算缴纳房产税。房屋原价应根据国家有关会计制度规定进行核算。对纳税人未按国家会计制度规定核算并记载的，应按规定予以调整或重新评估。

（2）地价计入房产原值：对按照房产原值计税的房产，无论会计上如何核算，房产原值均应包含地价，包括为取得土地使用权支付的价款、开发土地发生的成本费用等。宗地容积率低于0.5的，按房产建筑面积的2倍计算土地面积并据此确定计入房产原值的地价。

（3）附属设施：凡以房屋为载体，不可随意移动的附属设施和配套设施，无论在会计核算中是否单独记账和核算，都应计入房产原值，计征房产税。对于更换房屋附属设备和配套设施的，在将其价值计入房产原值时，可扣减原来相应设备和设施的价值；对附属设施和配套设施中易损坏、需要经常更换的零配件，更新后不再计入房产原值。

2. 按照房产租金收入计征的，称为从租计征，税率为12%。

（1）房屋租金收入的确定：房屋租金收入是房屋产权所有人出租房产使用权所得的报酬，包括货币收入和实物收入。

从租计征房产税计算公式：

$$应纳税额 = 租金收入 \times 12\%（或4\%）$$

（2）从租计征房产税的特殊规定。

①以房产投资联营，取得固定收入，不承担联营风险的，实际上是纳税人以联营名义取得房屋租金，因此按规定由投资方按租金收入计征房产税。

②如果纳税人对个人出租房屋的租金收入申报不实或申报数与同一地段同类房屋的租金收入相比明显不合理的，税务部门可以按照《中华人民共和国税收征收管理法》的相关规定，采取科学合理的方式核定其应纳税款。

③自2008年3月1日起，对个人出租住房，不区分用途，按4%的税率征收房产税。对企事业单位、社会团体以及其他组织按市场价向个人出租用于居住的住房，减按4%的税率征收房产税。

④自2021年10月1日起，对企事业单位、社会团体以及其他组织向个人、专业化规模化住房租赁企业出租住房的，减按4%的税率征收房产税。

⑤自 2021 年 10 月 1 日起，对利用非居住存量土地和非居住存量房屋（含商业办公用房、工业厂房改造后出租用于居住的房屋）建设的保障性租赁住房，取得保障性租赁住房项目认定书后，企事业单位、社会团体以及其他组织向个人、专业化规模化住房租赁企业出租上述保障性租赁住房，减按 4% 的税率征收房产税。

【知识点 4】纳税义务发生时间

1. 以房产原值为计税依据的，从取得产权或交付使用的次月起计征房产税。
2. 以租金收入为计税依据的，从取得租金收入的次月起计征房产税。
3. 纳税人因房产、土地的实物或权利状态发生变化而依法终止房产税、城镇土地使用税纳税义务的，其应纳税款的计算应截止到房产、土地的实物或权利状态发生变化的当月末。

房产税纳税义务发生时间的具体规定见表 4-11。

表 4-11　　　　　房产税纳税义务发生时间的具体规定

房屋来源	纳税义务发生时间
原有房屋用于生产经营的	从生产经营当月起计征
自建房屋用于生产经营的	建成之日次月起计征
委托施工企业建设的房屋	办理验收手续次月起计征，对于纳税人在办理验收手续前已使用、出租、出借的新建房屋，自使用、出租、出借当月起计征
购置新建商品房	自房屋交付使用次月起计征
购置存量房	自办理房屋权属转移、变更登记手续，房地产权属机关签发房屋权属证书次月起计征
出租、出借房产	自房屋交付出租、出借次月起计征
房地产开发企业自用出租、出借本企业建造的商品房	自房屋被使用或交付之次月起计征
融资租赁房产	承租人自融资租赁合同约定开始日的次月起按房产余值计征，合同未约定开始日的，由承租人自合同签订之日的次月起按房产余值计征

【知识点 5】申报与纳税

房产税申报与纳税相关规定具体见表 4-12。

表 4-12　　　　　　　　房产税申报与纳税相关规定具体

序号	具体情形	申报期限	申报纳税地点	申报表单
1	首次申报和税源信息发生变化时	房产税按年征收、分期缴纳。一般按季或半年征收，季度或半年终了之日起15日内申报	房产所在地的主管税务机关	《城镇土地使用税 房产税税源明细表》
2	房产税按规定申报时			(1)《财产和行为税纳税申报表》 (2)《财产和行为税减免税明细申报附表》

需要注意的是：纳税人在纳税期内没有应纳税款的，也应当按照规定办理申报纳税。纳税人享受减税、免税待遇的，在减税、免税期间应当按照规定办理申报纳税。房产税纳税义务人在首次申报或税源信息变更时，应办理"财产和行为税税源信息报告"。

五 城镇土地使用税

【知识点1】纳税人和征税范围

1. 城镇土地使用税由拥有土地使用权的单位或个人缴纳。
2. 土地使用权未确定或权属纠纷未解决的，由实际使用人纳税。
3. 土地使用权共有的，由共有各方分别纳税。
4. 在城镇土地使用税征税范围内，承租集体所有建设用地的，由直接从集体经济组织承租土地的单位和个人，缴纳城镇土地使用税。
5. 城镇土地使用税的征税范围是城市、县城、建制镇和工矿区。征税范围不包括农村。城市、县城、建制镇、工矿区以外的工矿企业不缴纳城镇土地使用税。

其中，城市的征税范围包括市区和郊区，县城的征税范围为县人民政府所在地的城镇，建制镇的征税范围一般为镇人民政府所在地。

【知识点2】适用税额

城镇土地使用税适用地区幅度差别定额税率。经省、自治区、直辖市人民政府批准，经济落后地区的城镇土地使用税适用税额标准可适当降低，但降低额不得超过税率表中规定的最低税额的30%。经济发达地区的适用税额可适当提高，但需报财政部批准。

【知识点3】计税依据和应纳税额的计算

1. 计税依据

城镇土地使用税以纳税人实际占用的土地面积（平方米）为计税依据。

纳税服务岗位知识与技能

（1）纳税人实际占用的土地面积，以房地产管理部门核发的土地使用证书与确认的土地面积为准；

（2）尚未核发土地使用证书的，应由纳税人据实申报土地面积，据以纳税，待核发土地使用证后再作调整。

2. 应纳税额的计算

$$年应纳税额 = 计税土地面积(平方米) \times 适用税额$$

土地使用权由几方共有的，由共有各方按照各自实际使用的土地面积占总面积的比例，分别计算缴纳城镇土地使用税。

自 2023 年 1 月 1 日至 2027 年 12 月 31 日，对增值税小规模纳税人、小型微利企业和个体工商户减半征收城镇土地使用税。

【知识点 4】纳税义务发生时间

城镇土地使用税纳税义务时间相关规定见表 4-13。

表 4-13　　　　　　城镇土地使用税纳税义务时间相关规定

房屋来源	纳税义务发生时间
新征用的耕地	自批准征用之日起满 1 年时
新征用的非耕地	自批准征用次月
购置新建商品房	自房屋交付使用次月起计征
购置存量房	自办理房屋权属转移、变更登记手续，房地产权属机关签发房屋权属证书次月起计征
出租、出借房产	自房屋交付出租、出借次月起计征
出让或转让方式有偿取得土地使用权（含通过招标、拍卖、挂牌方式取得的建设用地）	受让方从合同约定交付土地使用时间的次月起缴纳城镇土地使用税；合同未约定交付土地时间的，由受让方从合同签订的次月起缴纳城镇土地使用税

需要注意的是，纳税人因房产、土地的实物或权利状态发生变化而依法终止房产税、城镇土地使用税纳税义务的，其应纳税款的计算应截止到房产、土地的实物或权利状态发生变化的当月末。

【知识点 5】纳税申报期限、申报纳税地点和涉及的表单

城镇土地使用税申报与纳税相关规定具体见表 4-14。

表 4-14　　　　　　　城镇土地使用税申报与纳税相关规定具体

序号	具体情形	申报期限	申报纳税地点	申报表单
1	首次申报和税源信息发生变化时	1. 按年征收、分期缴纳。一般按季或半年征收，季度或半年终了之日起15日内申报。 2. 新征用的土地，须于批准新征用之日起30日内申报登记	土地所在地的主管税务机关	《城镇土地使用税 房产税税源明细表》 （1）《财产和行为税纳税申报表》 （2）《财产和行为税减免税明细申报附表》
2	按规定申报时			

需要注意的是：纳税人在纳税期内没有应纳税款的，也应当按照规定办理申报纳税。纳税人享受减税、免税待遇的，在减税、免税期间应当按照规定办理申报纳税。城镇土地使用税纳税义务人在首次申报或税源信息变更时，应办理"财产和行为税税源信息报告"。

六　耕地占用税

【知识点1】纳税人和征税范围

1. 占用耕地建房或者从事非农业建设的单位或者个人，为耕地占用税的纳税人。

（1）经申请批准占用应税土地的，纳税人为农用地转用审批文件中标明的建设用地人；农用地转用审批文件中未标明建设用地人的，纳税人为用地申请人。未经批准占用耕地的，纳税人为实际用地人。

（2）城市和村庄、集镇建设用地审批中，按土地利用年度计划分批次批准的农用地转用审批，批准文件中未标明建设用地人且用地申请人为各级人民政府的，由同级土地储备中心履行耕地占用税申报纳税义务；没有设立土地储备中心的，由国土资源管理部门或政府委托的其他部门履行耕地占用税申报纳税义务。

2. 属于耕地占用税征税范围的土地包括：

（1）种植农作物的土地：种植粮食作物、经济作物的农田，种植蔬菜和果树的菜地、园地及其附属的土地（如田间道路）。

（2）建设直接为农业生产服务的生产设施占用农用地的，不征收耕地占用税。

（3）占用林地、牧草地、农田水利地、养殖水面以及渔业水域滩涂等其他农用地建房或从事非农业建设，比照占用耕地征收耕地占用税。

（4）占用耕地建设农田水利设施的，不缴纳耕地占用税。

【知识点2】计税依据

耕地占用税以纳税人实际占用的耕地面积为计税依据，按照规定的适用税额一次性征收。

实际占用的耕地面积，包括经批准占用的耕地面积和未经批准占用的耕地面积。

耕地占用税纳税人计税面积核定主要依据为农用地转用审批文件，纳税人实际占地面积（含受托代占地面积）大于批准占地面积的，按实际占地面积计税；实际占地面积小于批准占地面积的，按批准占地面积计税。

【知识点3】税额和应纳税额的计算

1. 国务院财政、税务主管部门根据人均耕地面积和经济发展情况确定各省、自治区、直辖市的平均税额。

2. 税额的特殊规定：

（1）人均耕地低于0.5亩，可以适当提高适用税率，但是不得超过适用税额的50%。

（2）占用基本农田的，应当按照当地适用税额，加按150%征收。

（3）占用园地、林地、草地、农田水利用地、养殖水面、渔业水域滩涂以及其他农用地建设建筑物、构筑物或者从事非农业建设的，可以适当低于本地区的适用税额，但降低的部分不得超过50%。

3. 基本公式：

$$应纳税额 = 实际占用耕地面积(平方米) \times 适用定额税率$$

4. 纳税人因建设项目施工或者地质勘查临时占用耕地，应当依照《中华人民共和国耕地占用税法》的规定缴纳耕地占用税。纳税人在批准临时占用耕地期满之日起1年内依法复垦，恢复种植条件的，全额退还已经缴纳的耕地占用税。

自然资源主管部门凭耕地占用税完税凭证或者免税凭证和其他有关文件发放建设用地批准书。

5. 自2023年1月1日至2027年12月31日，对增值税小规模纳税人、小型微利企业和个体工商户减半征收耕地占用税。

【知识点4】申报与纳税

1. 纳税义务发生时间

经批准占用耕地的，耕地占用税纳税义务发生时间为纳税人收到土地管理部门办理占用农用地手续通知的当天。

未经批准占用耕地的，耕地占用税纳税义务发生时间为纳税人实际占用耕地的当天。

已享受减免税的应税土地改变用途，不再属于减免税范围的，耕地占用税纳税义务发生时间为纳税人改变土地用途的当天。

2. 纳税期限

纳税人应当自纳税义务发生之日起30日内申报缴纳耕地占用税。

3. 纳税地点

纳税人占用耕地或其他农用地,应在耕地或其他农用地所在地申报。

七 土地增值税

【知识点1】纳税人与征税范围

土地增值税的纳税义务人是转让国有土地使用权、地上建筑物及其附着物并取得收入的单位和个人。

土地增值税的课税对象是有偿转让国有土地使用权及地上建筑物和其他附着物产权所取得的增值额。

土地增值税征税范围具体规定见表4-15。

表4-15　　　　　　　　土地增值税征税范围具体规定

事项	是否属于征税范围
1. 出售	应征,包括三种情况:①出售国有土地使用权;②取得国有土地使用权后进行房屋开发建造后出售;③存量房地产买卖
2. 继承、赠与	继承不征(无收入); 赠与中公益性赠与、赠与直系亲属或承担直接赡养义务人,不征; 非公益性赠与和非直系亲属(兄弟姐妹和抚养人)赠与,应征
3. 出租	不征(无权属转移)
4. 房地产抵押	抵押期不征; 抵押期满偿还债务本息,不征; 抵押期满,不能偿还债务,而以房地产抵债,应征
5. 房地产交换	单位之间换房地,应征; 对其他个人(除单位纳税人外)之间互换自有居住用房地产(除不含商业用地)的,经当地税务机关核实,可以免征
6. 合作建房	建成后自用,暂免征收; 建成后转让(包括合作建房双方之间的转让),应征
7. 代建房行为	不征
8. 土地使用者转让、抵押、置换土地	应征
9. 房地产评估增值	不征(权属未转移,无收入)
10. 国家收回房地产权	免征

【知识点2】计税依据

1. 应税收入

纳税人转让房地产取得的收入，包括转让房地产取得的全部价款及有关的经济利益。从形式上看包括货币收入、实物（非货币性）收入和其他收入。

$$应税收入 = 营改增前转让房地产取得的收入 + 营改增后转让房地产取得不含税收入$$

2. 扣除项目金额

（1）对于新建房产的转让。

①取得土地使用权所支付的金额。

纳税人为取得土地使用权所支付的地价款，即纳税人为取得土地使用权所支付的地价款和取得使用权时按国家统一规定缴纳的费用，包括契税、办证费、过户手续费等。

②房地产开发成本，包括土地征用及拆迁补偿费、前期工程费、建筑安装工程费、基础设施费、公共配套设施费、开发间接费用。

③房地产开发费用，与房地产开发项目有关的销售费用、管理费用、财务费用。

A. 纳税人能按转让房地产项目分摊利息支出并能提供金融机构贷款证明的：

$$允许扣除的房地产开发费用 = 利息 + (取得土地使用权所支付的金额 + 房地产开发成本) \times 5\% 以内$$

B. 纳税人不能按转让房地产项目分摊利息支出或不能提供金融机构贷款证明的：

$$允许扣除的房地产开发费用 = (取得土地使用权所支付的金额 + 房地产开发成本) \times 10\% 以内$$

④与转让房地产有关的税金，城市维护建设税、教育费附加、地方教育附加、印花税允许扣除。

⑤财政部规定的其他扣除项目。

$$从事房地产开发的纳税人可加计扣除 = (取得土地使用权所支付的金额 + 房地产开发成本) \times 20\%$$

A. 非房地产开发企业转让新建房地产时不能加计扣除。

B. 取得土地使用权后未经开发就转让的，不得加计扣除。

（2）对于存量房产的转让。

存量房产是指建成后未使用的房产。凡是已使用一定时间或达到一定磨损程度的房产均属旧房。使用时间和磨损程度标准可由各省、自治区、直辖市财政厅（局）和税务机关具体规定。

方法一：转让旧房的，应按房屋及建筑物的评估价格、取得土地使用权所支付的地价款和按国家统一规定缴纳的有关费用以及在转让环节缴纳的税金作为扣除项目金额计征土地增值税。

$$评估价格＝重置成本价×成新度折扣率$$

评估费用扣除：纳税人转让旧房及建筑物时因计算纳税的需要而对房地产进行评估，其支付的评估费用允许在计算增值额时予以扣除。

方法二：发票加计扣除法。

①营改增后，纳税人转让旧房及建筑物，凡不能取得评估价格，但能提供购房发票的，《中华人民共和国土地增值税暂行条例》第六条第一、三项规定的扣除项目的金额，可按发票所载金额并从购买年度起至转让年度止每年加计5%计算。计算扣除项目时"每年"按购房发票所载日期起至售房发票开具之日止，每满12个月计一年；超过一年，未满12个月但超过6个月的，可以视同为一年。

②对取得土地使用权时未支付地价款或不能提供已支付的地价款凭据的，不允许扣除取得土地使用权时所支付的金额。

③对纳税人购房时缴纳的契税，凡能提供契税完税凭证的，准予作为"与转让房地产有关的税金"予以扣除，但不作为加计5%的基数。

④对取得土地使用权时未支付地价款或不能提供已支付的地价款凭据的，不允许扣除取得土地使用权时所支付的金额。

⑤转让环节的税金：城市维护建设税、教育费附加、地方教育附加、印花税。印花税，房开企业开发新房不允许扣，因为已经计入管理费用，旧房和非房开企业的新房可以在与转让房地产相关的税金里扣印花税。

方法三：对于转让旧房及建筑物，既没有评估价格，又不能提供购房发票的，税务机关可以根据《中华人民共和国税收征收管理法》第三十五条的规定，实行核定征收。

【知识点3】税率

土地增值税采用30%~60%四级超率累进税率，税率表略。

【知识点4】应纳税额的计算

1. 计算公式

$$应纳税额＝增值额×税率－扣除项目金额×速算扣除系数$$

2. 应纳税额的计算步骤

第一步，计算收入总额；

第二步，计算扣除项目金额；

第三步，用收入总额减除扣除项目金额计算增值额：

$$土地增值额＝转让房地产收入－规定扣除项目金额$$

纳税服务岗位知识与技能

第四步，计算增值额与扣除项目之间的比例，以确定适用税率的档次和速算扣除系数；

第五步，套用公式计算税额。计算公式为：

$$应纳税额 = 增值额 \times 税率 - 扣除项目金额 \times 速算扣除系数$$

【知识点5】房地产开发企业土地增值税清算主要规定

房地产开发企业土地增值税清算主要规定见表4-16。

表4-16　　　　　　　房地产开发企业土地增值税清算主要规定

要点		主要规定
清算条件	纳税人应进行土地增值税的清算的三种情况	(1) 房地产开发项目全部竣工、完成销售的； (2) 整体转让未竣工决算房地产开发项目的； (3) 直接转让土地使用权的
	主管税务机关可要求纳税人进行土地增值税清算的四种情况	(1) 已竣工验收的房地产开发项目，已转让的房地产建筑面积占整个项目可售建筑面积的比例在85%以上，或该比例虽未超过85%，但剩余的可售建筑面积已经出租或自用的； (2) 取得销售（预售）许可证满3年仍未销售完毕的（实操中以最后一本为准）； (3) 纳税人申请注销税务登记但未办理土地增值税清算手续的； (4) 省税务机关规定的其他情况
非直接销售和自用房地产的收入确定	将开发产品用于职工福利、奖励、对外投资、分红、偿债、换取非货币性资产等，发生所有权转移时应视同销售房地产；纳税人安置回迁户，其拆迁安置用房应税收入和扣除项目的确认，按照《国家税务总局关于土地增值税清算有关问题的通知》（国税函〔2010〕220号）第六条规定执行	收入按下列方法和顺序确认： (1) 按本企业在同一地区、同一年度销售的同类房地产的平均价格确定； (2) 由主管税务机关参照当地当年、同类房地产的市场价格或评估价值确定
	将开发的部分房地产转为企业自用或用于出租等商业用途时，产权未发生转移的情况下	不征收土地增值税，在税款清算时不列收入，不扣除相应的成本和费用
土地增值税的核定征收	在土地增值税清算中符合右格中五个条件之一的，可实行核定征收；税务机关可以参照与其开发规模和收入水平相近的当地企业的土地增值税税负情况，核定征收率不得低于预征率（《中华人民共和国税收征收管理法》第三十五条）	(1) 依照法律、行政法规的规定应当设置但未设置账簿的； (2) 擅自销毁账簿或者拒不提供纳税资料的； (3) 虽设置账簿，但账目混乱或者成本资料、收入凭证、费用凭证残缺不全，难以确定转让收入或扣除项目金额的； (4) 符合土地增值税清算条件，未按照规定的期限办理清算手续，经税务机关责令限期清算，逾期仍不清算的； (5) 申报的计税依据明显偏低，又无正当理由的

续表

要点	主要规定
清算后再转让房地产（尾盘销售）	在土地增值税清算时未转让的房地产，清算后销售或有偿转让时，纳税人应按规定进行土地增值税的纳税申报，扣除项目金额按清算时的单位建筑面积成本费用乘以销售或转让面积计算。 单位建筑面积成本费用=清算时的扣除项目总金额（地价，开发成本，费用，加计，不含已售楼盘的税金）÷清算的总建筑面积

【知识点6】土地增值税收入预征规定

1. 根据《国家税务总局关于营改增后土地增值税若干征管规定的公告》（国家税务总局公告2016年第70号）规定，房地产开发企业采取预收款方式销售自行开发的房地产项目的，可按照以下方法计算土地增值税预征计征依据：

土地增值税预征的计征依据＝预收款－应预缴增值税税款

2. 根据《国家税务总局关于加强土地增值税征管工作的通知》（国税发〔2010〕53号）规定，除保障性住房外，东部地区省份预征率不得低于2%，中部和东北地区省份不得低于1.5%，西部地区省份不得低于1%。

【知识点7】申报与纳税

1. 纳税申报期限。

（1）自转让房地产合同签订之日起7日内办理纳税申报，并在税务机关核定的期限内缴纳土地增值税。

（2）房地产开发企业开发建造的房地产，因分次转让而频繁发生纳税义务，难以在每次转让后申报纳税的情况，土地增值税可按月或按各省、自治区、直辖市和计划单列市税务机关规定的期限申报缴纳。

（3）应进行土地增值税清算的项目，纳税人应当在满足条件之日起90日内到主管税务机关办理清算手续。税务机关要求纳税人进行土地增值税清算的项目，由主管税务机关下达清算通知，纳税人应当在收到清算通知之日起90日内办理清算手续。

2. 申报纳税地点：房地产所在地主管税务机关。

八 印花税

【知识点1】纳税人

在中华人民共和国境内书立应税凭证、进行证券交易的单位和个人，为印花税的纳税人，应当依照《中华人民共和国印花税法》规定缴纳印花税。

在中华人民共和国境外书立在境内使用的应税凭证的单位和个人，应当依照《中华人民共和国印花税法》规定缴纳印花税。

应税凭证，是指《中华人民共和国印花税法》所附《印花税税目税率表》列明的合同、产权转移书据和营业账簿。

证券交易，是指转让在依法设立的证券交易所、国务院批准的其他全国性证券交易场所交易的股票和以股票为基础的存托凭证。证券交易印花税对证券交易的出让方征收，不对受让方征收。

书立应税凭证的纳税人，为对应税凭证有直接权利义务关系的单位和个人。

采用委托贷款方式书立的借款合同纳税人，为受托人和借款人，不包括委托人。

按买卖合同或者产权转移书据税目缴纳印花税的拍卖成交确认书纳税人，为拍卖标的的产权人和买受人，不包括拍卖人。

【知识点2】征税范围、适用税率、计税依据及应纳税额的计算

1. 征税范围及税率

印花税的税目、税率，依照《中华人民共和国印花税法》所附《印花税税目税率表》执行，具体内容见表4-17。

表4-17　　　　　　　　　　印花税税目税率表

税目		税率	备注
合同 （指书面合同）	借款合同	借款金额的万分之零点五	指银行业金融机构、经国务院银行业监督管理机构批准设立的其他金融机构与借款人（不包括同业拆借）的借款合同
	融资租赁合同	租金的万分之零点五	
	买卖合同	价款的万分之三	指动产买卖合同（不包括个人书立的动产买卖合同）
	承揽合同	报酬的万分之三	
	建设工程合同	价款的万分之三	
	运输合同	运输费用的万分之三	指货运合同和多式联运合同（不包括管道运输合同）
	技术合同	价款、报酬或者使用费的万分之三	不包括专利权、专有技术使用权转让书据
	租赁合同	租金的千分之一	
	保管合同	保管费的千分之一	
	仓储合同	仓储费的千分之一	
	财产保险合同	保险费的千分之一	不包括再保险合同

续表

税目		税率	备注
产权转移书据	土地使用权出让书据	价款的万分之五	转让包括买卖（出售）、继承、赠与、互换、分割
	土地使用权、房屋等建筑物和构筑物所有权转让书据（不包括土地承包经营权和土地经营权转移）	价款的万分之五	
	股权转让书据（不包括应缴纳证券交易印花税的）	价款的万分之五	
	商标专用权、著作权、专利权、专有技术使用权转让书据	价款的万分之三	
营业账簿		实收资本（股本）、资本公积合计金额的万分之二点五	
证券交易		成交金额的千分之一	

2. 计税依据

印花税的计税依据如下：

（1）应税合同的计税依据，为合同所列的金额，不包括列明的增值税税款；

（2）应税产权转移书据的计税依据，为产权转移书据所列的金额，不包括列明的增值税税款；

（3）应税营业账簿的计税依据，为账簿记载的实收资本（股本）、资本公积合计金额；

（4）证券交易的计税依据，为成交金额。

应税合同、产权转移书据未列明金额的，印花税的计税依据按照实际结算的金额确定。如果仍不能确定的，按照书立合同、产权转移书据时的市场价格确定；依法应当执行政府定价或者政府指导价的，按照国家有关规定确定。

证券交易无转让价格的，按照办理过户登记手续时该证券前一个交易日收盘价计算确定计税依据；无收盘价的，按照证券面值计算确定计税依据。

3. 应纳税额的计算

$$印花税应纳税额 = 计税依据 \times 适用税率$$

自2023年1月1日至2027年12月31日，对增值税小规模纳税人、小型微利企业和个体工商户减半征收印花税。自2023年8月28日起，证券交易印花税实施减半征收。

【知识点3】申报纳税期限、纳税地点和纳税义务发生时间

1. 申报纳税期限

印花税按季、按年或者按次计征。应税合同、产权转移书据印花税可以按季或者按次申报缴纳，应税营业账簿印花税可以按年或者按次申报缴纳，具体纳税期限由各省、自治区、直辖市、计划单列市税务局结合征管实际确定。

境外单位或者个人的应税凭证印花税可以按季、按年或者按次申报缴纳，具体纳税期限由各省、自治区、直辖市、计划单列市税务局结合征管实际确定。

证券交易印花税按周解缴。证券交易印花税扣缴义务人应当自每周终了之日起5日内申报解缴税款以及银行结算的利息。

2. 纳税地点

纳税人为单位的，应当向其机构所在地的主管税务机关申报缴纳印花税；纳税人为个人的，应当向应税凭证书立地或者纳税人居住地的主管税务机关申报缴纳印花税。

不动产产权发生转移的，纳税人应当向不动产所在地的主管税务机关申报缴纳印花税。

纳税人为境外单位或者个人，在境内有代理人的，以其境内代理人为扣缴义务人。境外单位或者个人的境内代理人应当按规定扣缴印花税，向境内代理人机构所在地（居住地）主管税务机关申报解缴税款。

纳税人为境外单位或者个人，在境内没有代理人的，纳税人应当自行申报缴纳印花税。境外单位或者个人可以向资产交付地、境内服务提供方或者接受方所在地（居住地）、书立应税凭证境内书立人所在地（居住地）主管税务机关申报缴纳；涉及不动产产权转移的，应当向不动产所在地主管税务机关申报缴纳。

3. 纳税义务发生时间

印花税的纳税义务发生时间为纳税人书立应税凭证或者完成证券交易的当日。

证券交易印花税扣缴义务发生时间为证券交易完成的当日。

九 资源税

【知识点1】纳税人和征税范围

1. 纳税人

（1）在中华人民共和国领域和中华人民共和国管辖的其他海域开发《中华人民共和国资源税法》规定的应税资源的单位和个人，为资源税的纳税人。

（2）自2016年7月1日起，在河北省取用水工程或者设施直接从江河、湖泊（含水库）和地下取用地表水、地下水的单位和个人，为水资源税纳税人。自 2017 年 12 月 1 日起，水资源税改革试点扩大到北京、天津、山西、内蒙古、河南、山东、四川、宁夏、陕西等省（区、市）。

2. 征税范围

资源税征税范围分为能源矿产、金属矿产、非金属矿产、水气矿产和盐五大类。具体内容见表 4-18。水资源税征税范围为直接从江河、湖泊（含水库）和地下取用的地表水、地下水。

表 4-18　　　　　　　　　　　　资源税税目

税目			征税对象
能源矿产	原油		原矿
	天然气、页岩气、天然气水合物		原矿
	煤		原矿或者选矿
	煤成（层）气		原矿
	铀、钍		原矿
	油页岩、油砂、天然沥青、石煤		原矿或者选矿
	地热		原矿
金属矿产	黑色金属	铁、锰、铬、钒、钛	原矿或者选矿
	有色金属	铜、铅、锌、锡、镍、锑、镁、钴、铋、汞	原矿或者选矿
		铝土矿	原矿或者选矿
		钨	选矿
		钼	选矿
		金、银	原矿或者选矿
		铂、钯、钌、锇、铱、铑	原矿或者选矿
		轻稀土	选矿
		中重稀土	选矿
		铍、锂、锆、锶、铷、铯、铌、钽、锗、镓、铟、铊、铪、铼、镭、硒、碲	原矿或者选矿
非金属矿产	矿物类	高岭土	原矿或者选矿
		石灰岩	原矿或者选矿
		磷	原矿或者选矿
		石墨	原矿或者选矿
		萤石、硫铁矿、自然硫	原矿或者选矿

续表

税目			征税对象
非金属矿产	矿物类	天然石英砂、脉石英、粉石英、水晶、工业用金刚石、冰洲石、蓝晶石、硅线石（矽线石）、长石、滑石、刚玉、菱镁矿、颜料矿物、天然碱、芒硝、钠硝石、明矾石、砷、硼、碘、溴、膨润土、硅藻土、陶瓷土、耐火粘土、铁矾土、凹凸棒石粘土、海泡石粘土、伊利石粘土、累托石粘土	原矿或者选矿
		叶蜡石、硅灰石、透辉石、珍珠岩、云母、沸石、重晶石、毒重石、方解石、蛭石、透闪石、工业用电气石、白垩、石棉、蓝石棉、红柱石、石榴子石、石膏	原矿或者选矿
		其他粘土（铸型用粘土、砖瓦用粘土、陶粒用粘土、水泥配料用粘土、水泥配料用红土、水泥配料用黄土、水泥配料用泥岩、保温材料用粘土）	原矿或者选矿
	岩石类	大理石、花岗岩、白云岩、石英岩、砂岩、辉绿岩、安山岩、闪长岩、板岩、玄武岩、片麻岩、角闪岩、页岩、浮石、凝灰岩、黑曜岩、霞石正长岩、蛇纹岩、麦饭石、泥灰岩、含钾岩石、含钾砂页岩、天然油石、橄榄岩、松脂岩、粗面岩、辉长岩、辉石岩、正长岩、火山灰、火山渣、泥炭	原矿或者选矿
		砂石	原矿或者选矿
	宝玉石类	宝石、玉石、宝石级金刚石、玛瑙、黄玉、碧玺	原矿或者选矿
水气矿产	二氧化碳气、硫化氢气、氦气、氡气		原矿
	矿泉水		原矿
盐	钠盐、钾盐、镁盐、锂盐		选矿
	天然卤水		原矿
	海盐		

【知识点2】计税依据、税率及应纳税额

资源税的应纳税额采用从价定率或者从量定额的办法，分别以应税产品的销售额乘以纳税人具体适用的比例税率或者以应税产品的销售数量乘以纳税人具体适用的定额税率计算。

纳税人开采或者生产不同税目应税产品的，应当分别核算不同税目应税产品的销售额或者销售数量；未分别核算或者不能准确提供不同税目应税产品的销售额或者销售数量的，从高适用税率。

1. 销售额确定

（1）纳税人销售应税产品向购买方收取的全部价款和价外费用，不包括增值税销

项税额和运杂费用。

（2）对同时符合以下条件的运杂费用，纳税人在计算应税产品计税销售额时，可予以扣减：

①包含在应税产品销售收入中；

②属于纳税人销售应税产品环节发生的运杂费用，具体是指运送应税产品从坑口或洗选（加工）地到车站、码头或者购买方指定地点的运杂费用；

③取得相关运杂费用发票或者其他合法有效凭据；

④将运杂费用与计税销售额分别进行核算。

2. 视同销售行为及销售额的确定

（1）视同销售行为。

①纳税人以自采原矿（经过采矿过程采出后未进行选矿或者加工的矿石）直接销售，或者自用于应当缴纳资源税情形的，按照原矿计征资源税。

②纳税人以自采原矿洗选加工为选矿产品（通过破碎、切割、洗选、筛分、磨矿、分级、提纯、脱水、干燥等过程形成的产品，包括富集的精矿和研磨成粉、粒级成型、切割成型的原矿加工品）销售，或者将选矿产品自用于应当缴纳资源税情形的，按照选矿产品计征资源税，在原矿移送环节不缴纳资源税。对于无法区分原生岩石矿种的粒级成型砂石颗粒，按照砂石税目征收资源税。

③以应税产品用于非货币性资产交换、捐赠、偿债、赞助、集资、投资、广告、样品、职工福利、利润分配或者连续生产非应税产品等。

（2）销售额的确定：纳税人有视同销售应税产品行为而无销售价格的，或者申报的应税产品销售价格明显偏低且无正当理由的，税务机关应按下列顺序确定其应税产品计税价格。

①按纳税人最近时期同类产品的平均销售价格确定。

②按其他纳税人最近时期同类产品的平均销售价格确定。

③按后续加工非应税产品销售价格，减去后续加工环节的成本利润后确定。

④按应税产品组成计税价格确定：

$$组成计税价格 = 成本 \times (1 + 成本利润率) \div (1 - 资源税税率)$$

⑤其他合理方法确定。

【知识点3】应纳税额计算

资源税应纳税额的计算以不含增值税销售额乘以适用税率，区分不同情形的具体规定见表4-19。

表 4-19　　　　　　　　　　　　　资源税应纳税额计算方法

计税方法	计税依据	应纳税额
从价定率征收	应税资源产品的销售额	=销售额×税率
从量定额征收	应税资源产品的销售数量	=课税数量×单位税额
水资源	实际取用水量	=取水口所在地税额标准×实际取用水量

1. 纳税人开采或者生产应税产品自用于连续生产应税产品的，不缴纳资源税。

2. 自 2023 年 1 月 1 日至 2027 年 12 月 31 日，对增值税小规模纳税人、小型微利企业和个体工商户减半征收资源税（不含水资源税）。

【知识点 4】申报与纳税

1. 纳税义务发生时间

不同结算方式纳税义务发生时间的确认见表 4-20。

表 4-20　　　　　　　　　　　　　资源税纳税义务发生时间

结算方式	纳税义务发生时间
采取分期收款结算的	销售合同规定的收款日期的当天
采取预收货款结算的	发出应税产品的当天
采取其他结算的	收讫销售款或者取得索取销售款凭据的当天
自产自用应税产品的	移送使用应税产品的当天
取用水资源的	取用水资源的当天

2. 纳税期限

资源税按月或者按季申报缴纳；不能按固定期限计算缴纳的，可以按次申报缴纳。纳税人按月或按季申报缴纳的，应当自月度或者季度终了之日起 15 日内，向税务机关办理申报并缴纳税款；按次申报缴纳的，应当自纳税义务发生之日起 15 日内，向税务机关办理申报并缴纳税款。

3. 纳税地点

纳税人应当向应税产品开采地或者生产地的税务机关申报缴纳资源税。海洋原油、天然气资源税由国家税务总局海洋石油税务管理机构负责征收管理。

4. 征收管理

自 2019 年 3 月 8 日起，税务机关不再开具或索要资源税管理证明，并通过以下措施强化监管：

（1）进一步加强开采地源泉控管，对已纳入开采地正常税务管理或者在销售矿产品时开具增值税发票的纳税人，实行纳税人自主申报，不采用代扣代缴的征管方式。

（2）对于部分零散税源，确有必要的，可采用委托代征等替代管理方式。

十 环境保护税

【知识点 1】纳税人与征税范围

1. 纳税人

环境保护税的纳税人是在中华人民共和国领域和中华人民共和国管辖的其他海域，直接向环境排放应税污染物的企业事业单位和其他生产经营者。

家庭和个人即便有排放污染物的行为，不属于环境保护税的纳税人。

2. 征税对象

四种应税污染物：大气污染物、水污染物、固体废物和噪声。

有下列情形之一的，不属于直接向环境排放污染物，不缴纳相应污染物的环境保护税：

（1）企业事业单位和其他生产经营者向依法设立的污水集中处理、生活垃圾集中处理场所排放应税污染物的。

（2）企业事业单位和其他生产经营者在符合国家和地方环境保护标准的设施、场所贮存或者处置固体废物的。

（3）达到省级人民政府确定的规模标准并且有污染物排放口的畜禽养殖场，依法对畜禽养殖废弃物进行综合利用和无害化处理的。

【知识点 2】税目及税额

环境保护税税目为：大气污染物、水污染物、固体废物、噪声。应税大气污染物和水污染物的具体适用税额的确定和调整，由省（区、市）人民政府统筹考虑本地区环境承载能力、污染物排放现状和经济社会生态发展目标要求，在《中华人民共和国环境保护税法》所附税目税额表规定的税额幅度内提出，报同级人民代表大会常务委员会决定，并报全国人民代表大会常务委员会和国务院备案。

【知识点 3】计税依据

1. 环境保护税的计税依据（见表 4-21）

表 4-21　　　　　　　　环境保护税计税依据的具体规定

税目	计税依据	具体要求
大气污染物	污染物排放量折合的污染当量数	每一排放口应税大气污染物，按照污染当量数从大到小排序，对前三项污染物征税
水污染物	污染物排放量折合的污染当量数	每一排放口的应税水污染物：第一类水污染物按照前五项征税；其他类水污染物按照前三项征税
固体废物	固体废物的排放量（吨）	排放量
噪声	超标的分贝数	每月统一定额税

2. 应税大气污染物、水污染物"污染当量"确定

$$污染当量 = 该污染物的排放量 \div 该污染物的污染当量值$$

3. 计税依据特殊情况

以产生量为计税依据，纳税人有下列情形之一的，以其当期应税大气污染物、水污染物、固体废物的产生量作为污染物的排放量：

（1）未依法安装使用污染物自动监测设备或者未将污染物自动监测设备与环境保护主管部门的监控设备联网。

（2）损毁或者擅自移动、改变污染物自动监测设备。

（3）篡改、伪造污染物监测数据。

（4）通过暗管、渗井、渗坑、灌注或者稀释排放以及不正常运行防治污染设施等方式违法排放应税污染物。

（5）非法倾倒应税固体废物。

（6）进行虚假纳税申报。

4. 排放量和噪声的分贝数，确定方法和计算顺序

（1）纳税人安装使用符合国家规定和监测规范的污染物自动监测设备的，按照污染物自动监测数据计算。

（2）纳税人未安装使用污染物自动监测设备的，按照监测机构出具的符合国家有关规定和监测规范的监测数据计算。

(3) 因排放污染物种类多等原因不具备监测条件的,按照国务院环境保护主管部门规定的排污系数、物料衡算方法计算。

(4) 不能按照上述第(1)项至第(3)项规定的方法计算的,按照省、自治区、直辖市人民政府环境保护主管部门规定的抽样测算的方法核定计算。

【知识点4】应纳税额计算

1. 应税大气污染物

$$应纳税额 = 污染当量数 \times 适用税额$$

应税大气污染物的污染当量数 = 该污染物的排放量 ÷ 该污染物的污染当量值

应税大气污染物的每一排放口或者没有排放口,按照污染当量数从大到小排序,对前三项污染物征收环境保护税。

2. 应税水污染物

$$应纳税额 = 污染当量数 \times 适用税额$$

应税水污染物的污染当量数 = 该污染物的排放量 ÷ 该污染物的污染当量

应税水污染物按照污染当量数从大到小排序:第一类水污染物,按前五项征收;其他类水污染物,按前三项征收。

3. 应税固体废物

$$应纳税额 = 固体废物排放量 \times 适用税额 = (当期固体废物的产生量 - 当期固体废物的综合利用量 - 当期固体废物的贮存量 - 当期固体废物的处置量) \times 适用税额$$

4. 应税噪声

$$应纳税额 = 超过国家规定标准的分贝数所对应的具体适用税额$$

【知识点5】申报与纳税

1. 纳税义务发生时间

排放应税污染物的当日。

2. 纳税地点

(1) 应税大气污染物、水污染物:排放口所在地;

(2) 应税固体废物、应税噪声:废物、噪声产生地。

3. 纳税期限

按月计算、按季申报缴纳。不能按固定期限计算缴纳的,可以按次申报缴纳。自季度终了之日起15日内,向税务机关办理纳税申报并缴纳税款。不能按固定期限计算缴纳的,可以按次申报缴纳,纳税义务发生之日起15日内,向税务机关办理纳税申报并缴纳税款。

十一 车船税

【知识点1】纳税人和征税范围

1. 纳税人

在中华人民共和国境内，属于《中华人民共和国车船税法》所附《车船税税目税额表》规定的车辆、船舶（以下简称车船）的所有人或者管理人为车船税的纳税人。

2. 征税范围

（1）依法应当在车船管理部门登记的机动车辆和船舶；

（2）依法不需要在车船管理部门登记、在单位内部场所行驶或者作业的机动车辆和船舶。

【知识点2】税额

车船的适用税额依照《车船税税目税额表》执行。车辆的具体适用税额由省自治区、直辖市人民政府依照《车船税税目税额表》规定的税额幅度和国务院的规定确定。船舶的具体适用税额由国务院在《车船税税目税额表》规定的税额幅度内确定。

【知识点3】应纳税额的计算

1. 购置的新车船，购置当年的应纳税额自纳税义务发生的当月起按月计算。

$$应纳税额 = 年应纳税额 \div 12 \times 应纳税月份数$$

2. 在一个纳税年度内，已完税的车船被盗抢、报废、灭失的，纳税人可以凭有关管理机关出具的证明和完税证明，向纳税所在地的主管税务机关申请退还自被盗抢、报废、灭失月份起至该纳税年度终了期间的税款。

3. 已办理退税的被盗抢车船失而复得的，纳税人应当从公安机关出具相关证明的当月起计算缴纳车船税。

4. 关于车船因质量问题发生退货时的退税已经缴纳车船税的车船，因质量原因，车船被退回生产企业或者经销商的，纳税人可以向纳税所在地的主管税务机关申请退还自退货月份起至该纳税年度终了期间的税款。退货月份以退货发票所载日期的当月为准。

5. 整备质量、净吨位、艇身长度等计税单位，有尾数的一律按照含尾数的计税单位据实计算车船税应纳税额。计算得出的应纳税额小数点后超过两位的可四舍五入保留两位小数。

6. 已缴纳车船税的车船在同一纳税年度内办理转让过户的，不另纳税，也不退税。

【知识点 4】保险机构代收代缴

1. 从事机动车第三者责任强制险业务的保险机构有代缴义务,包括欠缴税款的滞纳金。

2. 在代收车船税时,应当在机动车交通事故责任强制保险的保险单以及保费发票上注明已收税款的信息,作为代收税款凭证。

3. 保险机构作为扣缴义务人已代收代缴车船税的,纳税人不再向车辆登记地的主管税务机关申报缴纳车船税。

4. 保险机构代收代缴车船税纳税申报期限为次月起 15 日内。

【知识点 5】申报与纳税

1. 纳税期限

车船税按年申报,分月计算,一次性缴纳,申报纳税期限由省、自治区、直辖市人民政府规定。

(1) 对于在国内购买的机动车,购买日期以《机动车销售统一发票》所载日期为准;对于进口机动车,购买日期以《海关关税专用缴款书》所载日期为准。

(2) 对于购买的船舶,以购买船舶的发票或者其他证明文件所载日期的当月为准。

2. 纳税地点

车船的登记地或者车船税扣缴义务人所在地。依法不需要办理登记的车船,车船税的纳税地点为车船的所有人或者管理人所在地。

3. 纳税环节

纳税义务发生时间为取得车船所有权或者管理权的当月,即为购买车船的发票或者其他证明文件所载日期的当月。

>> 第六节
社会保险费及非税收入申报

一 社会保险费申报

【知识点 1】单位社会保险费申报

1. 社会保险费单位缴费人,应当依照法律、行政法规规定的申报期限、申报内容,申报缴纳社会保险费（省、自治区、直辖市对社会保险费征收机关另有规定的，按其规定执行）。

2. 办理材料根据不同情形进行区分：

（1）自主申报缴纳社会保险费的单位缴费人需提供《社会保险费缴费申报表（适用于单位缴费人）》2份。如为采取社会保险费明细管理地区的单位缴费人，需提供《社会保险费缴费明细申报表（适用职工个人）》2份；如为法院判决或者劳动仲裁机构裁决中需要申报缴纳社会保险费的单位缴费人，需提供法院文书、劳动仲裁书的原件及复印件，查验原件。

（2）自主申报缴纳工程项目工伤保险费的单位缴费人需提供《社会保险费缴费申报表（适用工程项目工伤保险）》2份。

（3）依据社保经办机构核定应缴费额缴纳社会保险费的单位缴费人需提供《社会保险费核定通知单》2份。

3. 单位缴费人一般按月申报缴纳社会保险费。

4. 单位缴费人申报缴纳社会保险费主要有两种方式：一是缴费人自行向税务机关申报缴纳；二是缴费人依据社保经办机构核定的应缴费额向税务机关缴纳，具体申报缴纳方式以当地政策为准。

5. 依据社保经办机构核定数据缴纳社会保险费的单位缴费人，在税务机关信息系统可以接收到社保经办机构核定的应征数据情况下，无须提供《社会保险费核定通知单》及其他资料。

6. 职工个人应当缴纳的社会保险费，由所在单位从其本人工资中代扣代缴。

7. 建筑施工企业应依法参加工伤保险。其相对固定的职工，应按用人单位参加工伤保险。不能按用人单位参加工伤保险的职工，特别是短期雇佣的农民工，应按项目优先参加工伤保险，一般应由施工项目总承包单位或项目标段合同承建单位按照劳动雇佣关系一次性代缴本项目工伤保险费，覆盖项目使用的所有职工，包括专业承包单位、劳务分包单位使用的农民工。

8. 自2019年5月1日起，降低城镇职工基本养老保险（包括企业和机关事业单位基本养老保险）单位缴费比例，比例高于16%的，可降至16%；实施失业保险总费率1%的省（自治区、直辖市），延长阶段性降低失业保险费率的期限至2024年12月31日；满足条件的统筹地区工伤保险可在现行费率的基础上下调20%或50%，期限至2025年12月31日。

9. 各省（自治区、直辖市）应以本省（自治区、直辖市）城镇非私营单位就业人员平均工资和城镇私营单位就业人员平均工资加权计算的全口径城镇单位就业人员的平均工资，核定社保个人缴费基数上下限。

10. 缴费人通过税务机关信息系统完成申报缴费的，可以申请开具社会保险费缴费证明。税务机关出具的缴费证明，不体现社保部门的退费结果信息。

【知识点2】灵活就业人员社会保险费申报

1. 无雇工的个体工商户、未在用人单位参加社会保险的非全日制从业人员以及其他灵活就业人员参加社会保险的，应当依照法律、行政法规规定确定的申报期限、申报内容、申报缴纳社会保险费（省、自治区、直辖市对社会保险费征收机关另有规定的，按其规定执行）。

2. 办理材料根据不同情形进行区分：

（1）自主申报缴纳社会保险费的灵活就业人员需提供《社会保险费缴费申报表（适用灵活就业人员）》2份。

（2）依据社保经办机构核定应缴费额缴纳社会保险费的灵活就业人员需提供《社会保险费核定通知单》2份。

3. 依据社保经办机构核定数据缴纳社会保险费的灵活就业人员，当税务机关信息系统可以接收到社保经办机构核定的应征数据时，免于资料报送。缴费人可签订社会保险费银税三方（委托）划缴协议，到期自动划扣应缴费款，无须再行申报。

4. 各省（自治区、直辖市）应以本省（自治区、直辖市）城镇非私营单位就业人员平均工资和城镇私营单位就业人员平均工资加权计算的全口径城镇单位就业人员的平均工资，核定社保个人缴费基数上下限。

5. 灵活就业人员参加企业职工基本养老保险，可以在本省（自治区、直辖市）全口径城镇单位就业人员平均工资的60%~300%选择适当的缴费基数。基本养老保险缴费比例不超过20%，基本医疗保险缴费比例由各统筹区确定。

6. 缴费人通过税务机关信息系统完成申报缴费的，可以申请开具社会保险费缴费证明。税务机关出具的缴费证明，不体现社保部门的退费结果信息。

【知识点3】城乡居民社会保险费申报

1. 参加城乡居民基本社会保险的缴费人，以及代办单位集中代收城乡居民社会保险费的代办人员，应当依照法律、行政法规规定确定的申报期限、申报内容，申报缴纳城乡居民社会保险费（省、自治区、直辖市对社会保险费征收机关另有规定的，按其规定执行）。

城乡居民社会保险费申报分城乡居民基本养老保险费申报和城乡居民基本医疗保险费申报。

2. 办理材料根据不同情形进行区分：

（1）自行向税务机关申报的城乡居民需报送《社会保险费缴费申报表（适用城乡居民个人）》2份。

（2）依据社保经办机构核定应缴费额缴纳社会保险费的城乡居民需报送《社会保险费核定通知单》2份。

（3）集中代收城乡居民社会保险费的学校、村居民委员会等代办人员需报送《社会保险费缴费申报表（适用城乡居民虚拟户汇总申报）》2份，《社会保险费缴费申报表（适用城乡居民虚拟户明细申报）》2份。

3. 年满16周岁（不含在校学生），非国家机关和事业单位工作人员及不属于职工基本养老保险制度覆盖范围的城乡居民，可以在户籍地参加城乡居民养老保险。

4. 城乡居民参保人员在省（自治区、直辖市）人民政府设定的城乡居民养老保险缴费标准中自主选择档次缴费。缴费人城乡养老缴费档次发生变化的，需提前进行缴费档次变更。

5. 除职工基本医疗保险应参保人员以外的其他所有城乡居民均可参加城乡居民医疗保险。农民工和灵活就业人员依法参加职工基本医疗保险，有困难的可按照当地规定参加城乡居民医疗保险。

6. 城乡居民基本养老保险和基本医疗保险均为自愿参保缴费（以各地实际征收政策为准），主要通过集中代收的模式进行征缴，可选择以个人直接缴费模式进行缴费。

7. 依据社保经办机构核定数据缴纳社会保险费的缴费人，当税务机关信息系统可以接收到社保经办机构核定的应征数据时，免于资料报送。缴费人可签订社会保险费银税三方（委托）划缴协议，到期自动划扣应缴费款，无须再行申报。

8. 代办人员通过到社保经办部门核准数据，并将应征费款信息传递到税务机关信息系统的，免于资料报送。

9. 缴费人通过税务机关信息系统完成申报缴费的，可以申请开具社会保险费缴费证明。税务机关出具的缴费证明，不体现社保部门的退费结果信息。

二 非税收入申报

【知识点1】文化事业建设费申报

1. 在中华人民共和国境内提供广告服务的广告媒介单位和户外广告经营单位，以及提供娱乐服务的单位和个人，应依照法律、行政法规规定确定的申报期限、申报内容，申报缴纳文化事业建设费。

中华人民共和国境外的缴纳义务人，在境内未设有经营机构的，以服务接受方为扣缴义务人。文化事业建设费的扣缴义务人依照法律、行政法规规定确定的申报期限、申报内容，就应税项目向税务机关申报入库其代扣代缴的文化事业建设费。

2. 缴纳义务人按照提供广告服务或娱乐服务取得的计费销售额缴纳文化事业建设费，文化事业建设费的费率为3%，计算公式为：

应缴费额＝计费销售额×3%

【知识点2】残疾人就业保障金申报

1. 未按规定比例安排残疾人就业的机关、团体、企业、事业单位和民办非企业等用人单位，应依照法律、行政法规规定确定的申报期限、申报内容，向税务机关申报缴纳残疾人就业保障金（省、自治区、直辖市对残疾人就业保障金征收机关另有规定的，按其规定执行）。

2. 报送资料为《残疾人就业保障金缴费申报表》2份。

3. 如果税务机关信息系统可以按期接收残疾人就业服务机构提供的缴费人关于残疾人就业保障金应征数据，且缴费人依据该数据直接缴纳的，免于提供《残疾人就业保障金缴费申报表》。

4. 缴费人自行申报残疾人就业保障金时，应提供本单位在职职工人数、实际安排残疾人就业人数、在职职工年平均工资等信息。

5. 自2018年4月1日起，残疾人就业保障金征收标准上限，由当地社会平均工资的3倍降低至2倍。

6. 自2020年1月1日起，在职职工总数30人（含）以下的企业，暂免征收残疾人就业保障金。

7. 缴费人自行申报享受减免优惠，无须额外提交资料。

【知识点3】非税收入通用申报

1. 非税收入通用申报即非税收入缴费人依据法律、行政法规规定确定的申报期限、申报内容，申报缴纳政府划转非税收入项目。

2. 报送资料为《非税收入通用申报表》2份。

3. 适用《非税收入通用申报表》的首批专员办划转非税收入项目包括：国家重大水利工程建设基金、农网还贷资金、可再生能源发展基金、中央水库移民扶持基金（含大中型水库移民后期扶持基金、三峡水库库区基金、跨省际大中型水库库区基金）、三峡电站水资源费、核电站乏燃料处理处置基金、免税商品特许经营费、核事故应急准备专项收入、国家留成油收入等中央级设立的非税收入项目。

4. 适用《非税收入通用申报表》的省级划转非税收入项目主要包括：户外广告招标及拍卖收入、小客车总量调控增量指标竞价收入、市政公共资源有偿使用收入、市场公共资源有偿使用收入等省级设立的非税收入项目。

5. 适用《非税收入通用申报表》的其他非税收入项目主要包括：地方政府及有关部门负责征收的国家重大水利工程建设基金、向企事业单位和个体经营者征收的水利建设基金、水土保持补偿费、地方水库移民扶持基金、排污权出让收入、防空地下室易地建设费、自然资源部门负责征收的土地闲置费、住房和城乡建设等部门负责征收的按行政事业性收费管理的城镇垃圾处理费、国有土地使用权出让收入、矿产资源专项收入、海域使用金、无居民海岛使用金。

6. 缴费人采用自行申报方式办理非税收入申报缴纳等有关事项。相关电网企业按照现行规定进行非税收入代征，并向税务部门申报缴纳。

7. 三峡电站水资源费的中央分成和湖北省分成部分，由缴费人向湖北省税务部门申报缴纳；重庆市分成部分，由缴费人向重庆市税务部门申报缴纳。

8. 自2017年7月1日起，大中型水库移民后期扶持基金的征收标准降低25%。

9. 自2017年7月1日起，国家重大水利工程建设基金征收标准降低25%；自2018年7月1日起，再降低25%。即，调整后的征收标准＝按照《财政部 国家发展改革委 水利部关于印发〈国家重大水利工程建设基金征收使用管理暂行办法〉的通知》（财综〔2009〕90号）规定的征收标准×（1－25%）×（1－25%）；自2019年7月1日起，按照《财政部关于调整部分政府性基金有关政策的通知》（财税〔2019〕46号）规定执行国家重大水利工程建设基金降低50%的征收标准。

10. 缴费人自行申报享受减免优惠，无须额外提交资料。

>> 第七节
出口退（免）税申报

出口退（免）税申报

【知识点1】出口退（免）税凭证无相关电子信息申报

1. 出口退（免）税凭证无相关电子信息申报事项是指出口企业或其他单位在出口退（免）税申报期限截止之日前，需申报的退（免）税凭证仍没有对应管理部门的电子信息或凭证的内容与电子信息比对不符而无法完成申报的，应在出口退（免）税申报期限截止之日前，向主管税务机关申请办理出口退（免）税凭证无相关电子信息申报。

2. 未按规定在退（免）税申报期截止之日前向主管税务机关申请办理出口退（免）税凭证无相关电子信息申报的，出口企业在退（免）税申报期限截止之日后不得进行退（免）税申报，应按规定进行免税申报或纳税申报。

【知识点2】出口货物劳务免抵退税申报

1. 出口货物劳务免抵退税申报事项包括：出口货物免抵退税申报、视同出口货物免抵退税申报、对外加工修理修配劳务免抵退税申报。

实行免抵退税办法的出口企业出口货物劳务后,应在货物报关出口之日次月起至次年4月30日前的各增值税纳税申报期内收齐有关凭证,向主管税务机关申请办理免抵退税申报业务。

出口货物劳务的出口日期,按以下原则确定:属于向海关报关出口的货物劳务,以出口货物报关单信息上注明的出口日期为准;属于非报关出口销售的货物以出口发票或普通发票的开具时间为准;属于保税区内出口企业或其他单位出口的货物以及经保税区出口的货物,以货物离境时海关出具的出境货物备案清单上注明的出口日期为准。

纳税人出口货物劳务适用免抵退税办法的,可以在同一申报期内,既申报免抵退税又申请办理留抵退税。当期可申报免抵退税的出口销售额为零的,应办理免抵退税零申报。纳税人既申报免抵退税又申请办理留抵退税的,税务机关应先办理免抵退税。

2. 出口货物免抵退税申报。出口货物免抵退税申报是指生产企业以自营出口或委托出口方式销售给境外单位或个人的货物,在海关报关并实际离境后于规定申报期限内向主管税务机关提交免抵退税申报。

出口货物免抵退税申报业务中的出口货物除指生产企业常规性出口货物外,还包括视同自产货物、先退税后核销出口货物、经保税区仓储企业出口货物、适用启运港退税政策出口货物、边境贸易人民币结算出口货物。

3. 视同出口货物免抵退税申报。视同出口货物免抵退税申报的货物范围包括:销售到特殊区域货物、进入列名出口监管仓库的国内货物、对外承包工程的出口货物、境外投资的出口货物、中标机电产品、海洋工程结构物产品、销售给国际航班的航空食品、销售到特殊区域的列明原材料等。

4. 对外提供加工修理修配劳务免抵退税申报。对外提供加工修理修配劳务免抵退税申报是指出口企业对进境复出口货物或从事国际运输的运输工具进行的加工修理修配业务在规定申报期限内向主管税务机关提交免抵退税申报。对外提供加工修理修配劳务业务类型包括:修理修配船舶、飞机,其他进境复出口货物以及航线维护(航次维修)。

【知识点3】增值税零税率应税服务免抵退税申报

1. 增值税零税率应税服务免抵退税申报事项是指实行免抵退税办法的出口企业向境外单位提供增值税零税率应税服务后,向主管税务机关申请办理免抵退税申报业务。

2. 适用免抵退税办法的出口企业提供增值税零税率跨境应税服务的,收齐有关凭证后,应在财务作销售收入次月起至次年4月30日前的各增值税纳税申报期内向主管税务机关申报退(免)税。

3. 纳税人发生跨境应税行为,适用免抵退税办法的,可以在同一申报期内,既申报免抵退税又申请办理留抵退税。当期可申报免抵退税的出口销售额为零的，应办理免抵退税零申报。纳税人既申报免抵退税又申请办理留抵退税的，税务机关应先办理免抵退税。

【知识点4】出口货物劳务免退税申报

1. 出口货物劳务免退税申报事项包括出口货物免退税申报、视同出口货物免退税申报、对外加工修理修配劳务免退税申报。

实行免退税办法的出口企业出口货物劳务后，应在货物报关出口之日次月起至次年4月30日前的各增值税纳税申报期内收齐有关凭证，向主管税务机关办理出口货物增值税、消费税免退税申报。

出口货物劳务的出口日期，按以下原则确定：属于向海关报关出口的货物劳务，以出口货物报关单信息上注明的出口日期为准；属于非报关出口销售的货物以出口发票或普通发票的开具时间为准；属于保税区内出口企业或其他单位出口的货物以及经保税区出口的货物，以货物离境时海关出具的出境货物备案清单上注明的出口日期为准。

2. 出口货物免退税申报。出口货物免退税申报核准是指外贸企业以自营出口或委托出口方式销售给境外单位或个人的货物，在海关报关并实际离境后于规定申报期限内向主管税务机关提交免退税申报，税务机关按规定办理核准手续。

出口货物免退税申报核准业务中的出口货物除出口企业常规性出口货物外，还包括经保税区仓储企业出口货物、适用启运港退税政策出口货物、边境贸易人民币结算出口货物、跨境贸易人民币结算出口货物。

3. 视同出口货物免退税申报。视同出口货物免退税申报核准的货物范围包括：对外承包工程出口货物、销售给外轮、远洋国轮货物、境外实物投资出口货物、对外援助出口货物、中标机电产品、销售给特殊区域货物、进入列名出口监管仓库的国内货物、免税品经营企业运入海关监管仓库货物、上海虹桥、浦东机场海关隔离区内免税店销售货物、融资租赁货物、销售横琴、平潭企业的货物、境外带料加工装配业务的出口货物等。

4. 对外提供加工修理修配劳务免退税申报。对外提供加工修理修配劳务免退税申报是指出口企业对进境复出口货物或从事国际运输的运输工具进行的加工修理修配业务在规定申报期限内向主管税务机关提交免退税申报。对外提供加工修理修配劳务业务类型包括：修理修配船舶、其他进境复出口货物以及航线维护（航次维修）。

【知识点5】增值税零税率应税服务免退税申报

1. 增值税零税率应税服务免退税申报事项是指实行免退税办法的出口企业外购零税率应税服务、无形资产出口或向境外单位提供增值税零税率应税服务后，向主管税务机关申请办理免退税申报业务。

2. 适用免退税办法的出口企业外购零税率应税服务、无形资产出口或提供增值税零税率跨境应税服务的，收齐有关凭证后，应在财务作销售收入次月起至次年 4 月 30 日前的各增值税纳税申报期内向主管税务机关申报退（免）税。

【知识点 6】外贸综合服务企业代办退税申报

1. 外贸综合服务企业代办退税申报事项是指外贸综合服务企业符合商务部等部门规定的综服企业定义并向主管税务机关备案，且企业内部已建立较为完善的代办退税内部风险管控制度并已向主管税务机关备案的，可向外贸综合服务企业所在地主管税务机关集中代为办理国内生产企业出口退（免）税事项。

2. 外贸综合服务企业出口货物劳务后，应在货物报关出口之日次月起至次年 4 月 30 日前的各增值税纳税申报期内收齐有关凭证，向主管税务机关申请办理代办退税申报。外贸综合服务企业应参照外贸企业出口退税申报相关规定，向主管税务机关单独申报代办退税。

【知识点 7】出口已使用过的设备免退税申报

1. 出口已使用过的设备免退税申报事项是指出口企业对出口的未计算抵扣进项税额的已使用过设备，向主管税务机关申请办理增值税免退税申报业务。

2. 已使用过的设备是指出口企业根据财务会计制度已经计提折旧的固定资产。已使用过的设备包括：出口企业出口的在 2008 年 12 月 31 日以前购进的设备、2009 年 1 月 1 日以后购进但按照有关规定不得抵扣进项税额的设备、非增值税纳税人购进的设备，以及营改增试点地区的出口企业出口在本企业试点以前购进的设备。

3. 出口企业和其他单位应在已使用过的设备报关出口之日次月起至次年 4 月 30 日前的各增值税纳税申报期内，向主管税务机关单独申报退税。

【知识点 8】购进自用货物免退税申报

1. 购进自用货物免退税申报事项包括输入特殊区域内生产企业耗用的水、电、气免退税申报和研发机构采购国产设备免退税申报。

2. 享受购进自用货物免退税政策的出口企业，应在购进自用货物增值税专用发票的开具之日次月起至次年 4 月 30 日前的各增值税纳税申报期内向主管税务机关申请办理购进自用货物免退税的申报。

【知识点 9】退税代理机构离境退税结算

1. 退税代理机构离境退税结算事项指境外旅客购物离境退税资金由退税代理机构向

境外旅客垫付后，应于每月 15 日前，向主管税务机关申报上月境外旅客离境退税结算。

2. 退税代理机构首次向主管税务机关申报境外旅客离境退税结算时，应首先提交《出口退（免）税备案表》和与省税务局签订的服务协议进行备案。

【知识点 10】生产企业进料加工业务免抵退税核销

1. 生产企业进料加工业务免抵退税核销事项是指生产企业应在本年度 4 月 20 日前，向主管税务机关申请办理上年度海关已核销的进料加工手（账）册项下的进料加工业务核销手续。

2. 生产企业申请核销前，应从主管税务机关获取海关联网监管加工贸易电子数据中的进料加工"电子账册（电子化手册）核销数据"以及进料加工业务的进、出口货物报关单数据作为申请核销的参考。

3. 生产企业在办理年度进料加工业务核销后，如认为《生产企业进料加工业务免抵退税核销表》中的"上年度已核销手（账）册综合实际分配率"与企业当年度实际情况差别较大的，可在向主管税务机关提供当年度预计的进料加工计划分配率及书面合理理由后，将预计的进料加工计划分配率作为该年度的计划分配率。

【知识点 11】出口退（免）税延期申报

出口退（免）税延期申报事项是指出口货物劳务、发生增值税跨境应税行为的出口企业，因发生符合相关规定的原因无法在规定期限内申报的，在出口退（免）税申报期限截止之日前向负责管理出口退（免）税的主管税务机关提出延期申报申请。

>> 第八节 申报相关服务

一 财务会计报告报送

【知识点】财务会计报告报送

1. 实行不同会计准则或制度的纳税人，依照执行的企业会计准则或制度，事先向税务机关备案，并分中期财务报表和年度财务报表，定期向税务机关报送财务报告。

2. 纳税人无论有无应税收入、所得和其他应税项目，或者在减免税期间，均必须依照《中华人民共和国税收征收管理法》第二十五条的规定，按其所适用的会计制度编制财务报表，并按规定的时限向主管税务机关报送；其所适用的会计制度规定需要编报相关附表以及会计报表附注、财务情况说明书、审计报告的由纳税人留存备查，税务机关有其他规定的除外。

3. 纳税人财务会计报表报送期间原则上按季度和年度报送。

4. 纳税人经批准延期办理纳税申报的，其财务会计报表报送期限可以顺延。

二 对纳税人延期申报的核准

【知识点】对纳税人延期申报的核准

1. 纳税人、扣缴义务人按照规定的期限办理纳税申报或者报送代扣代缴、代收代缴税款报告表确有困难，需要延期的，应当在规定的期限内向税务机关提出书面延期申请，经税务机关核准，在核准的期限内办理。

2. 纳税人、扣缴义务人因不可抗力，不能按期办理纳税申报或者报送代扣代缴、代收代缴税款报告表的，可以延期办理；但是，应当在不可抗力情形消除后立即向税务机关报告。税务机关应当查明事实，予以核准。

3. 纳税人、扣缴义务人经核准延期办理前款规定的申报、报送事项的，应当在纳税期内按照上期实际缴纳的税额或者税务机关核定的税额预缴税款，并在核准的延期内办理税款结算。

4. 预缴税额大于实际应纳税额的，税务机关结算退税但不向纳税人计退利息，预缴税额小于应纳税额的，在结算补税时不加收滞纳金。

5. 纳税人、扣缴义务人经核准延期办理纳税申报的，其随本期申报的财务会计报表报送期限可以顺延。

6. 办理时间：本事项办结时限为10个工作日，税务机关应当自受理之日起10个工作日内办结。10个工作日内不能办结的，经本税务机关负责人批准，可以延长5个工作日，并应当将延长期限的理由告知申请人。

三 对纳税人延期缴纳税款的核准

【知识点】对纳税人延期缴纳税款的核准

1. 纳税人因有特殊困难，不能按期缴纳税款的，经省、自治区、直辖市、计划单列市税务局批准，可以延期缴纳税款，但是最长不得超过3个月。纳税人有下列情形之一的，属于特殊困难：

（1）因不可抗力，导致纳税人发生较大损失，正常生产经营活动受到较大影响的；

（2）当期货币资金在扣除应付职工工资、社会保险费后，不足以缴纳税款的。

不可抗力，是指人们无法预见、无法避免、无法克服的自然灾害，如水灾、火灾、风灾、地震等。因不可抗力，导致纳税人发生较大损失，正常生产经营活动受到较大影响的，纳税人应在申请延期缴纳税款报告中对不可抗力情况进行说明并承诺："以上情况属实，特此承诺。"

2. 纳税人需要延期缴纳税款的，应当在缴纳税款期限届满前提出申请。税务机关作出不予批准决定的，从缴纳税款期限届满之日起加收滞纳金。

3. 办理时间：本事项法定办结时限为 20 日，税务机关应当自受理之日起 20 日内办结。20 日的最后一日是法定休假日的，以休假日期满的次日为期限的最后一日；在期限内有连续 3 日以上法定休假日的，按休假日天数顺延。

有条件的税务机关在 10 个工作日内办结。

四 对纳税人变更纳税定额的核准

【知识点】对纳税人变更纳税定额的核准

1. 纳税人对税务机关核定的应纳税额有异议的，应当提供相关证据，经税务机关认定后，调整应纳税额。

2. 纳税人变更纳税定额核准包括个体工商户对定期定额有异议发起变更定额调整。

3. 办理时间：本事项办结时限为 15 个工作日（含公示时间），税务机关应当自受理之日起 15 个工作日内办结。15 个工作日内不能办结的，经本税务机关负责人批准，可以延长 5 个工作日，并应当将延长期限的理由告知纳税人。

五 误收多缴退抵税

【知识点】误收多缴退抵税

1. 纳税人自结算缴纳税款之日起 3 年内发现多缴税款的，可以向税务机关要求退还多缴的税款并加算银行同期存款利息。税务机关发现纳税人超过应纳税额多缴的税款，应该依照税收法律法规及相关规定办理退还手续。

2. 以下业务也属于误收多缴退抵税范围：

（1）营改增试点纳税人提供应税服务在本地区试点实施之日前已缴纳营业税，本地区试点实施之日（含）后因发生退款减除营业额的，应当向主管税务机关申请退还已缴纳的营业税。

（2）对于"税务处理决定书多缴税费""行政复议决定书多缴税费""法院判决书多缴税费"等类多缴税款办理退税。

3. 多缴税费证明资料包括：减免税审批文书、纳税申报表、税务稽查结论、税务处理决定书、纳税评估文书、税务行政复议决定书、生效的法院判决文书、增值税红字发票、税务机关认可的其他记载应退税款内容的资料。

4. 退税利息按照税务机关办理退税手续当天中国人民银行规定的活期存款利率计算。

5. 除出口退税以外，纳税人既有应退税款又有欠缴税款的，税务机关可以将纳税人的应退税款和利息先抵扣欠缴的税款；抵扣后有余额的，纳税人可以申请办理应退余额的退库。

6. 多贴印花税票的，不得申请退税或者抵用。

7. 办理时间：税务机关发现的，10个工作日内办结；纳税人自行发现的，30个工作日内办结。

六 入库减免退抵税

【知识点】入库减免退抵税

1. 纳税人符合政策规定可以享受减免的税款，如已经缴纳入库，可以申请退（抵）已缴纳的税款。

2. 以下情形也属于入库减免退抵税：

（1）增值税小规模纳税人月销售额不超过10万元（按季纳税30万元）的，当期因代开增值税专用发票已经缴纳的税款，在增值税专用发票全部联次追回或者按规定开具红字增值税专用发票后，可以向主管税务机关申请退还；

（2）增值税即征即退，按税法规定缴纳的税款，由税务机关征收入库后，再由税务机关按规定的程序给予部分或全部退还已纳税款；

（3）非居民纳税人可享受但未享受协定待遇，可以申请退还多缴税款的情况；

（4）其他减免税政策发布时间滞后于执行时间已入库税款的退税，也属于减免退税；

（5）营改增试点纳税人提供应税服务在本地区试点实施之日前已缴纳营业税，本地区试点实施之日后（含）因享受减免税政策，而退还试点前发生业务的营业税，向主管税务机关申请退还已缴纳的营业税。

3. 增值税一般纳税人按规定享受增值税即征即退政策的货物、劳务和服务、不动产、无形资产的，在申报时须将此部分填写在《增值税及附加税费申报表（一般纳税人适用）》及其附列资料一的"即征即退项目"栏次中。

4. 除出口退税以外，纳税人既有应退税款又有欠缴税款的，税务机关可以将纳税人的应退税款和利息先抵扣欠缴的税款；抵扣后有余额的，纳税人可以申请办理应退余额的退库。

5. 办理时间：税务机关发现的，10个工作日内办结；纳税人自行发现的，30个工作日内办结。其中，增值税即征即退退抵税，15个工作日内办结。

七 汇算清缴结算多缴退抵税

【知识点】汇算清缴结算多缴退抵税

1. 实行分期预缴、按期汇算结算的纳税人，在清算过程中形成的多缴税款，可以向税务机关申请办理退抵税费。

2. 以下业务也属于汇算清缴结算多缴退抵税：

（1）营改增试点纳税人提供应税服务，按照国家有关营业税政策规定差额征收营业税的，因取得的全部价款和价外费用不足以抵减允许扣除项目金额，截至本地区试点实施之日尚未扣除的部分，不得在计算试点纳税人本地区试点实施之日后的销售额时予以抵减，应当向主管税务机关申请退还营业税。

（2）土地增值税清算原因导致多缴企业所得税的退税。

（3）对房产税、城镇土地使用税税源信息修改，以及增值税、消费税申报税款小于预缴税款，导致发生多缴税款。

（4）纳税人在批准临时占用耕地的期限内恢复所占耕地原状的，全额退还已缴纳的耕地占用税。

3. 对已缴纳契税的购房单位和个人，在未办理房屋权属变更登记前退房的，退还已纳契税；在办理房屋权属变更登记后退房的，不予退还已纳契税。

4. 独立核算的发、供电企业结算缴纳增值税多缴不退，结转下期抵扣或抵减下期应纳税额。

5. 除出口退税以外，纳税人既有应退税款又有欠缴税款的，税务机关可以将纳税人的应退税款和利息先抵扣欠缴的税款；抵扣后有余额的，纳税人可以申请办理应退余额的退库。

6. 办理时间：税务机关发现的，10 个工作日内办结；纳税人自行发现的，30 个工作日内办结。

八 增值税期末留抵税额退税

【知识点】增值税期末留抵税额退税

1. 符合条件的增值税一般纳税人，由于特定事项产生的留抵税额，按照一定的计算公式予以计算退还，主要包括：

（1）符合条件的集成电路重大项目增值税留抵税额退税。

（2）对外购用于生产乙烯、芳烃类化工产品的石脑油、燃料油价格中消费税部分对应的增值税额退税。

（3）符合条件的大型客机和新支线飞机增值税留抵税额退税。

（4）自2018年7月27日起，对实行增值税期末留抵退税的纳税人，允许其从城市维护建设税、教育费附加和地方教育附加的计税（征）依据中扣除退还的增值税税额。

（5）自2019年4月1日起，符合以下条件的纳税人，可以向主管税务机关申请退还增量留抵税额：自2019年4月税款所属期起，连续6个月（按季纳税的，连续2个季度）增量留抵税额均大于零，且第6个月增量留抵税额不低于50万元；纳税信用等级为A级或者B级；申请退税前36个月未发生骗取留抵退税、出口退税或虚开增值税专用发票情形的；申请退税前36个月未因偷税被税务机关处罚两次及以上的；自2019年4月1日起未享受即征即退、先征后返（退）政策的。

（6）符合条件的制造业等行业企业（含个体工商户）按月全额退还增值税增量留抵税额，并一次性退还制造业等行业企业存量留抵税额。制造业等行业企业，是指从事《国民经济行业分类》中"制造业""科学研究和技术服务业""电力、热力、燃气及水生产和供应业""软件和信息技术服务业""生态保护和环境治理业"和"交通运输、仓储和邮政业"业务相应发生的增值税销售额占全部增值税销售额的比重超过50%的纳税人。

2. 符合条件的集成电路重大项目增值税留抵税额退税，对外购用于生产乙烯、芳烃类化工产品的石脑油、燃料油价格中消费税部分对应的增值税额退税，纳税人应于每月申报期结束后10个工作日内向主管税务机关申请退税。其他符合条件的纳税人申请办理留抵退税，应于符合留抵退税条件的次月起，在增值税纳税申报期内，完成本期增值税纳税申报后，提出申请。

3. 纳税人收到退税款项的当月，应将退税额从增值税进项税额中转出。

4. 对国家批准的集成电路重大项目企业，购进使用期限超过12个月的机器、机械、运输工具以及其他与生产经营有关的设备、工具、器具等，因购进该设备形成的增值税期末留抵税额予以退还。

5. 纳税人既有增值税欠税，又有期末留抵税额的，按最近一期《增值税及附加税费申报表（一般纳税人适用）》期末留抵税额，抵减增值税欠税后的余额确定允许退还的增量留抵税额。

6. 办理时间：符合条件的集成电路重大项目增值税留抵税额退税和对外购用于生产乙烯、芳烃类化工产品的石脑油、燃料油价格中消费税部分对应的增值税额退税事项，15个工作日内办结；其他增值税期末留抵税额退税事项，10个工作日内办结。

九 石脑油、燃料油消费税退税

【知识点】石脑油、燃料油消费税退税

1. 在我国境内使用石脑油、燃料油生产乙烯、芳烃类化工产品的企业，包括将自产石脑油、燃料油用于连续生产乙烯、芳烃类化工产品的企业，将外购的含税石脑油、燃料油用于生产乙烯、芳烃类化工产品的企业，且生产的乙烯、芳烃类化工产品产量占本企业用石脑油、燃料油生产全部产品总量的50%以上（含）的，可按实际耗用量计算退还所含已缴纳的消费税。

2. 使用企业申请退税的国内采购的含税石脑油、燃料油，应取得符合规定的成品油增值税专用发票，发票应注明石脑油、燃料油及数量。未取得或发票未注明石脑油、燃料油及数量的，不予退税。

3. 使用企业发生下列行为之一的，主管税务机关应暂停或取消使用企业的退（免）税资格：

（1）注销税务登记的，取消退（免）税资格。

（2）主管税务机关实地核查结果与使用企业申报的备案资料不一致的，暂停或取消退（免）资格。

（3）使用企业不再以石脑油、燃料油生产乙烯、芳烃类化工产品或不再生产乙烯、芳烃类化工产品的，经申请取消退（免）税资格。

（4）经税务机关检查发现存在骗取国家退税款的，取消退（免）税资格。

（5）办理备案变更登记备案事项，经主管税务机关通知在30日内仍未改正的，暂停退（免）税资格。

（6）未按月向主管税务机关报送《石脑油、燃料油生产、外购、耗用、库存月度统计表》和《乙烯、芳烃生产装置投入产出流量计统计表》《使用企业外购石脑油、燃料油凭证明细表》的，暂停退（免）税资格。

（7）不接受税务机关的产品抽检，不能提供税务机关要求的检测报告的，暂停退（免）税资格。

4. 除出口退税以外，纳税人既有应退税款又有欠缴税款的，税务机关可以将纳税人的应退税款和利息先抵扣欠缴的税款；抵扣后有余额的，纳税人可以申请办理应退余额的退库。

5. 办理时间：20个工作日内办结。

十　车辆购置税退税

【知识点】车辆购置税退税

1. 已缴纳车辆购置税的车辆，发生车辆退回生产企业或者经销商的，符合免税条件但已征税的设有固定装置的非运输车辆，以及其他依据法律法规规定应予退税情形的，纳税人向税务机关申请退还已缴纳的车辆购置税。

2. 已征车辆购置税的车辆退回车辆生产或销售企业，纳税人申请退还车辆购置税的，应退税额计算公式如下：

$$应退税额 = 已纳税额 \times (1 - 使用年限 \times 10\%)$$

应退税额不得为负数。

使用年限的计算方法是，自纳税人缴纳税款之日起，至申请退税之日止。未满1年的，按已缴纳税款全额退税。

其他退税情形，纳税人申请退税时，主管税务机关依据有关规定计算退税额。

3. 办理时间：10个工作日内办结。

十一　车船税退（抵）税

【知识点】车船税退（抵）税

1. 已经缴纳车船税的车船，因质量原因被退回生产企业或者经销商的，纳税人可以向税务机关申请退还自退货月份起至该纳税年度终了期间的税款。

在一个纳税年度内，已完税的车船被盗抢、报废、灭失的，纳税人可以凭有关管理机关出具的证明和完税证明，向纳税所在地的主管税务机关申请退还自被盗抢、报废、灭失月份起至该纳税年度终了期间的税款。

纳税人在购买"交强险"时，已由扣缴义务人代收代缴车船税，车辆登记地主管税务机关再次征收的，纳税人可向税务机关申请退还已经缴纳的车船税。

2. 对已由扣缴义务人代收代缴车船税，车辆登记地主管税务机关再次征收的，由再次征收的税务机关办税服务厅（场所）受理。

3. 除出口退税以外，纳税人既有应退税款又有欠缴税款的，税务机关可以将纳税人的应退税款和利息先抵扣欠缴的税款；抵扣后有余额的，纳税人可以申请办理应退余额的退库。

4. 已办理退税的被盗抢车船失而复得的，纳税人应当从公安机关出具相关证明的当月起计算缴纳车船税。

5. 车船税退（抵）税的办理时间：20个工作日内办结。

十二、申报错误更正

【知识点】申报错误更正

1. 纳税人、缴费人、扣缴义务人办理纳税申报后，发现申报表存在错误，完成修改更正或作废。申报错误更正时（除个人所得税）只能全量更正或者申报作废，不允许差额更正或补充申报。

2. 作废申报表只能在对应申报当期的申报期限之内，且未开具完税凭证或划缴税款的情况下进行，否则不能作废申报表，只能对已申报的申报表进行更正处理。

3. 个人所得税允许增量更正和部分更正：

（1）如纳税人已完成年度申报，不允许更正预缴申报。

（2）年度综合所得申报中有上年度的结转时，如更正上年度的综合所得年度申报，应提醒纳税人一并更正本年年度综合所得申报。

（3）同一扣缴义务人连续性综合所得已有下期预缴申报的，可采用部分、增量更正方式进行更正，更正时需采集扣缴义务人更正申报的原因等信息。如年中更正预缴的，也需连带更正后期的预缴申报，并作相应更正的提示信息。对未进行后期更正的，不允许进行正常预缴申报，对更正涉及的纳税人，在更正完成后通知相应的纳税人更正的情况。

（4）限售股已进行清算时，不能更正该人的限售股的扣缴申报。

4. 社会保险费申报错误需要更正时，在满足条件的情况下，可以通过作废原申报表，重新申报。针对企业申报后的是否已开票或入库的不同情况，能否作废的规定如下：

（1）当月已申报未开票未入库的，可以作废申报；

（2）当月已申报已开票未入库的，应当作废已开票信息，再进行作废申报；

（3）当月已申报已开票已入库的，不可以作废申报，可以补充申报。

5. 申报错误更正后，如涉及补缴税款，应按规定加收滞纳金。

第五章
优惠办理

>> 知识架构

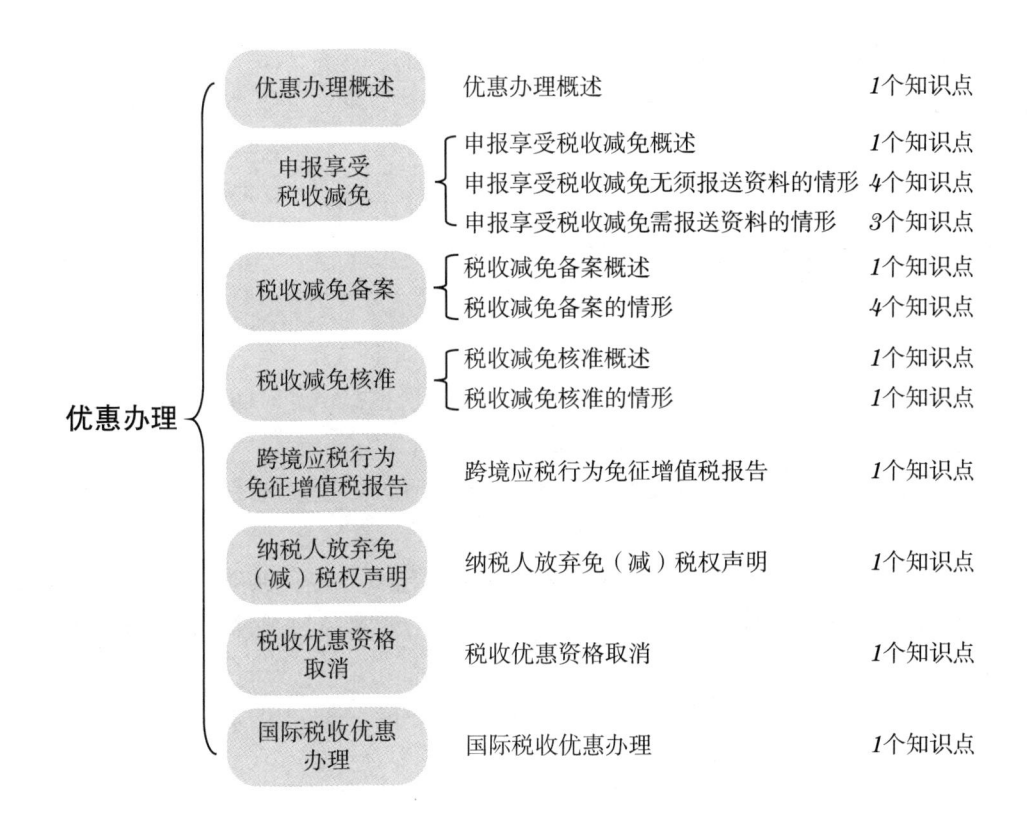

优惠办理概述	优惠办理概述	1个知识点
申报享受税收减免	申报享受税收减免概述	1个知识点
	申报享受税收减免无须报送资料的情形	4个知识点
	申报享受税收减免需报送资料的情形	3个知识点
税收减免备案	税收减免备案概述	1个知识点
	税收减免备案的情形	4个知识点
税收减免核准	税收减免核准概述	1个知识点
	税收减免核准的情形	1个知识点
跨境应税行为免征增值税报告	跨境应税行为免征增值税报告	1个知识点
纳税人放弃免（减）税权声明	纳税人放弃免（减）税权声明	1个知识点
税收优惠资格取消	税收优惠资格取消	1个知识点
国际税收优惠办理	国际税收优惠办理	1个知识点

>> 第一节 优惠办理概述

优惠办理概述

【知识点】优惠办理概述

优惠办理，是指税务机关和税务人员在为符合条件的纳税人办理部分减少或全部免除纳税义务的过程中提供的涉税服务。减免税享受形式分为申报享受税收减免、税收减免备案、税收减免核准3种。其中，申报享受税收减免的优惠办理分为需在申报享受时随申报表报送附列资料和无须报送附列资料两种情形。享受税收优惠的纳税人，按规定到税务机关办理减税、免税，税务机关按规定办理并及时录入信息管理系统。

第二节 申报享受税收减免

一、申报享受税收减免概述

【知识点】申报享受税收减免概述

1. 符合申报享受税收减免条件的纳税人，在首次申报享受时随申报表报送附列资料，或直接在申报表中填列减免税信息无须报送资料。

2. 符合税收优惠条件的纳税人，在减税、免税期间，应按规定办理纳税申报，填写申报表及其附表上的优惠栏目。

3. 享受减税、免税优惠的纳税人，减税、免税期满，应当自期满次日起恢复纳税；不再符合减税、免税条件的，应当依法履行纳税义务；未依法纳税的，税务机关应当予以追缴。

4. 纳税人兼营免税、减税项目的，应当分别核算免税、减税项目的销售额；未分别核算销售额的，不得免税、减税。

二、申报享受税收减免无须报送资料的情形

【知识点1】增值税申报享受税收减免无须报送资料的情形

1. 自2023年1月1日至2027年12月31日，增值税小规模纳税人发生增值税应税销售行为，合计月销售额未超过10万元（以1个季度为1个纳税期的，季度销售额未超过30万元）的，免征增值税。单位和个体工商户适用增值税减征、免征政策的，在增值税纳税申报时按规定填写申报表相应减免税栏次即可享受，相关政策规定的证明材料留存备查。

2. 自2023年1月1日至2027年12月31日，增值税小规模纳税人适用3%征收率的应税销售收入，减按1%征收率征收增值税；适用3%预征率的预缴增值税项目，减按1%预征率预缴增值税。纳税人在增值税申报时按规定填写申报表即可享受优惠。

【知识点2】企业所得税申报享受税收减免无须报送资料的情形

1. 自2023年1月1日至2027年12月31日，对小型微利企业年应纳税所得额不超过100万元的部分，减按25%计入应纳税所得额，按20%的税率缴纳企业所得税。自2022年1月1日至2027年12月31日，对小型微利企业年应纳税所得额超过100万元但不超过300万元的部分，减按25%计入应纳税所得额，按20%的税率缴纳企业所得税。

2. 除烟草制造业、住宿和餐饮业、批发和零售业、房地产业、租赁和商务服务业、娱乐业等以外，企业开展研发活动中实际发生的研发费用，未形成无形资产计入当期损益的，在按规定据实扣除的基础上，自2023年1月1日起，再按照实际发生额的100%在税前加计扣除；形成无形资产的，自2023年1月1日起，按照无形资产成本的200%在税前摊销。

3. 集成电路企业和工业母机企业开展研发活动中实际发生的研发费用，未形成无形资产计入当期损益的，在按规定据实扣除的基础上，自2023年1月1日至2027年12月31日，再按照实际发生额的120%在税前扣除；形成无形资产的，在上述期间按照无形资产成本的220%在税前摊销。

【知识点3】个人所得税申报享受税收减免无须报送资料的情形

自2023年1月1日至2027年12月31日，对个体工商户经营所得年应纳税所得额不超过200万元的部分，在现行优惠政策基础上，再减半征收个人所得税。个体工商户不区分征收方式，均可享受。个体工商户需将按上述方法计算得出的减免税额填入对应经营所得纳税申报表"减免税额"栏次，并附报《个人所得税减免税事项报告表》。对于通过电子税务局申报的个体工商户，税务机关将提供该优惠政策减免税额和报告表的预填服务。实行简易申报的定期定额个体工商户，税务机关按照减免后的税额进行税款划缴。

【知识点4】"六税两费"申报享受税收减免无须报送资料的情形

由省、自治区、直辖市人民政府根据本地区实际情况，以及宏观调控需要确定，对增值税小规模纳税人、小型微利企业和个体工商户可以在50%的税额幅度内减征资源税、城市维护建设税、房产税、城镇土地使用税、印花税（不含证券交易印花税）、耕地占用税和教育费附加、地方教育附加。纳税人自行申报享受减免优惠，不需额外提交资料。

三 申报享受税收减免需报送资料的情形

【知识点 1】车辆购置税申报享受税收减免需报送资料的情形

1. 中国妇女发展基金会"母亲健康快车"项目的流动医疗车免征车辆购置税，纳税人在向主管税务机关申报纳税时，提交《母亲健康快车专用车证》原件及复印件（原件查验后退回），车辆内、外观彩色 5 寸照片。

2. 回国服务的在外留学人员用现汇购买 1 辆个人自用国产小汽车免征车辆购置税，纳税人在向主管税务机关申报纳税时，提交海关核发的《中华人民共和国海关回国人员购买国产汽车准购单》原件及复印件（原件查验后退回）。

【知识点 2】契税优惠申报享受税收减免需报送资料的情形

1. 已购公有住房经补缴土地出让价款成为完全产权住房的免征契税。纳税人在向主管税务机关申报纳税时，提交：①补缴土地出让价款相关材料原件及复印件（原件查验后退回）；②公有住房相关材料原件及复印件（原件查验后退回）。

2. 对各类公有制单位为解决职工住房而采取集资建房方式建成的普通住房或由单位购买的普通商品住房，经当地县以上人民政府房改部门批准、按照国家房改政策出售给本单位职工的，如属职工首次购买住房，比照公有住房，免征契税。纳税人在向主管税务机关申报纳税时，提交购买公有住房或集资建房相关材料原件及复印件（原件查验后退回）。

3. 婚姻关系存续期间夫妻之间变更土地、房屋权属，免征契税。纳税人在向主管税务机关申报纳税时，提交：①财产分割协议，房产权属证明，土地、房屋权属变更、过户文书复印件；②户口本或结婚证原件及复印件（原件查验后退回）。

4. 经国务院批准实施债权转股权的企业，对债权转股权后新设立的公司承受原企业的土地、房屋权属，免征契税。纳税人在向主管税务机关申报纳税时，提交：①国务院批准实施债权转股权相关文件原件及复印件（原件查验后退回）；②改制前后的投资情况的相关材料原件及复印件。

【知识点 3】增值税、消费税优惠申报享受税收减免需报送资料的情形

自 2023 年 1 月 1 日至 2025 年 12 月 31 日，对国家综合性消防救援队伍进口国内不能生产或性能不能满足需求的消防救援装备，免征关税和进口环节增值税、消费税。国家消防救援局对国家综合性消防救援队伍各级队伍进口列入《消防救援装备进口免税目录》的装备出具《国家综合性消防救援队伍进口消防救援装备确认表》。国家综合性消防救援队伍各级队伍凭《国家综合性消防救援队伍进口消防救援装备确认表》，按相关规定向海关申请办理消防救援装备进口免税手续。

第三节 税收减免备案

一、税收减免备案概述

【知识点】税收减免备案概述

1. 符合备案类税收减免的纳税人，如需享受相应税收减免，应在首次享受减免税的申报阶段或在申报征期后的其他规定期限内提交相关资料向主管税务机关申请办理税收减免备案。纳税人在符合减免税条件期间，备案材料一次性报备，在政策存续期可一直享受，当减免税情形发生变化时，应当及时向税务机关报告。

2. 享受减税、免税优惠的纳税人，减税、免税期满，应当自期满次日起恢复纳税；不再符合减税、免税条件的，应当依法履行纳税义务；未依法纳税的，税务机关应当予以追缴。

3. 纳税人实际经营情况不符合减免税规定条件的或者采用欺骗手段获取减免税的、享受减免税条件发生变化未及时向税务机关报告的，以及未按照相关规定履行相关程序自行减免税的，税务机关依照《中华人民共和国税收征收管理法》有关规定予以处理。

4. 纳税人兼营免税、减税项目的，应当分别核算免税、减税项目的销售额；未分别核算销售额的，不得免税、减税。

二、税收减免备案的情形

【知识点1】增值税税收减免备案（举例说明）

1. 对安置残疾人的单位和个体工商户，实行由税务机关按纳税人安置残疾人的人数，限额即征即退增值税的办法。

（1）安置的每位残疾人每月可退还的增值税具体限额，由县级以上税务机关根据纳税人所在的区县（含县级市、旗，下同）适用的经省（含自治区、直辖市、计划单列市，下同）人民政府批准的月最低工资标准的4倍确定。

（2）享受税收优惠政策的条件：

①纳税人（除盲人按摩机构外）月安置的残疾人占在职职工人数的比例不低于

25%（含25%），并且安置的残疾人人数不少于10人（含10人）；盲人按摩机构月安置的残疾人占在职职工人数的比例不低于25%（含25%），并且安置的残疾人人数不少于5人（含5人）。

②依法与安置的每位残疾人签订了一年以上（含一年）的劳动合同或服务协议。

③为安置的每位残疾人按月足额缴纳了基本养老保险、基本医疗保险、失业保险、工伤保险和生育保险等社会保险。

④通过银行等金融机构向安置的每位残疾人，按月支付了不低于纳税人所在区县适用的经省人民政府批准的月最低工资标准的工资。

（3）应报送资料：

①《税务资格备案表》2份；

②安置精神残疾人的，提供精神残疾人同意就业的书面声明以及其法定监护人签字或印章的证明精神残疾人具有劳动条件和劳动意愿的书面材料；

③《中华人民共和国残疾人证》或《中华人民共和国残疾军人证（1至8级）》复印件，注明与原件一致，并逐页加盖公章；

④安置的残疾人的身份证件复印件；

⑤当期由银行等金融机构或纳税人加盖公章的按月为残疾人支付工资的清单。

2. 对纳税人销售自产的新型墙体材料，实行增值税即征即退50%的政策。纳税人销售自产的新型墙体材料，其申请享受《财政部 国家税务总局新型墙体材料增值税政策的通知》（财税〔2015〕73号）规定的增值税优惠政策时，应同时符合下列条件：①销售自产的新型墙体材料，不属于国家发展和改革委员会《产业结构调整指导目录》中的禁止类、限制类项目。②销售自产的新型墙体材料，不属于《环境保护综合名录》中的"高污染、高环境风险"产品或者重污染工艺。③纳税信用等级不属于税务机关评定的C级或D级。应报送资料：①《税务资格备案表》2份；②国家发展和改革委员会《产业结构调整指导目录》中的非禁止类、非限制类项目的声明材料；③《环境保护综合名录》中的非"高污染、高环境风险"产品或者非重污染工艺的声明材料。

3. 自2015年7月1日起，对纳税人销售自产的利用风力生产的电力产品，实行增值税即征即退50%的政策。应报送《税务资格备案表》。

4. 增值税一般纳税人销售其自行开发生产的软件产品，按适用税率征收增值税后，对其增值税实际税负超过3%的部分实行即征即退政策；增值税一般纳税人将进口软件产品进行本地化改造后对外销售，其销售的软件产品可享受增值税即征即退政策。应报送资料：

①《税务资格备案表》2份；

②取得软件产业主管部门颁发的《软件产品登记证书》或著作权行政管理部门颁发的《计算机软件著作权登记证书》。

【知识点2】企业所得税税收减免备案

1. 对境外投资者从中国境内居民企业分配的利润，用于境内直接投资所有非禁止外商投资的项目和领域的，实行递延纳税政策，暂不征收预提所得税。

2. 境外投资者暂不征收预提所得税须同时满足以下条件：

（1）境外投资者以分得利润进行的直接投资，包括境外投资者以分得利润进行的增资、新建、股权收购等权益性投资行为，但不包括新增、转增、收购上市公司股份（符合条件的战略投资除外）。具体是指：

①新增或转增中国境内居民企业实收资本或者资本公积；

②在中国境内投资新建居民企业；

③从非关联方收购中国境内居民企业股权；

④财政部、税务总局规定的其他方式。

境外投资者采取上述投资行为所投资的企业统称为被投资企业。

（2）境外投资者分得的利润属于中国境内居民企业向投资者实际分配已经实现的留存收益而形成的股息、红利等权益性投资收益。

（3）境外投资者用于直接投资的利润以现金形式支付的，相关款项从利润分配企业的账户直接转入被投资企业或股权转让方账户，在直接投资前不得在境内外其他账户周转；境外投资者用于直接投资的利润以实物、有价证券等非现金形式支付的，相关资产所有权直接从利润分配企业转入被投资企业或股权转让方，在直接投资前不得由其他企业、个人代为持有或临时持有。

3. 应报送资料：

（1）《非居民企业递延缴纳预提所得税信息报告表》2份；

（2）《中华人民共和国扣缴企业所得税报告表》；

（3）相关合同；

（4）支付凭证；

（5）与鼓励类投资项目活动相关的资料；

（6）委托材料。

【知识点3】个人所得税税收减免备案

1. 残疾、孤老人员和烈属的所得可以减征个人所得税，具体幅度和期限，由省、自治区、直辖市人民政府规定，并报同级人民代表大会常务委员会备案，应报送资料：

（1）《纳税人减免税备案登记表》2份；

（2）个人身份证件原件及复印件（原件查验后退回）；

（3）残疾、孤老、烈属的资格相关材料原件及复印件（原件查验后退回）。

2. 有限合伙制创业投资企业（以下简称合伙创投企业）采取股权投资方式直接投资于初创科技型企业满2年的，该合伙创投企业的个人合伙人可以按照对初创科技型企业投资额的70%抵扣个人合伙人从合伙创投企业分得的经营所得；当年不足抵扣的，可以在以后纳税年度结转抵扣。应报送资料：

（1）《纳税人减免税备案登记表》2份；

（2）《合伙创投企业个人所得税投资抵扣备案表》。

3. 天使投资个人采取股权投资方式直接投资于初创科技型企业满2年的，可以按照投资额的70%抵扣转让该初创科技型企业股权取得的应纳税所得额；当期不足抵扣的，可以在以后取得转让该初创科技型企业股权的应纳税所得额时结转抵扣。应报送资料：

（1）《纳税人减免税备案登记表》2份；

（2）《天使投资个人所得税投资抵扣备案表》；

（3）天使投资个人身份证件原件（查验后退回）。

【知识点4】土地增值税税收减免备案（举例说明）

1. 企事业单位、社会团体以及其他组织转让旧房作为改造安置住房房源且增值额未超过扣除项目金额20%的，免征土地增值税。应报送资料：

（1）《纳税人减免税备案登记表》2份；

（2）不动产权属资料复印件；

（3）房地产转让合同（协议）复印件；

（4）扣除项目金额相关材料（如评估报告、发票等）。

2. 按照《中华人民共和国公司法》的规定，非公司制企业整体改制为有限责任公司或者股份有限公司，有限责任公司（股份有限公司）整体改制为股份有限公司（有限责任公司），对改制前的企业将国有土地使用权、地上的建筑物及其附着物（以下称房地产）转移、变更到改制后的企业，暂不征土地增值税。单位、个人在改制重组时以房地产作价入股进行投资，对其将房地产转移、变更到被投资的企业，暂不征土地增值税。应报送资料：

（1）《纳税人减免税备案登记表》2份；

（2）不动产权属资料复印件；

（3）投资、联营双方的营业执照复印件；

（4）投资、联营合同（协议）复印件。

第四节 税收减免核准

一、税收减免核准概述

【知识点】税收减免核准概述

1. 符合核准类税收减免的纳税人，应当提交核准材料，提出申请，经依法具有批准权限的税务机关按规定核准确认后方可享受。未按规定申请或虽申请但未经有批准权限的税务机关核准确认的，纳税人不得享受。

2. 纳税人在减免税书面核准决定未下达之前应按规定进行纳税申报。纳税人在减免税书面核准决定下达之后，所享受的减免税应当进行申报。

3. 纳税人享减免税的情形发生变化时，应当及时向税务机关报告，税务机关对纳税人的减免税资质进行重新审核。

4. 纳税人实际经营情况不符合减免税规定条件的或者采用欺骗手段获取减免税的、享受减免税条件发生变化未及时向税务机关报告的，以及未按照规定履行相关程序自行减免税的，税务机关依照《中华人民共和国税收征收管理法》有关规定予以处理。

二、税收减免核准的情形

【知识点】税收减免核准事项（举例说明）

1. 纳税人纳税确有困难的，可由省、自治区、直辖市人民政府确定，定期减征或者免征房产税。应报送资料：

（1）《纳税人减免税申请核准表》；

（2）减免税申请报告；

（3）房屋产权证书或其他证明纳税人实际使用房产的材料原件及复印件（原件查验后退回）；

（4）证明纳税人困难的相关材料。

2. 纳税人建造普通标准住宅出售，增值额未超过扣除项目金额 20% 的，免征土地增值税。应报送资料：

(1)《纳税人减免税申请核准表》1 份；
(2) 减免税申请报告；
(3) 开发立项及不动产权属资料复印件；
(4) 土地增值税清算报告；
(5) 相关的收入、成本、费用等相关材料。

第五节 跨境应税行为免征增值税报告

跨境应税行为免征增值税报告

【知识点】跨境应税行为免征增值税报告

1. 纳税人发生向境外单位销售服务或无形资产等跨境应税行为符合免征增值税条件的，应在首次享受免税的纳税申报期内，到主管税务机关办理跨境应税行为免税备案手续。

2. 纳税人向国内海关特殊监管区域内的单位或者个人销售服务、无形资产，不属于跨境应税行为，应照章征收增值税。

3. 纳税人向境外单位销售服务或无形资产，按规定免征增值税的，该项销售服务或无形资产的全部收入应从境外取得，否则，不予免征增值税。

4. 纳税人发生跨境应税行为免征增值税的，应单独核算跨境应税行为的销售额，准确计算不得抵扣的进项税额，其免税收入不得开具增值税专用发票。

5. 纳税人原签订的跨境销售服务或无形资产合同发生变更，或者跨境销售服务或无形资产的有关情况发生变化，变化后仍属于规定的免税范围的，纳税人应向主管税务机关重新办理跨境应税行为免税备案手续。

6. 纳税人发生跨境应税行为享受免税的，应当按规定进行纳税申报。纳税人享受免税到期或实际经营情况不再符合规定的免税条件的，应当停止享受免税，并按照规定申报纳税。

7. 纳税人发生实际经营情况不符合规定的免税条件、采用欺骗手段获取免税或者享受减免税条件发生变化未及时向税务机关报告，以及未按照规定履行相关程序自行减免税的，税务机关依照《中华人民共和国税收征收管理法》有关规定予以处理。

8. 纳税人发生符合规定的免税跨境应税行为,未办理免税备案手续但已进行免税申报的,按照规定补办备案手续;未进行免税申报的,按照规定办理跨境服务备案手续后,可以申请退还已缴税款或者抵减以后的应纳税额;已开具增值税专用发票的,应将全部联次追回后方可办理跨境应税行为免税备案手续。

9. 纳税人发生的与香港、澳门、台湾有关的应税行为,参照上述规定执行。

>> 第六节
纳税人放弃免（减）税权声明

纳税人放弃免（减）税权声明

【知识点】纳税人放弃免（减）税权声明

1. 纳税人销售货物、应税劳务或者发生应税行为适用免税、减税规定的,可以放弃免税、减税,报主管税务机关备案。

适用增值税免税政策的出口货物劳务,出口企业或其他单位如果放弃免税,实行按内销货物征税的,应向主管税务机关提出书面报告。

2. 纳税人放弃减税、免税的,自提交备案资料的次月起,按照现行有关规定计算缴纳增值税,36个月内不得再申请免税、减税。

3. 纳税人一经放弃免税权,其生产销售的全部增值税应税行为均应按照适用税率征税,不得选择某一免税项目放弃免税权,也不得根据不同的销售对象选择部分应税行为放弃免税权。

4. 纳税人在免税期内购进用于免税项目的应税行为所取得的增值税扣税凭证,一律不得抵扣。

5. 纳税人销售自己使用过的固定资产,适用简易办法依照3%征收率减按2%征收增值税政策的,可以放弃减税,按照简易办法依照3%征收率缴纳增值税,并可以开具增值税专用发票。

6. 适用增值税免税政策的出口货物劳务,出口企业或其他单位可以依照现行增值税有关规定放弃免税,出口企业或其他单位如果放弃免税,实行按内销货物征税的,应向主管税务机关提出书面报告,报送《出口货物劳务放弃免税权声明表》,办理备案手续。自备案次月起执行征税政策,36个月内不得变更。

第七节 税收优惠资格取消

税收优惠资格取消

【知识点】税收优惠资格取消

享受减税、免税优惠的纳税人，减税、免税条件发生变化的，应当自发生变化之日起 15 日内向税务机关报告；不再符合减税、免税条件的，应当依法履行纳税义务。办理减免税的纳税人，享受减免税的情形发生变化时，应当及时向税务机关报告，报送《税收优惠资格取消申请表》。

第八节 国际税收优惠办理

国际税收优惠办理

【知识点】国际税收优惠办理

1. 非居民纳税人享受协定待遇，采取"自行判断、申报享受、相关资料留存备查"的方式办理。非居民纳税人自行判断符合享受协定待遇条件的，可在纳税申报时，或通过扣缴义务人在扣缴申报时，自行享受协定待遇，同时按规定归集和留存相关资料备查，并接受税务机关后续管理。

2. 上述所称"协定"包括税收协定和国际运输协定。国际运输协定包括中华人民共和国政府签署的航空协定、海运协定、道路运输协定、汽车运输协定、互免国际运输收入税收协议或换函以及其他关于国际运输的协定。上述所称"协定待遇"，是指按照协定可以减轻或者免除按照国内税收法律规定应当履行的企业所得税、个人所得税纳税义务。上述所称"扣缴义务人"，是指按国内税收法律规定，对非居民纳税人来源于中国境内的所得负有扣缴税款义务的单位或个人，包括法定扣缴义务人和企业所得税法规定的指定扣缴义务人。

3. 非居民纳税人需要享受内地与香港、澳门特别行政区签署的避免双重征税安排待遇的，按照上述规定执行。

第六章 证明办理

第六章 证明办理

>> 知识架构

证明办理	证明办理概述	证明办理概述	1个知识点
	开具税收完税证明	完税证明开具概述	1个知识点
		完税证明开具相关要求	1个知识点
	开具个人所得税纳税记录	个人所得税纳税记录开具概述	1个知识点
		个人所得税纳税记录开具相关要求	1个知识点
	社会保险费缴费证明开具	社会保险费缴费证明开具概述	1个知识点
		社会保险费缴费证明开具相关要求	1个知识点
	转开税收完税证明	转开税收完税证明概述	1个知识点
		转开税收完税证明相关要求	1个知识点
	转开税收缴款书（出口货物劳务专用）	转开税收缴款书（出口货物劳务专用）概述	1个知识点
		转开税收缴款书（出口货物劳务专用）相关要求	1个知识点
	出口退（免）税证明办理	出口退（免）税证明办理	6个知识点
	国际税收证明开具	中国税收居民身份开具概述	1个知识点
		中国税收居民身份开具相关要求	1个知识点

第一节 证明办理概述

证明办理概述

【知识点】证明办理概述

税收证明办理,是指税务机关依法为纳税人出具对其资产、行为、收入征(免)税情况的要式证明,供纳税人提交第三方使用。

第二节 开具税收完税证明

一 完税证明开具概述

【知识点】符合申请开具税收完税证明的情形

税收完税证明是税务机关为证明纳税人已经缴纳税款或者已经退还纳税人税款而开具的凭证。纳税人符合条件的,可以向税务机关申请开具税收完税证明。

纳税人符合下列情形之一的,可以申请开具税收完税证明:

(1) 通过横向联网电子缴税系统划缴税款到国库(经收处)后或收到从国库退还的税款后,当场或事后需要取得税收票证的。

(2) 扣缴义务人代扣、代收税款后,已经向纳税人开具税法规定或国家税务总局认可的记载完税情况的其他凭证,纳税人需要换开正式完税凭证的。

(3) 纳税人遗失已完税的各种税收票证(《出口货物完税分割单》、印花税票和《印花税票销售凭证》除外),需要重新开具的。

(4) 对纳税人特定期间完税情况出具证明的。

(5) 国家税务总局规定的其他需要为纳税人开具完税凭证情形。

税收完税证明分为表格式和文书式两种。第（1）项、第（2）项、第（3）项以及第（5）项开具的税收完税证明为表格式；第（4）项规定开具的税收完税证明为文书式，文书式税收完税证明不得作为纳税人的记账或抵扣凭证。

第（2）项所称扣缴义务人已经向纳税人开具的税法规定或国家税务总局认可的记载完税情况的其他凭证，是指记载车船税完税情况的交强险保单、记载储蓄存款利息所得税完税情况的利息清单等税法或国家税务总局认可的能够作为已完税情况证明的凭证。

第（4）项所称"对纳税人特定期间完税情况出具证明"，是指税务机关为纳税人连续期间的纳税情况汇总开具完税证明的情形。

二 完税证明开具相关要求

【知识点】完税证明开具相关要求

1. 个人所得税纳税人就税款所属期为 2019 年 1 月 1 日（含）以后缴（退）税情况申请开具证明的，税务机关为其开具个人所得税《纳税记录》，不再开具税收完税证明（文书式）。

2. 纳税人遗失《出口货物完税分割单》，不能重新开具。

3. 扣缴义务人未按规定为纳税人开具税收票证的，税务机关核实税款缴纳情况后，应当为纳税人开具税收完税证明（表格式）。

4. 纳税人提供加盖开具单位的相关业务章戳并已注明扣收税款信息的"成交过户交割凭单"或"过户登记确认书"，可以向证券交易场所和证券登记结算机构所在地的主管税务机关申请出具《税收完税证明》。

>> 第三节
开具个人所得税纳税记录

一 个人所得税纳税记录开具概述

【知识点】符合申请开具个人所得税纳税记录的情形

纳税人 2019 年 1 月 1 日以后取得个人所得税应税所得并由扣缴义务人向税务机关

办理了全员全额扣缴申报，或根据税法规定自行向税务机关办理纳税申报的，不论是否实际缴纳税款，均可以申请开具个人所得税《纳税记录》。

二 个人所得税纳税记录开具相关要求

【知识点】个人所得税纳税记录开具相关要求

1. 个人所得税税款所属期为 2019 年 1 月 1 日（含）以后的，税务机关开具个人所得税《纳税记录》；税款所属期为 2018 年 12 月 31 日（含）以前的，税务机关开具个人所得税《税收完税证明》（文书式）。

2. 个人所得税《纳税记录》涉及纳税人敏感信息，纳税人需妥善保存。

3. 纳税人对个人所得税《纳税记录》存在异议的，可以向该项记录中列明的税务机关申请核实。

4. 税务机关提供两种个人所得税《纳税记录》验证服务：一是通过手机 App 扫描个人所得税《纳税记录》中的二维码进行验证；二是通过自然人税收管理系统输入个人所得税《纳税记录》中的验证码进行验证。

5. 个人所得税《纳税记录》因不同打印设备造成的色差，不影响使用效力。

6. 个人所得税《纳税记录》不作纳税人记账、抵扣凭证。

>> 第四节 社会保险费缴费证明开具

一 社会保险费缴费证明开具概述

【知识点】社会保险费缴费证明开具的情形

对于缴费人需要开具缴费证明并向税务机关提出申请的，经税务机关核实后，开具其相应期间实际缴纳社会保险费的缴费证明（不体现社保部门退费结果信息）。对同一期间的缴费情况，缴费人可多次申请开具缴费证明。

二 社会保险费缴费证明开具相关要求

【知识点】社会保险费缴费证明开具相关要求

缴费证明所指的社会保险费是指缴费人已申报且缴纳的社会保险费。证明分险种

（可选择分险种分品目）、分时段开具，缴费证明应含有缴费单位信息。

需要申请开具社会保险费缴费证明的纳税人或缴费人，应向主管税务机关提出申请，出示有效身份证件，领取并填写《开具社会保险费缴费证明申请表》，提交相关资料，申请开具社会保险费缴费证明。

>> 第五节
转开税收完税证明

一 转开税收完税证明概述

【知识点】转开税收完税证明的情形

通过横向联网电子缴税系统完成税（费）款的缴纳或者退还后，纳税人、扣缴义务人、代征代售人、缴费人需要纸质税收票证的，税务机关应当开具。

税收完税证明是税务机关为证明纳税人、扣缴义务人、代征代售人、缴费人已经缴纳税（费）款或者已经退还税人、扣缴义务人、代征代售人、缴费人税（费）款而开具的纸质税收票证。

纳税人、扣缴义务人、代征代售人、缴费人通过横向联网电子缴税系统划缴税（费）款到国库（经收处）后或收到从国库退还的税（费）款后，当场或事后需要取得税收票证的，开具的税收完税证明为表格式。

二 转开税收完税证明相关要求

【知识点】转开税收完税证明相关要求

对于转开《税收完税证明》（表格式），证明内容不允许手工录入，需要从税收征管系统的缴款或退库记录中自动调取已成功办理业务的电子税票信息。同一笔原始凭证只能转开一次《税收完税证明》（表格式）。

第六节 转开税收缴款书（出口货物劳务专用）

一、转开税收缴款书（出口货物劳务专用）概述

【知识点】转开税收缴款书（出口货物劳务专用）的情形

通过横向联网电子缴税系统完成税款的缴纳或者退还后，纳税人需要纸质税收票证的，税务机关应当开具。

二、转开税收缴款书（出口货物劳务专用）相关要求

【知识点】转开税收缴款书（出口货物劳务专用）相关要求

对于仍须将《税收缴款书（出口货物劳务专用）》第二联（收据乙）转交购货企业的纳税人，税务机关必须在纳税人通过横向联网电子缴税系统缴税后，及时给纳税人开具《中华人民共和国税收缴款书（出口货物劳务专用）》。

第七节 出口退（免）税证明办理

出口退（免）税证明办理

【知识点1】出口退（免）税证明开具

1. 出口退（免）税证明开具事项包括：代理出口货物证明开具、代理进口货物证明开具、委托出口货物证明开具、出口货物退运已补税（未退税）证明开具、出口货物转内销证明开具及中标证明通知书开具。

2. 代理出口货物证明开具。受托方代理委托方企业出口业务后，需在自货物报关出口之日起至次年4月15日前向其主管税务机关申请开具《代理出口货物证明》，并

及时转交给委托方。逾期的,受托方不得申报开具《代理出口货物证明》。代理出口业务如发生在受托方被停止出口退税权期间的,按规定不予出具证明。

3. 代理进口货物证明开具。以双委托方式(生产企业进口料件、出口成品均委托出口企业办理)从事的进料加工业务,委托进口加工贸易料件,受托进口企业及时向其主管税务机关申请开具《代理进口货物证明》,并及时转交给委托方,委托方据此向其主管税务机关申请办理退(免)税相关业务。

4. 委托出口货物证明开具。委托出口货物属于国家取消出口退税的,委托方应自货物报关出口之日起至次年3月15日前,凭委托代理出口协议(复印件)向主管税务机关申请开具《委托出口货物证明》,对于委托出口货物不属于国家取消出口退税的,税务机关不予办理。

5. 出口货物退运已补税(未退税)证明开具。出口货物报关离境、发生退运且海关已签发出口货物报关单(出口退税专用)的,出口企业应先向主管税务机关申请开具《出口货物退运已补税(未退税)证明》,并携其到海关申请办理退运手续。委托出口的货物发生退运的,应由委托方向主管税务机关申请开具《出口货物退运已补税(未退税)证明》转交受托方,受托方凭该证明向主管税务机关申请开具《出口货物退运已补税(未退税)证明》。

6. 出口货物转内销证明开具。外贸企业发生原记入出口库存账的出口货物转内销或视同内销征税的,以及已申报退(免)税的出口货物发生退运并转内销的,外贸企业应于发生内销或视同内销的当月向主管税务机关申请开具《出口货物转内销证明》,并在取得出口货物转内销证明的下一个增值税纳税申报期内作为进项税额的抵扣凭证使用。

原执行免退税办法的企业,在批准变更次月的增值税纳税申报期内可将原计入出口库存账的且未申报免退税的出口货物向主管税务机关申请开具《出口转内销证明》。

7. 中标证明通知书开具。利用外国政府贷款或国际金融组织贷款建设的项目,招标机构需在中标企业签订的供货合同生效后,向其所在地主管税务机关申请办理《中标证明通知书》。《中标证明通知书》是中标企业主管税务机关对中标企业销售中标机电产品申请退(免)税业务的审核内容之一。不属于规定范围的贷款机构和中标机电产品,不予办理。

【知识点2】来料加工免税证明及核销办理

1. 来料加工免税证明及核销办理事项是指从事来料加工业务的出口企业针对其来料加工出口货物,向主管税务机关申请办理来料加工免税证明及核销业务。

2. 出口企业应在加工费的增值税普通发票开具之日起至次月的增值税纳税申报期内,向主管税务机关退税部门申请出具《来料加工免税证明》,并将其转交给加工企业,加工企业持此证明向主管税务机关申报办理加工费的增值税、消费税免税手续。

出口企业在申请开具《来料加工免税证明》时，如提供的加工费增值税普通发票不是由加工贸易手（账）册上注明的加工单位开具的，主管税务机关应要求出口企业提供书面说明理由及主管海关出具的书面证明，否则不得申请开具《来料加工免税证明》，相应的加工费不得申报免税。

3. 出口企业应当在海关办结核销手续的次年 5 月 15 日前，向主管税务机关办理来料加工出口货物免税核销手续。未按规定办理来料加工出口货物免税核销手续或者不符合办理免税核销规定的，委托方应按规定补缴增值税、消费税。

【知识点 3】出口卷烟相关证明及免税核销办理

1. 出口卷烟相关证明及免税核销办理事项包括准予免税购进出口卷烟证明开具、出口卷烟已免税证明开具和出口卷烟免税核销管理。

2. 准予免税购进出口卷烟证明开具。卷烟出口企业向卷烟生产企业购进卷烟时，应先在免税出口卷烟计划内向主管税务机关申请开具《准予免税购进出口卷烟证明》，然后将其《准予免税购进出口卷烟证明》转交给卷烟生产企业，卷烟生产企业据此向主管税务机关申报办理免税手续。

3. 出口卷烟已免税证明开具。已准予免税购进的卷烟，卷烟生产企业需以不含消费税、增值税的价格销售给出口企业，并向主管税务机关报送《出口卷烟已免税证明申请表》。卷烟生产企业的主管税务机关核准免税后，出具《出口卷烟已免税证明》，并直接寄送卷烟出口企业主管税务机关。

4. 出口卷烟免税核销管理。卷烟出口企业（包括购进免税卷烟出口的企业、直接出口自产卷烟的生产企业、委托出口自产卷烟的生产企业）应在免税卷烟报关出口之日次月起至次年 4 月 30 日前的各增值税纳税申报期内，向主管税务机关办理出口卷烟的免税核销手续。

【知识点 4】补办出口退（免）税证明

补办出口退（免）税证明事项是指出口企业或其他单位丢失出口退税有关证明的，可以向原出具证明的税务机关提出书面申请补办。

【知识点 5】作废出口退（免）税证明

作废出口退（免）税证明事项是指出口企业或其他单位需作废出口退税有关证明的，可向原出具证明的税务机关申请作废已出具证明。

【知识点 6】出口货物劳务专用税收票证开具

出口货物劳务专用税收票证开具事项是指纳税人向税务机关申请开具专门用于纳

税人缴纳出口货物劳务增值税、消费税或者证明该纳税人再销售给其他出口企业的货物已缴纳增值税、消费税的纸质税收票证。具体票证包括：

1.《税收缴款书（出口货物劳务专用）》开具。由税务机关开具，专门用于纳税人缴纳出口货物劳务增值税、消费税时使用的纸质税收票证。纳税人以银行经收方式，税务收现方式，或者通过横向联网电子缴税系统缴纳出口货物劳务增值税、消费税时，均使用本缴款书。

2.《出口货物完税分割单》开具。已经缴纳出口货物增值税、消费税的纳税人将购进货物再销售给其他出口企业时，为证明所售货物完税情况，便于其他出口企业办理出口退税，到税务机关换开的纸质税收票证。

>> 第八节
国际税收证明开具

一 中国税收居民身份开具概述

【知识点】中国税收居民身份开具概述

《中国税收居民身份证明》是我国税收居民企业或居民个人为享受中国政府对外签署的税收协定（含与香港、澳门和台湾签署的税收安排或者协议）、航空协定税收条款、海运协定税收条款、汽车运输协定税收条款、互免国际运输收入税收协议或者换函（以下统称税收协定）待遇所需的重要材料。

我国税收居民企业与个人在与我国政府已签订税收协定的缔约国（地区）发生相应应税行为，可向我国主管税务部门申请出具《中国税收居民身份证明》，进而享受税收协定待遇，避免双重征税。

二 中国税收居民身份开具相关要求

【知识点】中国税收居民身份开具相关要求

申请人应向主管其所得税的县税务局（以下称主管税务机关）申请开具《中国税收居民身份证明》。中国居民企业的境内、境外分支机构应由其中国总机构向总机构主管税务机关申请。合伙企业应当以其中国居民合伙人作为申请人，向中国居民合伙人主管税务机关申请。申请人可以就其构成中国税收居民的任一公历年度申请开具

《中国税收居民身份证明》。

申请人申请开具《中国税收居民身份证明》应向主管税务机关提交以下资料：

（1）《中国税收居民身份证明》申请表；

（2）与拟享受税收协定待遇收入有关的合同、协议、董事会或者股东会决议、相关支付凭证等证明资料；

（3）申请人为个人且在中国境内有住所的，提供因户籍、家庭、经济利益关系而在中国境内习惯性居住的证明材料，包括申请人身份信息、住所情况说明等资料；

（4）申请人为个人且在中国境内无住所，而一个纳税年度内在中国境内居住累计满183天的，提供在中国境内实际居住时间的证明材料，包括出入境信息等资料；

（5）境内、境外分支机构通过其总机构提出申请时，还需提供总分机构的登记注册情况；

（6）合伙企业的中国居民合伙人作为申请人提出申请时，还需提供合伙企业登记注册情况。

上述填报或提供的资料应提交中文文本，相关资料原件为外文文本的，应当同时提供中文译本。申请人向主管税务机关提交上述资料的复印件时，应在复印件上加盖申请人印章或签字，主管税务机关核验原件后留存复印件。

主管税务机关在受理申请之日起10个工作日内，由负责人签发《中国税收居民身份证明》并加盖公章或者将不予开具的理由书面告知申请人。主管税务机关无法准确判断居民身份的，应当及时报告上级税务机关。需要报告上级税务机关的，主管税务机关应当在受理申请之日起20个工作日内办结。

第七章 税务注销

第七章 税务注销

>> 知识架构

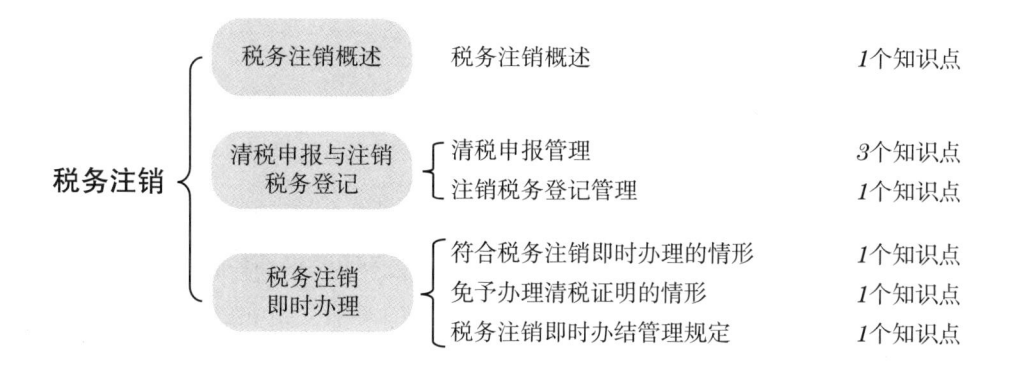

税务注销
- 税务注销概述 —— 税务注销概述 —— 1个知识点
- 清税申报与注销税务登记
  - 清税申报管理 —— 3个知识点
  - 注销税务登记管理 —— 1个知识点
- 税务注销即时办理
  - 符合税务注销即时办理的情形 —— 1个知识点
  - 免予办理清税证明的情形 —— 1个知识点
  - 税务注销即时办结管理规定 —— 1个知识点

>> 第一节 税务注销概述

税务注销概述

【知识点】税务注销概述

税务注销，是指纳税人、扣缴义务人由于法定的原因终止纳税义务、扣缴义务时，持有关证件和资料向主管税务机关申报办理税务注销手续。

>> 第二节 清税申报与注销税务登记

一、清税申报管理

【知识点1】清税申报概述

已实行"一照一码"登记模式的纳税人及已实行"两证整合"登记模式的个体工商户向市场监督管理等部门申请办理注销登记前，须先向税务机关申报清税。清税完毕后，税务机关向纳税人出具《清税证明》，纳税人持《清税证明》到原登记机关办理注销。

【知识点2】清税申报时限管理

清税申报应当在20个工作日内办结。

定期定额个体工商户清税申报应当在5个工作日内办结。

税务机关在核查、检查过程中发现涉嫌偷、逃、骗、抗税或虚开发票的，或者需要进行纳税调整等情形的，办理时限中止。

符合即时办结条件的，按本章第三节相关规定办理。

【知识点3】清税申报办理

1. 经过实名信息验证的办税人员，不再提供登记证件、身份证件复印件、上级主管部门批复文件或董事会决议复印件、《项目完工证明》及《验收证明》等相关文件复印件、《发票领用簿》等资料。

2. 向市场监管部门申请简易注销的纳税人，符合下列情形之一的，可免予到税务机关办理清税证明：

（1）未办理过涉税事宜的；

（2）办理过涉税事宜但未领用发票、无欠税（滞纳金）及罚款的。

3. 纳税人办理一照一码户清税申报，应结清应纳税款、多退（免）税款、滞纳金和罚款，缴销发票和其他税务证件，其中：

（1）企业所得税纳税人办理一照一码户清税申报，就其清算所得向税务机关申报并依法缴纳企业所得税。

（2）纳税人未办理土地增值税清算手续的，应在办理一照一码户清税申报前进行土地增值税清算。

（3）出口企业应在结清出口退（免）税款后，办理一照一码户清税申报。

4. 处于非正常状态纳税人在办理一照一码户清税申报前，需先解除非正常状态，补办申报纳税手续。

5. 被调查企业在税务机关实施特别纳税调查调整期间申请注销税务登记的，税务机关在调查结案前原则上不予办理注销手续。

6. 纳税人办理一照一码户清税申报，无须向税务机关提出终止银税三方（委托）划缴协议。税务机关办结一照一码户清税申报后，银税三方（委托）划缴协议自动终止。

7. 清税申报实行"一窗受理、内部流转、限时办结、窗口出件"的"套餐式"服务模式。

8. 处于非正常状态纳税人办理清税申报，符合以下情形的，税务机关可打印相应税种和相关附加的《批量零申报确认表》，经纳税人确认后，进行批量处理：

（1）非正常状态期间增值税、消费税和相关附加需补办的申报均为零申报的；

（2）非正常状态期间企业所得税月（季）度预缴需补办的申报均为零申报，且不存在弥补前期亏损情况的。

二 注销税务登记管理

【知识点】符合注销税务登记办理的情形

"一照一码""两证整合"以外的纳税人发生以下情形的，向主管税务机关办理注销税务登记：

1. 因解散、破产、撤销等情形，依法终止纳税义务的；

2. 按规定不需要在市场监督管理机关或者其他机关办理注销登记的，但经有关机关批准或者宣告终止的；

3. 被市场监督管理机关吊销营业执照或者被其他机关予以撤销登记的；

4. 境外企业在中华人民共和国境内承包建筑、安装、装配、勘探工程和提供劳务，项目完工、离开中国的；

5. 外国企业常驻代表机构驻在期届满、提前终止业务活动的；

6. 非境内注册居民企业经国家税务总局确认终止居民身份的。

>> 第三节
税务注销即时办理

一 符合税务注销即时办理的情形

【知识点】符合税务注销即时办理的情形

未办理过涉税事宜的纳税人，主动到税务机关办理清税的，税务机关可根据纳税人提供的营业执照即时出具清税文书。

经人民法院裁定宣告破产，持人民法院终结破产程序裁定书，向税务机关申请办理税务注销的，税务机关即时出具清税文书。

符合下列条件的纳税人在办理税务注销时，税务机关提供即时办结服务，采取

"承诺制"容缺办理,即时出具清税文书:

1. 办理过涉税事宜但未领用发票、无欠税(滞纳金)及罚款的纳税人,主动到税务机关办理清税的。

2. 未处于税务检查状态、无欠税(滞纳金)及罚款、已缴销发票及税控专用设备,且符合下列情形之一的:

(1)纳税信用级别为 A 级和 B 级的纳税人。

(2)控股母公司纳税信用级别为 A 级的 M 级纳税人。

(3)省级人民政府引进人才或经省级以上行业协会等机构认定的行业领军人才等创办的企业。

(4)未纳入纳税信用级别评价的定期定额个体工商户。

(5)未达到增值税纳税起征点的纳税人。

二 免予办理清税证明的情形

【知识点】免予办理清税证明的情形

向市场监管部门申请简易注销的纳税人,符合下列情形之一的,可免予到税务机关办理清税证明:

(1)未办理过涉税事宜的;

(2)办理过涉税事宜但未领用发票、无欠税(滞纳金)及罚款的。

三 税务注销即时办结管理规定

【知识点】税务注销即时办结办理规定

1. 对适用税务注销即办流程的纳税人,资料不齐的,税务机关可在纳税人作出承诺后,采取"承诺制"容缺办理,即时出具清税文书。纳税人应按承诺的时限补齐资料,并办结相关事项。若未履行承诺的,税务机关将对其法定代表人、财务负责人纳入纳税信用 D 级管理。

2. 纳税人申报办理税务注销前,应结清应纳税款、多退(免)税款、滞纳金和罚款,缴销发票和其他税务证件,其中:

(1)企业所得税纳税人在办理税务注销前,就其清算所得向税务机关申报并依法缴纳企业所得税。

(2)纳税人未办理土地增值税清算手续的,应在申报办理税务注销前进行土地增值税清算。

（3）出口企业应在结清出口退（免）税款后，申报办理税务注销。

3. 处于非正常状态纳税人在申报办理税务注销前，需先解除非正常状态，补办申报纳税手续。

4. 纳税人申报办理税务注销，无须向税务机关提出终止银税三方（委托）划缴协议。税务机关办结税务注销后，银税三方（委托）划缴协议自动终止。

第八章 纳税人权益保护与纳税信用管理

第八章 | 纳税人权益保护与纳税信用管理

>> 知识架构

纳税人权益保护与纳税信用管理
- 纳税人权益保护概述
  - 纳税人权益保护概述　　　2个知识点
  - 纳税人权利与义务　　　　2个知识点
- 纳税人需求管理
  - 纳税人需求管理概述　　　1个知识点
  - 纳税人需求管理相关规定　4个知识点
- 纳税人满意度调查
  - 纳税人满意度调查概述　　2个知识点
  - 纳税人满意度调查的管理　3个知识点
- 纳税人涉税信息查询
  - 纳税人涉税信息查询　　　4个知识点
- 纳税服务投诉处理
  - 纳税服务投诉概述　　　　1个知识点
  - 纳税服务投诉管理　　　　5个知识点
- 纳税人法律救济
  - 申请行政复议　　　　　　2个知识点
  - 税务行政处罚听证　　　　2个知识点
  - 提起行政诉讼　　　　　　2个知识点
- 纳税信用评价
  - 纳税信用管理的对象与工作原则　2个知识点
  - 纳税信用管理的工作要求　　　　4个知识点
- 纳税信用评价结果确定发布及补评、复评
  - 纳税信用评价结果的确定和发布　2个知识点
  - 纳税信用补评、复评与修复　　　4个知识点
- 纳税信用评价结果的应用
  - 纳税信用评价结果的应用　　　　4个知识点

· 193 ·

第一节 纳税人权益保护概述

一 纳税人权益保护概述

【知识点1】纳税人权益保护的概念

纳税人权益是指纳税人依法享受的权利。纳税人权益是国家通过宪法和法律法规予以保障的。纳税人的权利是否行使,取决于纳税人的意愿,纳税人既可以行使权利,也可以选择放弃权利。纳税人在行使权利时要遵守宪法和法律的规定,不能侵害国家、社会、集体的利益,也不能损害其他公民或法人的合法权利和自由。

【知识点2】纳税人权益保护的意义

深刻理解保护纳税人权益的重要性,切实做好纳税人权益保护工作,具有重要的现实意义:一是保护纳税人合法权益有利于促进依法行政,加快建设法治政府;二是保护纳税人合法权益有利于激发经济发展的内生动力;三是保护纳税人权益有利于提高纳税人税法遵从度。

二 纳税人权利与义务

【知识点1】纳税人权利与义务的具体内容

为便于纳税人全面了解纳税过程中所享有的权利和应尽的义务,帮助纳税人及时、准确地完成纳税事宜,促进纳税人与税务机关在税收征纳过程中的合作,根据《中华人民共和国税收征收管理法》及其实施细则和相关税收法律、行政法规的规定,国家税务总局发布了《国家税务总局关于纳税人权利与义务的公告》(国家税务总局公告2009年第1号),纳税人权利与义务的具体内容如图8-1、图8-2所示。

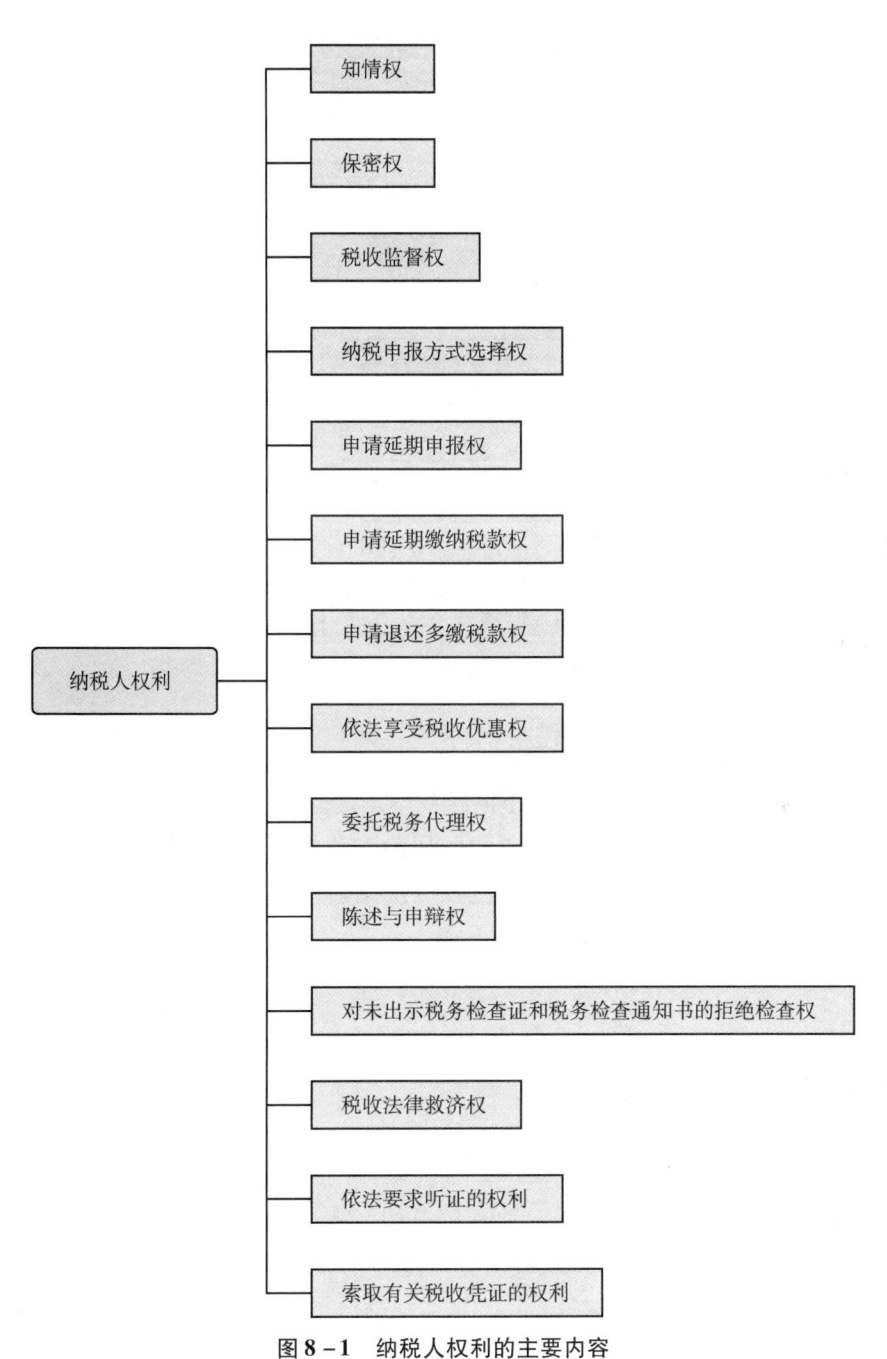

第八章 纳税人权益保护与纳税信用管理

```
                    ┌─ 知情权
                    │
                    ├─ 保密权
                    │
                    ├─ 税收监督权
                    │
                    ├─ 纳税申报方式选择权
                    │
                    ├─ 申请延期申报权
                    │
                    ├─ 申请延期缴纳税款权
                    │
                    ├─ 申请退还多缴税款权
                    │
        纳税人权利 ──┼─ 依法享受税收优惠权
                    │
                    ├─ 委托税务代理权
                    │
                    ├─ 陈述与申辩权
                    │
                    ├─ 对未出示税务检查证和税务检查通知书的拒绝检查权
                    │
                    ├─ 税收法律救济权
                    │
                    ├─ 依法要求听证的权利
                    │
                    └─ 索取有关税收凭证的权利
```

图 8-1　纳税人权利的主要内容

纳税服务岗位知识与技能

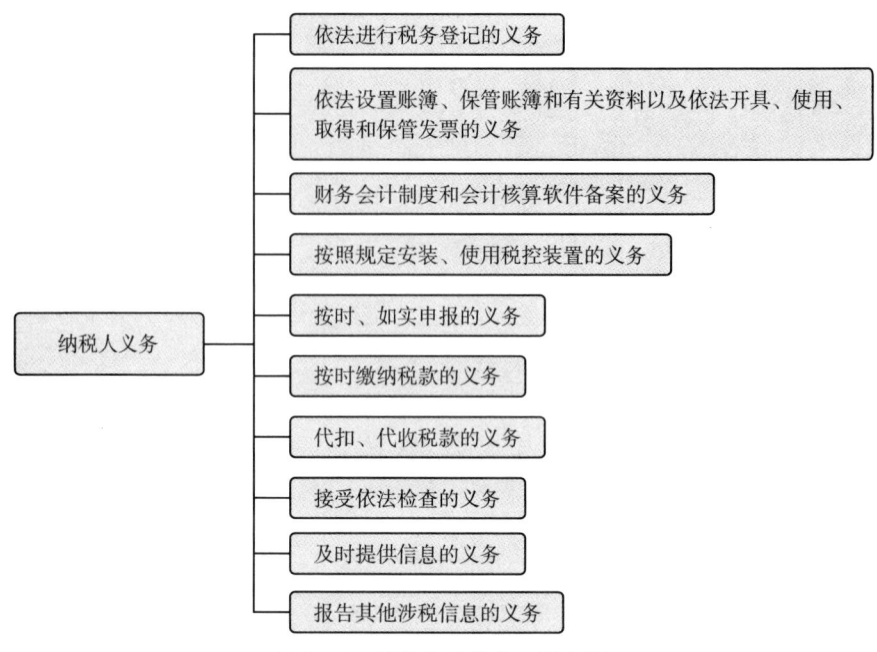

```
                    ┌─ 依法进行税务登记的义务
                    │
                    ├─ 依法设置账簿、保管账簿和有关资料以及依法开具、使用、取得和保管发票的义务
                    │
                    ├─ 财务会计制度和会计核算软件备案的义务
                    │
                    ├─ 按照规定安装、使用税控装置的义务
                    │
         纳税人义务 ─┤─ 按时、如实申报的义务
                    │
                    ├─ 按时缴纳税款的义务
                    │
                    ├─ 代扣、代收税款的义务
                    │
                    ├─ 接受依法检查的义务
                    │
                    ├─ 及时提供信息的义务
                    │
                    └─ 报告其他涉税信息的义务
```

图 8-2　纳税人义务的主要内容

【知识点2】纳税人权益保护措施

做好纳税人权益保护需要采取以下措施：一是推进办税公开，二是规范执法行为，三是完善税收征纳沟通机制，四是建立税收风险防范机制，五是深化行政审批制度改革，六是加强涉税信息保密，七是畅通侵权救济渠道，八是构建纳税人维权平台，九是强化涉税信息服务和中介机构监管。

>> 第二节
纳税人需求管理

一　纳税人需求管理概述

【知识点】纳税人需求管理工作原则

税务机关对纳税人的需求管理应遵循的工作原则如图 8-3 所示。

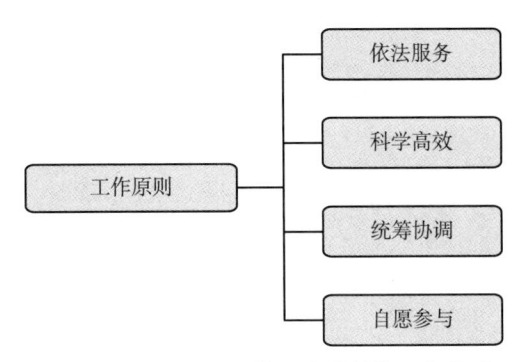

```
                    ┌── 依法服务
                    │
                    ├── 科学高效
          工作原则 ──┤
                    ├── 统筹协调
                    │
                    └── 自愿参与
```

图 8-3 纳税人需求管理应遵循的工作原则

二 纳税人需求管理相关规定

【知识点 1】纳税人需求征集

1. 需求征集对象

税务机关可按地域、规模、行业等要素选择有代表性的纳税人作为定向征集对象，也可根据工作需要将全体纳税人作为非定向征集对象。

2. 征集类型和方式

（1）征集类型分为：全面征集、日常征集和专项征集。

全面征集是国家税务总局、各省税务机关针对整体税收工作情况开展的较大范围纳税人需求征集，原则上每年开展一次。

日常征集是省以下税务机关对税收管理服务各个环节开展的纳税人需求征集，原则上每半年归集整理一次。

专项征集是各级税务机关结合税收重点工作，针对某一类问题或某个专项工作开展的纳税人需求征集，征集时间根据税收重点工作安排确定。

（2）征集方式分为：互联网智能推送方式征集、电话方式征集、移动终端征集、纸质问卷、外部门信息采集、数据分析提取、座谈会、入户走访、设置意见箱或意见簿收集。

【知识点 2】纳税人需求分析

1. 纳税人需求分类（见表 8-1）

表 8-1　　　　　　　　　　　纳税人需求分类

一级分类	二级分类
政策落实	参与制定政策、监督政策落实
征管执法	税款征收、涉税审批、表证单书、征管流程、涉税资料、税务稽查、税收检查、税收处罚

续表

一级分类	二级分类
服务规范	税法宣传、纳税咨询、税收辅导、办税时限、服务形式、信用管理、联合办税、涉税中介服务、服务投诉
法律救济	税收听证、行政复议、行政诉讼、行政赔偿
信息化建设	申报软件、发票软件、自助办税终端
人员素质	业务水平、廉洁自律
其他	具有较强代表性和个性化的需求等

2. 纳税人需求分析评估

各级税务机关对纳税人需求进行分析评估，分别采取不同的处理方式：

对违反法律、法规、规章有关规定，超越现实资源和条件，反映事实不清等非正当纳税人需求，税务机关不作响应。

对纳税人的正当需求，税务机关在充分参考政策法规、服务资源和职责范围的条件下，提出切实可行的改进工作意见，从重要性和满意度两个方面，形成不同的服务改进策略：立即改进重要性高、满意度低的项目；持续关注重要性和满意度"双低"的项目；稳定发展重要性低、满意度高的项目；继续保持重要性和满意度"双高"的项目。

【知识点3】纳税人需求响应

1. 响应机制

税务机关要建立分工负责、分级办理、分类处理的纳税人需求响应机制。

2. 工作时限

对于能够解决的纳税人合理需求，应当按照紧急程度实行分级管理：

（1）对于纳税人在办税服务场所提出的简单合理需求，及时响应或反馈。

（2）对一般涉税需求，应于15个工作日内响应或反馈。

（3）对复杂涉税需求，应于30个工作日内响应或反馈。

（4）对存在困难不能在规定期限内响应或反馈的，经本级税务机关纳税服务部门负责人批准，可以适当延长，并向纳税人说明原因，待条件具备时主动采取措施予以解决。对普遍性、代表性问题的改进措施应向社会公开，接受社会各界监督。

各级税务机关应按照档案管理规定，对征集的纳税人需求资料归档保存，保存期限为3年。

【知识点4】纳税人结果运用

纳税人结果运用主要包括：改进工作、辅助决策、定期公开。

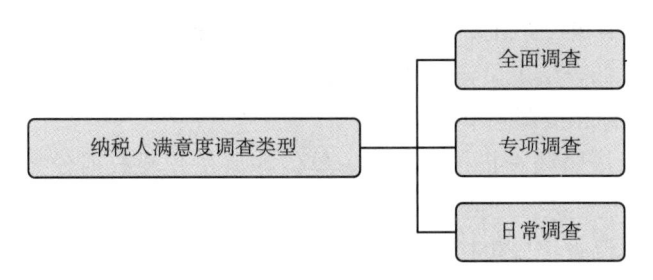

>> 第三节
纳税人满意度调查

一 纳税人满意度调查概述

税务部门作为国家重要的经济管理和行政执法部门，面对的是广大纳税人群体，如何提升纳税人的满意度和获得感，是当前检验税收工作成效的重要标准。同时，根据税收遵从理论，纳税人的满意度越高，相应的主动遵从及诚信纳税的意愿就更强，税务机关征管的质效也就越高，因此，提升纳税人的满意度将直接作用于税收征管本身，促进税收征管现代化各项工作目标的高效实现。

【知识点1】纳税人满意度调查的类型
纳税人满意度调查的类型如图8-4所示。

```
                          ┌── 全面调查
纳税人满意度调查类型 ──────┼── 专项调查
                          └── 日常调查
```

图8-4 纳税人满意度调查的类型

国家税务总局、省税务机关围绕税收工作重点，开展覆盖省、市、县三个层级税务机关，涉及多项调查指标的全面调查。全面调查每两年一次，由税务总局、省税务机关决定是否开展全面调查，市以下税务机关不得自行开展全面调查。

【知识点2】纳税人满意度调查的方式
各级税务机关根据税收工作现状，可自行组织或委托第三方专业机构对税务机关在政务公开、纳税服务、涉税审批、税收征管、税务检查、法律救济、廉政建设等方面情况开展纳税人满意度调查。调查可采用电话、网络、信函、入户走访、窗口服务评价等方式开展。相关方式的调查在同一年度内最多只能进行一次。调查过程遵循纳税人自愿原则，保证调查结果客观、真实、公正。

二 纳税人满意度调查的管理

【知识点1】纳税人满意度调查的指标及评分标准

1. 调查指标

调查指标主要包括各级税务机关在政策落实、规范执法、服务质效、信息化建设、廉洁自律等方面的情况。

2. 评分标准

采用赋值评分或非评分方式进行统计。赋值评分一般采用百分制，对不同评价项赋以不同分值，根据纳税人所选评价项确定得分。非评分方式一般采用百分占比、文字描述等方式展现调查内容和结果。

【知识点2】纳税人满意度调查的实施

1. 制定方案。调查方案包括调查目的、类型、指标、方式、时间、区域、样本类型、样本数量、调查要求和职责分工等内容。

2. 调查准备。开展培训，使调查人员了解熟悉调查指标和调查方法。在正式调查前可开展预调查，检验调查方案，提高调查质量。

3. 调查实施。各级税务机关或第三方专业机构应根据调查方案开展纳税人满意度调查。

4. 统计汇总。调查结束后，对调查数据进行计算、汇总和复核，确保调查结果准确归集对应调查指标和被调查单位。

5. 数据分析。按照调查指标、层级、单位等口径开展数据分类分析、同比分析、趋势分析等，归纳梳理共性问题。

6. 形成报告。调查报告包括纳税人满意度总体情况、成效、存在问题、整改要求以及工作预判与建议等内容。

7. 资料归档。各级税务机关应按照档案管理规定，对纳税人满意度调查资料归档保存，保存期限为5年。

8. 其他。对委托第三方专业机构开展调查的，各级税务机关须与第三方专业机构签署协议，确保纳税人信息安全，调查资料、获取数据及成果所有权归属税务机关。各级税务机关应对受托方实施过程监督，确保调查过程有效、公正和真实。调查费用达到政府采购限额标准的，按照政府采购相关规定执行。

日常调查可结合实际情况适当简化调查方案及调查准备工作。

【知识点3】纳税人满意度调查的结果运用

纳税人满意度调查的结果运用如图8-5所示。

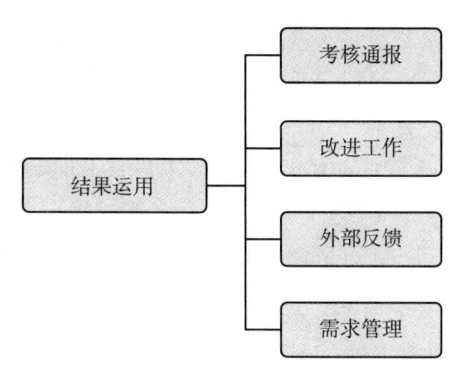

图 8-5 纳税人满意度调查的结果运用

>> 第四节
纳税人涉税信息查询

纳税人涉税信息查询

【知识点1】社会公众涉税公开信息查询

1. 税务机关按照办税公开要求的范围、程序和时限，公开相关涉税事项和具体规定向社会公众提供查询服务。社会公众可以通过报刊、网站、信息公告栏等公开渠道查询税收政策、重大税收违法案件信息、非正常户认定信息等依法公开的涉税信息。

2. 税务机关应当对公开涉税信息的查询途径及时公告，方便社会公众查询。省、市税务机关通过税务网站和相关媒体，县税务机关通过公告栏、电子显示屏等渠道，按照办税公开要求的范围、程序和时限，公开相关事项，并及时更新维护。税务机关应在办税服务厅、自助办税终端、税务网站或新媒体等设置自助查询区域或窗口。

【知识点2】纳税人涉税信息查询

1. 纳税人涉税信息查询即税务机关依照法律法规的规定，向纳税人提供的自身涉税信息查询服务。

2. 纳税人可以通过网站、客户端软件、自助办税终端等渠道，经过有效身份认证和识别，自行查询税费缴纳情况、纳税信用评价结果、涉税事项办理进度等自身涉税信息。

3. 纳税人无法自行获取所需自身涉税信息，可以向税务机关提出书面申请，税务机关应当在本单位职责权限内予以受理。所需资料为《涉税信息查询申请表》和纳税人本人（法定代表人或主要负责人）有效身份证明原件及复印件，如授权他人委托查询时还需要报送经办人员有效身份证明原件及复印件和由纳税人本人（法定代表人或主要负责人）签章的授权委托书。

4. 纳税人书面申请查询，要求税务机关出具书面查询结果的，税务机关应当出具《涉税信息查询结果告知书》。纳税人对查询结果有异议，可以向税务机关申请核实，并将核实结果告知纳税人。税务机关确认涉税信息存在错误，应当及时进行信息更正。

5. 办理时限：提出书面申请的，20个工作日内办结。

【知识点3】第三方涉税保密信息查询

1. 第三方涉税保密信息查询指税务机关根据法律法规规定，依申请向人民法院、人民检察院、公安机关、审计机关、抵押权人、质权人等单位和个人提供的涉税保密信息查询服务。

2. 税务机关在本单位职责权限内，按照法律法规规定向查询申请单位或个人提供有关纳税人的涉税保密信息。

人民法院、人民检察院、公安机关和审计机关向税务机关提出查询申请时需提供以下材料：

（1）《纳税人、扣缴义务人涉税保密信息查询申请表》；

（2）单位介绍信；

（3）查询人有效身份证明原件。

抵押权人、质权人申请查询纳税人欠税有关情况时需提供以下材料：

（1）《纳税人、扣缴义务人涉税保密信息查询申请表》；

（2）合法有效的抵押合同或者质押合同的原件；

（3）查询人本人有效身份证明原件。

授权其他人员代为查询的，还需提供委托人本人签字的委托授权书和代理人的有效身份证明原件。

3. 税务机关收到查询申请资料后，核对资料是否齐全、是否符合法定形式、填写内容是否完整，符合的，转交下一环节复核；不符合的，当场一次性提示申请人应补正资料或不予受理原因。负责复核的人员应对申请查询的事项进行复核，对符合查询条件的，交由有关部门按照申请内容提供相关信息；对不符合查询条件的，退回受理部门，由受理部门告知申请人。负责提供信息的部门，应根据已复核的查询申请内容，及时检索、整理有关信息，并按规定程序交查询受理部门。受理部门应在履行相关手续后将有关信息交给申请人。税务机关根据申请人查询信息的内容，确定查询信息提供的时间和具体方式。税务机关对申请人申请查询涉税信息的申请资料应专门归档管理，保存期限为3年。

4. 办理时限：20 个工作日内办结。

【知识点 4】纳税人涉税保密信息管理

1. 纳税人涉税保密信息，是指税务机关在税收征收管理工作中依法制作或者采集的，以一定形式记录、保存的涉及纳税人商业秘密和个人隐私的信息。主要包括纳税人的技术信息、经营信息和纳税人、主要投资人以及经营者不愿公开的个人事项。

纳税人的税收违法行为信息不属于保密信息范围。

2. 对于纳税人的涉税保密信息，税务机关和税务人员应依法为其保密。除下列情形外，不得向外部门、社会公众或个人提供：

（1）按照法律、法规的规定应予公布的信息；

（2）法定第三方依法查询的信息；

（3）纳税人自身查询的信息；

（4）经纳税人同意公开的信息。

3. 根据法律、法规的要求和履行职责的需要，税务机关可以披露纳税人的有关涉税信息，主要包括：根据纳税人信息汇总的行业性、区域性等综合涉税信息、税收核算分析数据、纳税信用等级以及定期定额户的定额等信息。

>> 第五节
纳税服务投诉处理

一 纳税服务投诉概述

【知识点】纳税服务投诉管理工作原则

纳税服务投诉管理的工作原则如图 8-6 所示。

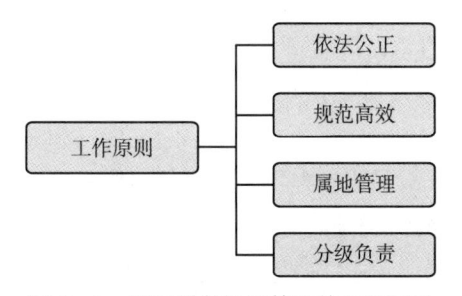

```
            ┌── 依法公正
            │
            ├── 规范高效
  工作原则 ──┤
            ├── 属地管理
            │
            └── 分级负责
```

图 8-6 纳税服务投诉管理的工作原则

二 纳税服务投诉管理

【知识点1】纳税服务投诉管理相关要求

1. 纳税人进行纳税服务投诉需遵从税收法律、法规、规章、规范性文件，并客观、真实地反映相关情况，不得隐瞒、捏造、歪曲事实，不得侵害他人合法权益。

2. 税务机关及其工作人员在办理纳税服务投诉事项时，不得徇私、偏袒，不得打击、报复，并应当对投诉人信息保密。

3. 各级税务机关的纳税服务部门是纳税服务投诉的主管部门，负责纳税服务投诉的接收、受理、调查、处理、反馈等事项。需要其他部门配合的，由纳税服务部门进行统筹协调。

4. 各级税务机关应当配备专职人员从事纳税服务投诉管理工作，保障纳税服务投诉工作的顺利开展。

【知识点2】纳税服务投诉范围

1. 纳税服务投诉包括：

（1）纳税人对税务机关工作人员服务言行进行的投诉。

（2）纳税人对税务机关及其工作人员服务质效进行的投诉。

（3）纳税人对税务机关及其工作人员在履行纳税服务职责过程中侵害其合法权益的行为进行的其他投诉。

2. 对服务言行的投诉，是指纳税人认为税务机关工作人员在履行纳税服务职责过程中服务言行不符合文明服务规范要求而进行的投诉。具体包括：

（1）税务机关工作人员服务用语不符合文明服务规范要求的。

（2）税务机关工作人员行为举止不符合文明服务规范要求的。

3. 对服务质效的投诉，是指纳税人认为税务机关及其工作人员在履行纳税服务职责过程中未能提供优质便捷的服务而进行的投诉。具体包括：

（1）税务机关及其工作人员未准确掌握税收法律法规等相关规定，导致纳税人应享受未享受税收优惠政策的。

（2）税务机关及其工作人员未按规定落实首问责任、一次性告知、限时办结、办税公开等纳税服务制度的。

（3）税务机关及其工作人员未按办税事项"最多跑一次"服务承诺办理涉税业务的。

（4）税务机关未能向纳税人提供便利化办税渠道的。

（5）税务机关及其工作人员擅自要求纳税人提供规定以外资料的。

（6）税务机关及其工作人员违反规定强制要求纳税人出具涉税鉴证报告，违背纳税人意愿强制代理、指定代理的。

4. 侵害纳税人合法权益的其他投诉，是指纳税人认为税务机关及其工作人员在履行纳税服务职责过程中未依法执行税收法律法规等相关规定，侵害纳税人的合法权益而进行的其他投诉。

5. 投诉内容存在以下情形的，不属于纳税服务投诉的范围：

（1）违反法律、法规、规章有关规定的。

（2）针对法律、法规、规章和规范性文件规定进行投诉的。

（3）超出税务机关法定职责和权限的。

（4）不属于《纳税服务投诉管理办法》（国家税务总局公告2019年第27号）投诉范围的其他情形。

【知识点3】纳税服务投诉提交与受理

1. 纳税人可以通过网络、电话、信函或者当面等方式提出投诉。

2. 纳税人对纳税服务的投诉，可以向本级税务机关提交，也可以向其上级税务机关提交。

3. 纳税人进行纳税服务投诉原则上以实名提出。

4. 纳税人进行实名投诉，应当列明下列事项：

（1）投诉人的姓名（名称）、有效联系方式。

（2）被投诉单位名称或者被投诉个人的相关信息及其所属单位。

（3）投诉请求、主要事实、理由。

纳税人通过电话或者当面方式提出投诉的，税务机关在告知纳税人的情况下可以对投诉内容进行录音或者录像。

5. 已就具体行政行为申请税务行政复议或者提起税务行政诉讼，但具体行政行为存在不符合文明规范言行问题的，可就该问题单独向税务机关进行投诉。

6. 纳税服务投诉符合规定的投诉范围且属于下列情形的，税务机关应当受理：

（1）纳税人进行实名投诉，且投诉材料符合《纳税服务投诉管理办法》（国家税务总局公告2019年第27号）第十七条要求。

（2）纳税人虽进行匿名投诉，但投诉的事实清楚、理由充分，有明确的被投诉人，投诉内容具有典型性。

7. 属于下列情形的，税务机关不予受理：

（1）对税务机关已经处理完毕且经上级税务机关复核的相同投诉事项再次投诉的。

（2）对税务机关依法、依规受理，且正在办理的服务投诉再次投诉的。

（3）不属于投诉范围的其他情形。

8. 税务机关收到投诉后应于1个工作日内决定是否受理，并按照"谁主管、谁负责"的原则办理或转办。

9. 对于不予受理的实名投诉，税务机关应当以适当形式告知投诉人，并说明理由。逾期未告知的，视同自收到投诉后 1 个工作日内受理。

10. 上级税务机关认为下级税务机关应当受理投诉而不受理或者不予受理的理由不成立的，可以责令其受理。

上级税务机关认为有必要的，可以直接受理应由下级税务机关受理的纳税服务投诉。

11. 纳税人的同一投诉事项涉及两个以上税务机关的，应当由首诉税务机关牵头协调处理。首诉税务机关协调不成功的，应当向上级税务机关申请协调处理。

12. 纳税人就同一事项通过不同渠道分别投诉的，税务机关接收后可合并办理。

13. 税务机关应当建立纳税服务投诉事项登记制度，记录投诉时间、投诉人、被投诉人、联系方式、投诉内容、受理情况以及办理结果等有关内容。

14. 各级税务机关应当向纳税人公开负责纳税服务投诉机构的通信地址、投诉电话、税务网站和其他便利投诉的事项。

【知识点 4】纳税服务投诉的调查与处理

1. 税务机关调查处理投诉事项，应依法依规、实事求是、注重调解，化解征纳争议。
2. 税务机关调查人员与投诉事项或者投诉人、被投诉人有利害关系的，应当回避。
3. 调查纳税服务投诉事项，应当由两名以上工作人员参加。一般流程为：

（1）核实情况。查阅文件资料，调取证据，听取双方陈述事实和理由，必要时可向其他组织和人员调查或实地核查。

（2）沟通调解。与投诉人、被投诉人确认基本事实，强化沟通，化解矛盾，促进双方就处理意见达成共识。

（3）提出意见。依照有关法律、法规、规章及其他有关规定提出处理意见。

4. 税务机关对各类服务投诉应限期办结。对服务言行类投诉，自受理之日起 5 个工作日内办结；服务质效类、其他侵害纳税人合法权益类投诉，自受理之日起 10 个工作日内办结。

5. 属于下列情形的，税务机关应快速处理，自受理之日起 3 个工作日内办结。

（1）税务机关及其工作人员未准确掌握税收法律法规等相关规定，导致纳税人应享受未享受税收优惠政策的。

（2）自然人纳税人提出的个人所得税服务投诉。

（3）自然人缴费人提出的社会保险费和非税收入征缴服务投诉。

（4）涉及其他重大政策落实的服务投诉。

6. 服务投诉因情况复杂不能按期办结的，经受理税务机关纳税服务部门负责人批准，可适当延长办理期限，最长不得超过 10 个工作日，同时向转办部门进行说明并向投诉人做好解释。

7. 属于下列情形的，税务机关可即时处理：

（1）纳税人当场提出投诉，事实简单、清楚，不需要进行调查的。

（2）一定时期内集中发生的同一投诉事项且已有明确处理意见的。

8. 纳税人当场投诉事实成立的，被投诉人应当立即停止或者改正被投诉的行为，并向纳税人赔礼道歉，税务机关应当视情节轻重给予被投诉人相应处理；投诉事实不成立的，处理投诉事项的税务机关工作人员应当向纳税人说明理由。

9. 调查过程中发生下列情形之一的，应当终结调查，并向纳税人说明理由：

（1）投诉事实经查不属于纳税服务投诉事项的。

（2）投诉内容不具体，无法联系投诉人或者投诉人拒不配合调查，导致无法调查核实的。

（3）投诉人自行撤销投诉，经核实确实不需要进一步调查的。

（4）已经处理反馈的投诉事项，投诉人就同一事项再次投诉，没有提供新证据的。

（5）调查过程中发现不属于税务机关职责范围的。

10. 税务机关根据调查核实的情况，对纳税人投诉的事项分别作出如下处理：

（1）投诉情况属实，责令被投诉人限期改正，并视情节轻重分别给予被投诉人相应的处理。

（2）投诉情况不属实的，向投诉人说明理由。

11. 税务机关应在规定时限内将处理结果以适当形式向投诉人反馈。

反馈时应告知投诉人投诉是否属实，对投诉人权益造成损害的行为是否终止或改正；不属实的投诉应说明理由。

12. 投诉人对税务机关反馈的处理情况有异议的，税务机关应当决定是否开展补充调查以及是否重新作出处理结果。

13. 投诉人认为处理结果显失公正的，可向上级税务机关提出复核申请。上级税务机关自受理之日起，10个工作日内作出复核意见。

14. 税务机关及其工作人员阻拦、限制投诉人投诉或者打击报复投诉人的，由其上级机关依法依规追究责任。

15. 投诉人捏造事实、恶意投诉，或者干扰和影响正常工作秩序，对税务机关、税务人员造成负面影响的，投诉人应依法承担相应责任。

【知识点5】纳税服务投诉的指导与监督

1. 上级税务机关应当加强对下级税务机关纳税服务投诉工作的指导与监督，督促及时、规范处理。

2. 各级税务机关对于办理纳税服务投诉过程中发现的有关税收制度或者行政执法

中存在的普遍性问题，应当向有关部门提出合理化建议。

3. 各级税务机关应当积极依托信息化手段，规范流程、强化监督，不断提高纳税服务投诉处理质效。

第六节 纳税人法律救济

一 申请行政复议

【知识点1】税务行政复议受理范围

税务行政复议的范围包括：

1. 征税行为，包括确认纳税主体、征税对象、征税范围、减税、免税、退税、抵扣税款、适用税率、计税依据、纳税环节、纳税期限、纳税地点和税款征收方式等具体行政行为，征收税款、加收滞纳金，扣缴义务人、受税务机关委托的单位和个人作出的代扣代缴、代收代缴、代征行为等。

2. 行政许可、行政审批行为。

3. 发票管理行为，包括发售、收缴、代开发票等。

4. 税收保全措施、强制执行措施。

5. 行政处罚行为，包括罚款、没收财物和违法所得以及停止出口退税权行为。

6. 不依法履行职责的行为，包括颁发税务登记，开具、出具完税凭证，行政赔偿，行政奖励以及其他不依法履行职责的行为。

7. 资格认定行为。

8. 不依法确认纳税担保行为。

9. 政府信息公开工作中的具体行政行为。

10. 纳税信用等级评定行为。

11. 通知出入境管理机关阻止出境行为。

12. 其他具体行政行为。

【知识点2】税务行政复议的管理

1. 申请期限

申请人可以在知道税务机关作出具体行政行为之日起60日内提出行政复议申请。

因不可抗力或者被申请人设置障碍等原因耽误法定申请期限的，申请期限的计算应当扣除被耽误时间。

2. 申请方式

申请人申请行政复议，可以书面申请，也可以口头申请；口头申请的，复议机关应当当场记录申请人的基本情况、行政复议请求、申请行政复议的主要事实、理由和时间。

二、税务行政处罚听证

【知识点1】税务行政处罚听证的提出

税务机关对公民作出2000元以上（含本数）罚款或者对法人或者对其他组织作出1万元以上（含本数）罚款的行政处罚之前，应当向当事人送达《税务行政处罚事项告知书》，告知当事人已经查明的违法事实、证据、行政处罚的法律依据和拟将给予的行政处罚，并告知其有要求举行听证的权利。

【知识点2】税务行政处罚听证的要求

1. 要求听证的当事人，应当在《税务行政处罚事项告知书》送达后3日内向税务机关书面提出听证；逾期不提出的，视为放弃听证权利。当事人要求听证的，税务机关应当组织听证。

2. 税务机关应当在收到当事人听证要求后15日内举行听证，并在举行听证的7日前将《税务行政处罚听证通知书》送达当事人，通知当事人举行听证的时间、地点，听证主持人的姓名及有关事项。当事人由于不可抗力或者其他特殊情况而耽误提出听证期限的，在障碍消除后5日以内，可以申请延长期限。申请是否准许，由组织听证的税务机关决定。

三、提起行政诉讼

【知识点1】涉税行政诉讼受理范围

与税务工作关联性较强的行政诉讼范围有：

1. 对暂扣或者吊销许可证和执照、责令停产停业、没收违法所得、没收非法财物、罚款、警告等行政处罚不服的。

2. 对限制人身自由或者对财产的查封、扣押、冻结等行政强制措施和行政强制执行不服的。

3. 申请行政许可，行政机关拒绝或者在法定期限内不予答复，或者对行政机关作出的有关行政许可的其他决定不服的。

4. 对征收、征用决定及其补偿决定不服的。

5. 申请行政机关履行保护人身权、财产权等合法权益的法定职责，行政机关拒绝履行或者不予答复的。

6. 认为行政机关违法集资、摊派费用或者违法要求履行其他义务的。

7. 认为行政机关侵犯其他人身权、财产权等合法权益的。

此外，公民、法人或者其他组织认为行政行为所依据的国务院部门和地方人民政府及其部门制定的规章以外的规范性文件不合法，在对行政行为提起诉讼时，可以一并请求对该规范性文件进行审查。人民法院在审理行政案件中，发现上述规范性文件不合法的，不作为认定行政行为合法的依据，向制定机关提出处理建议。

【知识点2】涉税行政诉讼的管理

当事人起诉必须符合以下条件：一是原告必须是行政行为的相对人以及其他与行政行为有利害关系的公民、法人或者其他组织；二是有明确的被告；三是有具体的诉讼请求和事实根据；四是属于人民法院受案范围和受诉人民法院管辖。

原告提起诉讼，还应遵循以下要求：一是依照法定的程序起诉。一般情况下，原告既可以直接向法院起诉，也可以先选择申请行政复议，对复议决定不服的再向法院起诉，但当法律、法规规定应当先向行政机关申请复议的，必须先经过行政复议。二是在法定期限内提起诉讼。三是应当向人民法院递交起诉状，并按照被告人数提出副本。书写起诉状确有困难的，可以口头起诉由人民法院记入笔录，出具注明日期的书面凭证，并告知对方当事人。

>> 第七节
纳税信用评价

一 纳税信用管理的对象与工作原则

【知识点1】纳税信用管理的对象

1. 纳税信用管理办法适用于已办理市场主体登记，从事生产、经营并适用查账征收的独立核算企业、个人独资企业和个人合伙企业。个人独资企业和个人合伙企业的个人所得税征收方式为查账征收。查账征收是指企业所得税征收方式为查账征收。

2. 自 2018 年 4 月 1 日起，新增下列企业参与纳税信用评价：

（1）从首次在税务机关办理涉税事宜之日起时间不满一个评价年度的企业（简称新设立企业）。评价年度是指公历年度，即 1 月 1 日至 12 月 31 日。

（2）评价年度内无生产经营业务收入的企业。

（3）适用企业所得税核定征收办法的企业。

扣缴义务人、自然人纳税信用管理办法由国家税务总局另行规定。个体工商户和其他类型纳税人的纳税信用管理办法由省税务机关制定。

3. 自 2020 年 11 月 1 日起，非独立核算分支机构可自愿参与纳税信用评价。非独立核算分支机构是指由企业纳税人设立，已在税务机关完成登记信息确认且核算方式为非独立核算的分支机构。非独立核算分支机构参评后，2019 年度之前的纳税信用级别不再评价，在机构存续期间适用国家税务总局纳税信用管理相关规定。

【知识点 2】纳税信用管理的工作原则

纳税信用管理遵循客观公正、标准统一、分级分类、动态调整的原则。

二、纳税信用管理的工作要求

【知识点 1】纳税信用信息采集

纳税信用信息包括纳税人信用历史信息、税务内部信息、外部信息三部分。

【知识点 2】纳税信用评价的方式

纳税信用评价采取年度评价指标得分和直接判级方式。评价指标包括税务内部信息和外部评价信息。

自开展 2020 年度评价时起，调整纳税信用评价计分方法中的起评分规则。近三个评价年度内存在非经常性指标信息的，从 100 分起评；近三个评价年度内没有非经常性指标信息的，从 90 分起评。非经常性指标缺失是指：在评价年度内，税务管理系统中没有纳税评估、大企业税务审计、反避税调查或税务稽查出具的决定（结论）文书的记录。直接判级适用于有严重失信行为的纳税人。

【知识点 3】纳税信用评价的周期

纳税信用评价周期为一个纳税年度。所谓纳税年度为自然年，即自公历 1 月 1 日起至 12 月 31 日止。

有下列情形之一的纳税人，不参加本期的评价：

（1）因涉嫌税收违法被立案查处尚未结案的。

（2）被审计、财政部门依法查出税收违法行为，税务机关正在依法处理，尚未办结的。

（3）已申请税务行政复议、提起行政诉讼尚未结案的。

（4）其他不应参加本期评价的情形。

【知识点4】纳税信用级别的确定

1. 纳税信用级别设 A、B、M、C、D 五级

A 级纳税信用为年度评价指标得分 90 分及以上的；

B 级纳税信用为年度评价指标得分 70 分及以上不满 90 分的；

C 级纳税信用为年度评价指标得分 40 分及以上不满 70 分的；

D 级纳税信用为年度评价指标得分不满 40 分或者直接判级确定的。

未发生《纳税信用管理办法（试行）》（国家税务总局公告 2014 年第 40 号）第二十条所列失信行为的下列企业适用 M 级纳税信用：

（1）新设立企业。

（2）评价年度内无生产经营业务收入且年度评价指标得分 70 分以上的企业。

2. 不能评为 A 级的情形

有下列 5 种情形之一的纳税人，本评价年度不能评为 A 级。

（1）实际生产经营期不满 3 年的。

从纳税人向税务机关申报主营业务收入和申报缴纳相关税款之日起至评价年度 12 月 31 日止不满 3 年。

主要考虑信用是长期的积累。经统计分析，纳税人经营存续期平均在 3～5 年，纳税人实际经营后有一个适应期和成长期，依法遵从能力会随着存续时间延伸而提升。实际生产经营期自纳税人向税务机关申报主营业务收入和申报缴纳相关税款之日起计算。

（2）上一评价年度纳税信用评价结果为 D 级的。

该规定与《纳税信用管理办法（试行）》（国家税务总局公告 2014 年第 40 号）第三十二条中，对 D 级纳税人采取的管理措施第七项是对应的，是对严重失信行为的一项管理措施。

（3）非正常原因一个评价年度内，增值税连续 3 个月或者累计 6 个月零申报、负申报的。

正常原因，是指季节性生产经营、享受政策性减免税等正常情况。非正常原因是除上述原因外的其他原因。按季申报视同连续 3 个月。

（4）不能按照国家统一的会计制度规定设置账簿，并根据合法、有效凭证核算，向税务机关提供准确税务资料的。

（5）其他不得评为 A 级的情形。

①由非正常户直接责任人员在认定为非正常户之前注册登记或已负责经营的企业，不得评为 A 级。

②由 D 级纳税人的直接责任人员在被评价为 D 级之前注册登记或者已负责经营的企业，不得评为 A 级。

直接责任人包括：法定代表人（负责人）、财务负责人、出纳以及作为企业正式职员的财务人员、办税人员等。财务人员、办税人员无证据表明其负有直接责任的，不视为直接责任人。不作为企业正式职员的代理记账、代理办税人员，在发现委托人走逃（或无法办理受托办税业务）后的首个申报期内向税务机关书面报告的，或者无证据表明其负有直接责任的，不视为直接责任人。

3. 直接判为 D 级的情形

有下列 9 种情形之一的纳税人，本评价年度直接判为 D 级。

（1）存在逃避缴纳税款、逃避追缴欠税、骗取出口退税、虚开增值税专用发票等行为，经判决构成涉税犯罪的。

以判决结果在税务管理系统中的记录日期确定判 D 级的年度，同时按照《纳税信用管理办法（试行）》（国家税务总局公告 2014 年第 40 号）第二十五条规定调整期以前年度信用记录。

（2）存在第（1）项所列行为，未构成犯罪，但偷税（逃避缴纳税款）金额 10 万元以上且占各税种应纳税总额 10% 以上，或者存在逃避追缴欠税、骗取出口退税、虚开增值税专用发票等税收违法行为，已缴纳税款、滞纳金、罚款的。

以处理结果（税务机关出具的税务处理决定书）在税务管理系统中的记录日期确定判 D 级的年度，同时按照《纳税信用管理办法（试行）》（国家税务总局公告 2014 年第 40 号）第二十五条规定调整其以前年度信用记录。

纳税评估、大企业税务审计、反避税调查补税的比例，参照下列公式计算。

$$\frac{偷税（逃避缴纳税款）金额}{占各税种应纳税总额比例} = \frac{一个纳税年度中的各税种补税总额}{该纳税年度各税种应纳税总额}$$

（3）在规定期限内未按税务机关处理结论缴纳或者足额缴纳税款、滞纳金和罚款的。以该情形在税务管理系统中的记录日期确定判 D 级的年度。

（4）以暴力、威胁方法拒不缴纳税款或者拒绝、阻挠税务机关依法实施税务稽查执法行为的。以该情形在税务管理系统中的记录日期确定判 D 级的年度。

（5）存在违反增值税发票管理规定或者违反其他发票管理规定的行为，导致其他单位或者个人未缴、少缴或者骗取税款的。以该情形在税务管理系统中的记录日期确定判 D 级的年度。

（6）提供虚假申报材料享受税收优惠政策的。以该情形在税务管理系统中的记录日期确定判 D 级的年度。

（7）骗取国家出口退税款，被停止出口退（免）税资格未到期的。在评价年度内，被停止出口退（免）税资格未到期。根据税务管理系统中的记录信息确定。

（8）有非正常户记录或者由非正常户直接责任人员注册登记或者负责经营的。

有非正常户记录，是指在评价年度 12 月 31 日为非正常状态。由非正常户直接责任人员注册登记或者负责经营的，是指由非正常户直接责任人员在认定为非正常户之后注册登记或负责经营的企业直接判为 D 级，在认定为非正常户之前注册登记或已负责经营的企业，不直接判为 D 级。

（9）由 D 级纳税人的直接责任人员注册登记或者负责经营的。由 D 级纳税人的直接责任人员在被评价为 D 级之后注册登记或者负责经营的企业（直接判为 D 级），在被评价为 D 级之前注册登记或者负责经营的企业，不直接判为 D 级。

>> 第八节
纳税信用评价结果确定发布及补评、复评

一 纳税信用评价结果的确定和发布

【知识点1】纳税信用评价结果的确定

1. 纳税信用评价结果的确定和发布遵循"谁评价、谁确定、谁发布"的原则。

2. 每年年度终了后，税务机关根据纳税人纳税信用信息，运用统一的评价指标和评价方式，对纳税人上一年度的纳税信用状况进行评价。每年 4 月确定上一年度纳税信用评价结果，并向社会公布年度纳税信用 A 级纳税人名单。自 2018 年 4 月 1 日起，对首次在税务机关办理涉税事宜的新设立企业，税务机关应及时进行纳税信用评价。

办税服务厅为纳税人提供纳税信用评价信息的自我查询服务。税务机关按照守信激励、失信惩戒的原则，对不同信用级别的纳税人实施分类服务和管理。

【知识点2】纳税信用评价结果的发布

税务机关对纳税信用评价结果，按分级分类原则，依法有序开放。纳税信用信息的发布主要有 4 种渠道：社会共享、政务共享、有限共享和依申请查询。目前，税务机关按下列 4 项要求公开纳税信用评价结果：

1. 主动公开 A 级纳税人名单及相关信息。

2. 根据社会信用体系建设需要，以及与相关部门信用信息共建共享合作备忘录、

协议等规定,逐步开放 B、M、C、D 级纳税人名单及相关信息。

3. 定期或者不定期公布重大税收违法案件信息。具体办法见《国家税务总局关于〈公布重大税收违法案件信息公布办法〉的公告》(国家税务总局公告 2018 年第 54 号)。

4. 在评价结果公布前(每年 1—4 月),发现评价为 A 级的纳税人有以下两种情形的,其评价结果不予公布:

(1) 发现评价为 A 级的纳税人已注销或被税务机关认定为非正常户的,其评价结果不予公布;

(2) 发现评价结果为 A 级的纳税人有动态调整情形的,其评价结果不予公布。

二 纳税信用补评、复评与修复

【知识点 1】纳税信用补评

纳税人因涉嫌税收违法被立案查处尚未结案,被审计、财政部门依法查出税收违法行为尚未办结,已申请税务行政复议、提起行政诉讼尚未结案等原因未予纳税信用评价,可待上述情形解除后,向主管税务机关申请补充评价。纳税人对未予纳税信用评价的原因有异议,也可向主管税务机关申请补充评价。

主管税务机关确认是否符合补评条件,不予补评的应告知纳税人不予补评的原因,符合补评条件的按规定开展补评工作。办税服务厅向纳税人反馈纳税信用评价信息或提供自我查询服务。税务机关按月发布补评产生的 A 级纳税人信息。本事项应在 15 个工作日内办结。

【知识点 2】纳税信用复评

纳税人对纳税信用评价结果有异议,可在纳税信用评价结果确定的当年内书面向主管税务机关申请复核。纳税人应于 12 月 31 日前申请上一年度评价结果复评。

主管税务机关确认是否符合复评条件,不予复评的应告知纳税人不予复评的原因,符合复评条件的按规定开展复评工作。办税服务厅向纳税人反馈纳税信用复评信息或提供复评结果的自我查询服务。税务机关按月发布复评产生的 A 级纳税人变动情况。本事项应在 15 个工作日内办结。

【知识点 3】纳税信用级别动态调整

税务机关对纳税人的纳税信用级别实行动态调整。开展动态调整的方法和程序包括:

1. 因税务检查等发现纳税人以前评价年度存在直接判为 D 级情形的,主管税务机关应调整其相应评价年度纳税信用级别为 D 级,并记录动态调整信息,该 D 级评价不保留至下一年度。对税务检查等发现纳税人以前评价年度存在需扣减纳税信用评价指标得分情形的，主管税务机关暂不调整其相应年度纳税信用评价结果和记录。

企业（包括新设立企业）发生《纳税信用管理办法（试行）》（国家税务总局公告2014年第40号）第二十条所列失信行为的，税务机关应及时对其纳税信用级别进行调整，并以适当的方式告知。

2. 主管税务机关按月开展纳税信用级别动态调整工作。主管税务机关完成动态调整工作，并为纳税人提供动态调整信息的自我查询服务。

3. 主管税务机关完成动态调整工作后，于次月初5个工作日内将动态调整情况层报至省税务机关备案，并发布A级纳税人变动情况通告。省税务机关据此更新税务网站公布的纳税信用评价信息，于每月上旬将A级纳税人变动情况汇总报送税务总局。

4. 纳税信用年度评价结果发布前，主管税务机关发现纳税人在评价年度存在动态调整情形的，应调整后再发布评价结果。

纳税人信用评价状态变化时，税务机关可采取适当方式通知、提醒纳税人。税务机关按月发布A级纳税人变动情况。税务机关按月采集纳税信用评价信息时，发现纳税人出现信用评价状态发生变化情形的，可通过邮件、短信、微信等方式，通知、提醒纳税人，并视纳税信用评价状态变化趋势采取相应的服务和管理措施，促进纳税人诚信自律，提高税法遵从度。

【知识点4】纳税信用修复

1. 纳入纳税信用管理的企业纳税人，符合下列条件之一的，可在规定期限内向主管税务机关申请纳税信用修复。

（1）纳税人发生未按法定期限办理纳税申报、税款缴纳、资料备案等事项且已补办的。

（2）未按税务机关处理结论缴纳或者足额缴纳税款、滞纳金和罚款，未构成犯罪，纳税信用级别被直接判为D级的纳税人，在税务机关处理结论明确的期限期满后60日内足额缴纳、补缴的。

（3）纳税人履行相应法律义务并由税务机关依法解除非正常户状态的。

（4）破产企业或其管理人在重整或和解程序中，已依法缴纳税款、滞纳金、罚款，并纠正相关纳税信用失信行为的。

（5）因确定为重大税收违法失信主体，纳税信用直接判为D级的纳税人，失信主体信息已按照国家税务总局相关规定不予公布或停止公布，申请前连续12个月没有新增纳税信用失信行为记录的。

（6）由纳税信用D级纳税人的直接责任人员注册登记或者负责经营，纳税信用关联评价为D级的纳税人，申请前连续6个月没有新增纳税信用失信行为记录的。

（7）因其他失信行为纳税信用直接判为 D 级的纳税人，已纠正纳税信用失信行为、履行税收法律责任，申请前连续 12 个月没有新增纳税信用失信行为记录的。

（8）因上一年度纳税信用直接判为 D 级，本年度纳税信用保留为 D 级的纳税人，已纠正纳税信用失信行为、履行税收法律责任或失信主体信息已按照国家税务总局相关规定不予公布或停止公布，申请前连续 12 个月没有新增纳税信用失信行为记录的。

2. 申请破产重整企业纳税信用修复的，应同步提供人民法院批准的重整计划或认可的和解协议，其破产重整前发生的相关失信行为，可按照《纳税信用修复范围及标准》中破产重整企业适用的修复标准开展修复。

3. 自 2021 年度纳税信用评价起，税务机关按照"首违不罚"相关规定对纳税人不予行政处罚的，相关记录不纳入纳税信用评价。

4. 非正常户失信行为纳税信用修复一个纳税年度内只能申请一次。纳税年度自公历 1 月 1 日起至 12 月 31 日止。

主管税务机关自受理纳税信用修复申请之日起 15 个工作日内完成审核，并向纳税人反馈信用修复结果。纳税人对指标评价情况有异议的，可在评价年度次年 3 月填写《纳税信用复评（核）申请表》，向主管税务机关提出复核，主管税务机关在开展年度评价时审核调整，并随评价结果向纳税人提供复核情况的自我查询服务。

纳税信用修复完成后，纳税人按照修复后的纳税信用级别适用相应的税收政策和管理服务措施，之前已适用的税收政策和管理服务措施不作追溯调整。税务机关发现纳税人未履行信用修复承诺，通过提交虚假材料申请纳税信用修复的，在核实后撤销已完成的纳税信用修复，并在纳税信用年度评价中按次扣 5 分。

第九节 纳税信用评价结果的应用

纳税信用评价结果的应用

【知识点 1】激励措施和惩戒措施

税务机关按照守信激励、失信惩戒的原则，对不同信用级别的纳税人实施分类服务和管理。A 级纳税人在发票领用、出口退税、日常办税等多方面享受优惠和便利，D 级纳税人在发票申领、出口退税、接受税务稽查等方面受到严格限制和管理，促进纳税人诚信自律，提高税法遵从度。

1. 对 A 级纳税人的激励措施。

（1）主动向社会公告年度 A 级纳税人名单。

（2）一般纳税人可单次领取 3 个月的增值税发票用量，需要调整增值税发票用量时即时办理。

（3）普通发票按需领用。

（4）连续 3 年被评为 A 级信用级别的纳税人，除享受以上措施外，还可以由税务机关提供绿色通道或专门人员帮助办理涉税事项。

（5）税务机关与相关部门实施的联合激励措施，以及结合当地实际情况采取的其他激励措施。

2. 对 B 级纳税人的管理和服务。

对纳税信用评价为 B 级的纳税人，税务机关实施正常管理，适时进行税收政策和管理规定的辅导，并视信用评价状态变化趋势，选择性地采用对纳税信用评价为 A 级纳税人的激励措施。在国家税务总局《出口退（免）税企业分类管理办法》中，纳税信用级别为 B 级和 B 级以上，是评定出口退税企业管理类别一类的必要条件。

3. 对纳税信用评价为 M 级的企业，税务机关适时进行税收政策和管理规定的辅导。

4. 对 C 级纳税人的管理和服务。

对纳税信用评价为 C 级的纳税人，税务机关应依法从严管理和提供及时的提示、警示和辅导，并视信用评价状态变化趋势，选择性地采用对纳税信用评价为 D 级纳税人采取的管理措施。在国家税务总局《出口退（免）税企业分类管理办法》中，出口企业上一年度内纳税信用级别为 C 级和 C 级以上，是评定出口退税企业管理类别三类的必要条件。

5. 对 D 级纳税人的管理。

（1）公开 D 级纳税人及其直接责任人员名单，对直接责任人员注册登记或者负责经营的其他纳税人纳税信用直接判为 D 级。关联 D 只保留一年，次年度根据《纳税信用管理办法（试行）》（国家税务总局公告 2014 年第 40 号）规定重新评价但不得评为 A 级。

（2）增值税专用发票领用按辅导期一般纳税人政策办理，普通发票的领用实行交（验）旧供新、严格限量供应。

（3）加强出口退税审核。

（4）加强纳税评估，严格审核其报送的各种资料。

（5）列入重点监控对象，提高监督检查频次，发现税收违法违规行为的，不得适用规定处罚幅度内的最低标准。

（6）将纳税信用评价结果通报相关部门，建议在经营、投融资、取得政府供应土地、进出口、出入境、注册新公司、工程招投标、政府采购、获得荣誉、安全许可、生产许可、从业任职资格、资质审核等方面予以限制或禁止。

（7）自开展2019年度评价时起，对于因评价指标得分评为D级的纳税人，次年由直接保留D级评价调整为评价时加扣11分。对于因直接判级评为D级的纳税人，维持D级评价保留2年，第三年纳税信用不得评为A级。

（8）税务机关与相关部门实施的联合惩戒措施，以及结合实际情况依法采取的其他严格管理措施。

【知识点2】"银税互动"助力小微企业发展

大力实施纳税信用A级企业联合激励。按照促进大众创业、万众创新的部署要求，税务总局联合银保监会在全国开展"银税互动"助力小微企业发展活动，将纳税信用成功转化为企业的融资资本，缓解了小微企业融资难问题，实现了"企业有发展、银行有效率、纳税更诚信"的良性互动。

【知识点3】重大税收违法案件当事人联合惩戒

1. 惩戒对象

（1）当事人为自然人的，惩戒的对象为当事人本人。

（2）当事人为企业的，惩戒的对象为企业及其法定代表人、负有直接责任的财务负责人。

（3）当事人为其他经济组织的，惩戒的对象为其他经济组织及其负责人、负有直接责任的财务负责人。

（4）当事人为负有直接责任的中介机构及从业人员的，惩戒的对象为中介机构及其法定代表人或负责人，以及相关从业人员。

2. 惩戒措施

（1）强化税务管理，通报有关部门［纳税信用级别直接判为D级，适用《纳税信用管理办法（试行）》（国家税务总局公告2014年第40号）关于D级纳税人的管理措施］；

（2）阻止出境；

（3）限制担任相关职务；

（4）金融机构融资授信参考；

（5）禁止部分高消费行为；

（6）通过企业信用信息公示系统向社会公示；

（7）限制取得政府供应土地；

（8）强化检验检疫监督管理；

（9）禁止参加政府采购活动；

（10）禁止适用海关认证企业管理；

（11）限制证券期货市场部分经营行为；

（12）限制保险市场部分经营行为；

（13）禁止受让收费公路权益；

（14）限制政府性资金支持；

（15）限制企业债券发行；

（16）限制进口关税配额分配；

（17）通过主要新闻网站向社会公布；

（18）其他。

【知识点4】信用信息共享交换

税务机关依托全国信用信息共享平台，用纳税信用信息对接社会信用信息，形成纳税信用管理大数据，构筑纳税信用管理大格局。

第九章 宣传咨询

>> 知识架构

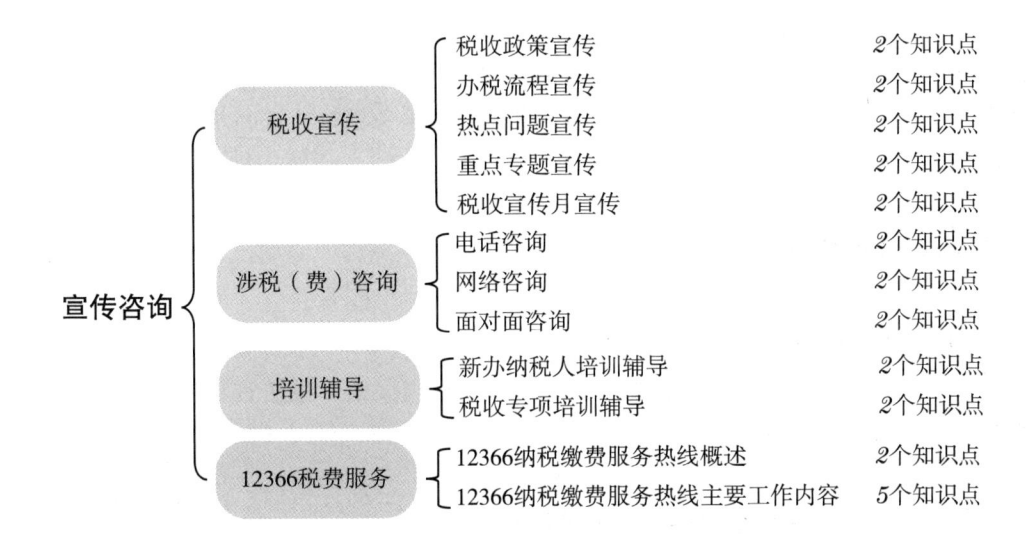

```
                  ┌ 税收政策宣传              2个知识点
                  │ 办税流程宣传              2个知识点
         税收宣传 ┤ 热点问题宣传              2个知识点
                  │ 重点专题宣传              2个知识点
                  └ 税收宣传月宣传            2个知识点
                  ┌ 电话咨询                  2个知识点
       涉税（费）咨询 ┤ 网络咨询                  2个知识点
宣传咨询┤              └ 面对面咨询                2个知识点
                  ┌ 新办纳税人培训辅导        2个知识点
         培训辅导 ┤
                  └ 税收专项培训辅导          2个知识点
                        ┌ 12366纳税缴费服务热线概述        2个知识点
       12366税费服务 ┤
                        └ 12366纳税缴费服务热线主要工作内容  5个知识点
```

>> 第一节 税收宣传

按照《中华人民共和国税收征收管理法》的规定，税务机关应当广泛宣传税收法律、行政法规，普及纳税知识，无偿地为纳税人提供纳税咨询服务。其具体内容包括税收政策宣传、办税流程宣传、热点问题宣传、重点专题宣传和税收宣传月宣传等内容。

一、税收政策宣传

【知识点1】税收政策宣传的概念

税收政策宣传，是指税务机关对税收政策及解读进行宣传。

【知识点2】税收政策宣传相关工作要求

1. 省、市税务机关通过税务网站，县税务机关通过办税服务厅公告栏、电子显示屏等渠道发布税收政策文件及解读，并及时更新维护。

2. 省、市税务机关纳税服务部门根据实际情况制作宣传资料，并及时将本级制作和上级下发的宣传资料发放至下一级税务机关，县税务机关 1 个工作日内将接收的宣传资料通过办税服务厅发放。

为深入贯彻党的二十大精神，认真落实中央经济工作会议和全国两会部署，巩固拓展学习贯彻习近平新时代中国特色社会主义思想主题教育成果，更好服务经济社会发展大局，国家税务总局对外发布《关于开展 2024 年"便民办税春风行动"的意见》，以"持续提升效能·办好为民实事"为主题，紧紧围绕"高效办成一件事"，持续开展"便民办税春风行动"，集成推出 4 个方面惠民利企服务举措，进一步提高纳税人缴费人获得感、满意度。

二、办税流程宣传

【知识点 1】办税流程宣传的概念

办税流程宣传，是指税务机关对涉税事项的办理渠道、报送资料、办理程序、办理方法等进行宣传。

【知识点 2】办税流程宣传相关工作要求

1. 纳税服务部门接收业务主管部门或上级纳税服务部门提供的办税流程相关资料。无须补充说明的，于接收当日进入对外发布核准环节；需要补充说明的，由纳税服务部门商业务主管部门确定。

2. 纳税服务部门于接收后 1 个工作日内完成对外发布核准。

3. 收到经发布核准的资料后 1 个工作日内，省、市税务机关通过税务网站，县税务机关通过办税服务厅公告栏、电子显示屏等渠道发布办税流程宣传资料，并及时更新维护。

4. 省、市税务机关纳税服务部门根据实际情况制作宣传资料，并及时将本级制作和上级下发的宣传资料发放至下一级税务机关，县税务机关 1 个工作日内将接收的宣传资料通过办税服务厅发放。

三、热点问题宣传

【知识点 1】热点问题宣传的概念

热点问题宣传，是指税务机关对纳税人咨询频率较高的问题进行宣传。

【知识点 2】热点问题宣传相关工作要求

1. 纳税服务部门于每月初的 5 个工作日内收集、筛选上月咨询频率较高的热点问题，整理答案并提交业务主管部门审核。

2. 业务主管部门5个工作日内完成热点问题及答案的审核并传递纳税服务部门。

3. 纳税服务部门于接收后的1个工作日内完成对外发布核准。

4. 收到经发布核准的资料后1个工作日内，省、市税务机关通过税务网站，县税务机关通过办税服务厅公告栏、电子显示屏等渠道发布热点问题并及时更新维护。

5. 省、市税务机关纳税服务部门根据实际情况制作宣传资料，并及时将本级制作和上级下发的宣传资料发放至下一级税务机关，县税务机关1个工作日内将接收的宣传资料通过办税服务厅发放。

四 重点专题宣传

【知识点1】重点专题宣传的概念

重点专题宣传，是指税务机关根据工作计划、税收政策和管理制度（体制）变化及纳税人需求情况，组织实施特定主题的税法宣传活动。

【知识点2】重点专题宣传相关工作要求

1. 税务机关根据工作计划、税收政策或制度变动、纳税人需求情况启动特定主题的税法宣传工作，制订重点专题宣传工作方案，明确宣传任务、目标、渠道、方式、步骤和分工等事项。

2. 税务机关通过办税服务厅、纳税人学堂、互联网、媒体等渠道，以教学讲座、税企座谈会、媒体通气会、在线访谈等多种形式开展多方位宣传，并进行效果评估，持续改进。

五 税收宣传月宣传

【知识点1】税收宣传月宣传的概念

税收宣传月宣传，是指税收宣传月宣传是指在每年4月的全国税收宣传月期间，税务机关通过多种渠道、多种形式对社会公众进行的普及性税收宣传活动。

【知识点2】税收宣传月相关工作要求

1. 税务机关制订实施方案，根据"税收宣传月主题"明确时间、任务、目标、方式、渠道、步骤和分工等事项。

2. 税务机关按照实施方案组织实施，注重面向社会公众，加强公众参与和交流互动，增进公众对税务部门和税务工作的理解和支持。

第二节 涉税（费）咨询

为满足纳税人缴费人的各项涉税（费）服务需求，税务机关应当通过对外公开的咨询服务电话、互联网渠道解答公众和纳税人缴费人提出的涉税（费）问题，同时应当强化面对面咨询服务的相关管理。

一、电话咨询

【知识点1】电话咨询的概念

电话咨询，是指税务机关通过对外公开的咨询服务电话解答公众和纳税人缴费人提出的涉税（费）问题。

【知识点2】电话咨询相关工作要求

1. 12366纳税缴费服务热线、各级税务机关对外公开的其他咨询服务电话，在工作时间内提供涉税（费）咨询服务。
2. 提供咨询服务时应使用规范用语。
3. 能即时答复的即时答复，不能即时答复的按规定时限答复。
4. 咨询电话出现故障，短时间内不能恢复正常的，应及时向社会公告，并采取应急措施。

二、网络咨询

【知识点1】网络咨询的概念

网络咨询，是指税务机关通过互联网络为公众和纳税人缴费人提供涉税（费）咨询服务。

【知识点2】网络咨询相关工作要求

1. 纳税人缴费人可通过国家税务总局12366纳税服务平台网页端（Web端）、12366纳税服务App、微信和支付宝"12366智能咨询"小程序获取服务。
2. 智能咨询：即时办结。在线咨询：能即时答复的即时答复，不能即时答复的按规定时限答复。
3. 答复网上留言咨询时，发现问题表述不清的，应告知纳税人缴费人将问题表述完整或指引其采用其他方式咨询。已注明电话联系方式的，可通过 12366 纳税缴费服务热线电话回呼，但同时仍需留言答复。

4. 提供在线咨询服务时应根据纳税人缴费人的问题内容，判断其是否属于涉税（费）咨询服务受理范围。属于咨询受理范围的，认真做好解答工作；不属于咨询受理范围的，主动告知纳税人缴费人不予受理的理由，并尽量进行引导。

三 面对面咨询

【知识点1】面对面咨询的概念
面对面咨询，是指税务机关为公众和纳税人缴费人提供面对面咨询服务。

【知识点2】面对面咨询相关工作要求
1. 办税服务厅设置咨询服务岗位，提供面对面咨询服务。
2. 对不能即时答复的涉税问题，记录后转下一环节处理，并在 5 个工作日内回复。
3. 不能按期回复的，在回复期限内向咨询人说明。

>> 第三节
培训辅导

税务机关组织实施的税收宣传按照内容与形式区分，可以分为新办纳税人培训辅导和税收专项培训辅导。

一 新办纳税人培训辅导

【知识点1】新办纳税人培训辅导的概念
新办纳税人培训辅导，是指税务机关组织新办纳税人开展税收基本知识、相关税收政策、办税流程、软件操作、税控设备操作等方面的学习培训和互动交流，增强纳税人的纳税意识，提高其办税能力。

【知识点2】新办纳税人培训辅导相关工作要求
1. 在纳税人办理设立登记时，提示有关培训事项，引导纳税人积极参加纳税人学堂培训。
2. 制订新办纳税人综合培训计划，明确培训内容、培训对象、教师组成、培训时间及地点等事项。

3. 县税务机关通过实体纳税人学堂开展对新办纳税人的培训辅导。纳税人自愿报名，免费参加培训。

4. 实体纳税人学堂应根据工作计划或纳税人需求举办新办纳税人培训，培训通知应至少提前一周在网络纳税人学堂发布。

5. 实体纳税人学堂培训期间应发放培训资料并开展互动问答；网络纳税人学堂应根据政策变动及时更新课件，并提供下载服务。

6. 采取问卷调查、在线留言、课堂反馈等形式，收集纳税人意见，根据纳税人的实际需求和关注热点，编制、调整教学培训计划。

二、税收专项培训辅导

【知识点1】税收专项培训辅导的概念

税收专项培训辅导，是指税务机关根据税收政策变化、纳税人需求、重点工作和阶段性工作，组织纳税人开展税收专项培训辅导。

【知识点2】税收专项培训辅导相关工作要求

1. 县税务机关通过实体纳税人学堂开展税收专项培训辅导。

2. 制订税收专项培训计划，明确培训内容、培训对象、教师组成、培训时间及地点等事项。

3. 通过办税服务厅、网络纳税人学堂等渠道发放培训通知，纳税人自愿报名，免费参加培训。

4. 实体纳税人学堂培训期间应发放培训资料并开展互动问答。网络纳税人学堂应根据政策变动及时更新课件，并提供下载服务。

5. 采取问卷调查、在线留言、课堂反馈等形式，收集纳税人意见，并根据纳税人的实际需求和关注热点，编制、调整教学培训计划。

>> 第四节
12366税费服务

一、12366纳税缴费服务热线概述

【知识点1】12366纳税缴费服务热线工作目标

12366是全国税务系统统一的服务电话号码。按照相关工作定位，12366纳税缴费

服务热线的工作目标是围绕涉税（费）咨询的重要平台、宣传政策的重要阵地、办税缴费服务的重要载体、锻炼干部的重要基地、展示形象的重要窗口五个定位，建成集纳税缴费咨询、税费宣传、办税缴费服务、投诉受理、需求管理、纳税人缴费人满意度调查六项功能于一体的综合性、品牌化纳税缴费服务平台。

【知识点2】12366纳税缴费服务热线功能定位

12366纳税缴费服务热线的功能定位是：1号接入（业务通用12366一个号码），2级保障（国家和省级两级中心），3线互通（热线、网线、无线），6能平台（能问、能查、能看、能听、能约、能办），6心服务（用心倾听、耐心解答、诚心交流、真心互动、精心分析、贴心推送）。

二 12366纳税缴费服务热线主要工作内容

12366纳税缴费服务热线通过电话、互联网、传真等渠道为纳税人缴费人提供咨询、税费信息查询、接受纳税人投诉、接受税务机关和税务人员税收违法行政行为举报、收集意见建议等服务。

【知识点1】咨询服务相关工作要求

12366纳税缴费服务热线主要负责解答纳税人缴费人关于国家税收法律、行政法规、纳税程序以及社会保险费和税务机关管辖的非税收入征管有关问题，引导投诉举报。不提供税收策划、各类社会性涉税考试辅导，也不进行涉税学术研究、探讨。不属于受理范围的，咨询员应主动告知纳税人缴费人不予受理的理由。

12366咨询员应通过12366税收知识库或12366智能咨询库查找答复依据并答复纳税人缴费人，对于经内部流转不能答复的问题，本级12366主管部门能够处理的，应当在5个工作日内处理，紧急的工单应根据实际需要在限定时限内办结。

本级12366主管部门不能处理的工单，属于要本级业务部门答复的疑难问题，本级业务部门应在5个工作日内予以答复，本级业务部门不能答复的，按"疑难问题"的要求执行。即省12366主管部门对于不能答复的疑难问题，应在问题产生之日起1个工作日内制作工单传递给同级业务部门处理，业务承办部门应在1个工作日内判断是否属于职责受理范围，不属于职责受理范围的，退回12366主管部门，逾期不退，视为受理。属于职责受理范围的，承办部门应自形成工单之日起5个工作日内答复省12366主管部门。对于业务部门不能够解释和明确的疑难问题且未上报至国家税务总局的，省12366主管部门应在收到反馈意见后1个工作日内制作《12366热线疑难问题提交单》提交至12366国家级中心。

【知识点2】税费信息查询相关工作要求

纳税人缴费人通过电话、网络、现场、传真等方式提出查询需求，12366纳税缴费服务热线在按规定可查询范围内为纳税人缴费人提供税费信息查询服务。税费信息查询包括人工查询和自助查询，自助查询服务是指12366纳税缴费服务热线预先在IVR系统录制语音、文本信息，纳税人缴费人利用电话机键盘输入进行选择，或利用语音识别技术在智能咨询平台自行根据语音提示获得税费信息的查询服务，以及通过12366纳税服务平台相关栏目获得税费信息的查询服务。

【知识点3】接受纳税服务投诉相关工作要求

接受纳税服务投诉，是指12366纳税缴费服务热线接受纳税人缴费人对于税务机关及其工作人员在履行纳税服务职责过程中未提供规范、文明的纳税服务或者侵犯其合法权益而向税务机关进行的投诉，并转给相关部门处理。

【知识点4】收集意见建议相关工作要求

12366咨询员通过电话、网络、现场以及传真等渠道提供纳税（缴费）服务时，应认真登记纳税人缴费人对税收工作以及社会保险费和税务机关负责的非税收入征管工作的意见和建议。记录应确保内容完整、语言简洁、表述准确。

【知识点5】12366热线以分中心的形式归并到所在地的12345热线

根据《国务院办公厅关于进一步优化地方政务服务便民热线的指导意见》规定，12366纳税缴费服务热线以分中心的形式归并到所在地的12345政务服务便民热线，保留号码和话务座席。作为12345政务服务便民热线的分中心，12366将做好对12345平台的支撑，无缝承接和快速办理12345政务服务便民热线转办的诉求，共享相关的咨询数据信息，为纳税人缴费人提供更加优质、便捷、精细的服务。

第十章 文明服务

知识架构

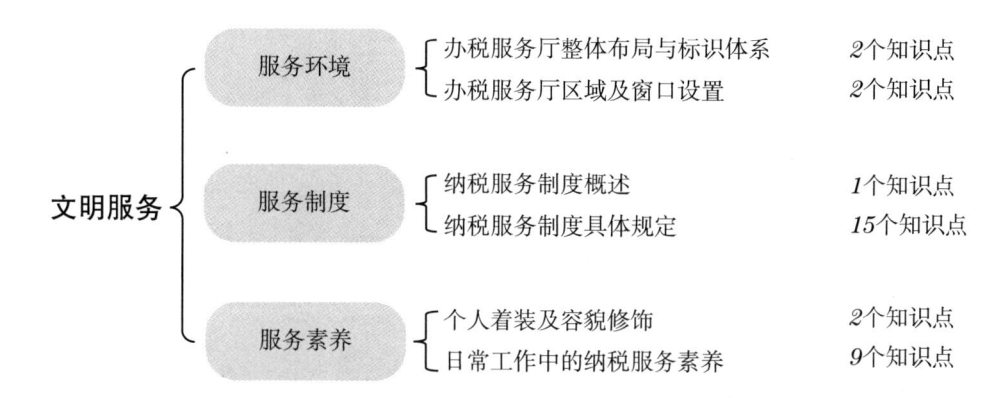

文明服务
- 服务环境
  - 办税服务厅整体布局与标识体系　　2个知识点
  - 办税服务厅区域及窗口设置　　　　2个知识点
- 服务制度
  - 纳税服务制度概述　　　　　　　　1个知识点
  - 纳税服务制度具体规定　　　　　　15个知识点
- 服务素养
  - 个人着装及容貌修饰　　　　　　　2个知识点
  - 日常工作中的纳税服务素养　　　　9个知识点

第一节　服务环境

一　办税服务厅整体布局与标识体系

办税服务厅整体布局要协调一致，统一办税服务标识，地面和其他设备设施的颜色及风格应与整体布局相协调，突出清新、舒适、美观、大方的效果。

【知识点1】办税服务厅外部标识

1. 标识类别

（1）横向标识。办税服务厅原则上应选用横向标识。横向标识位于办税服务厅正门上方醒目位置。

（2）竖向标识。因客观原因确实无法应用横向标识的办税服务厅，可选用竖向标识。竖向标识位于办税服务厅正门侧方。

（3）立式标识。因客观原因确实无法应用横向标识的办税服务厅，经有关部门批准后，可选用于户外矗立的立式标识。

2. 标识元素

办税服务厅标识由名称、图案、颜色等元素组成。

3. 标识应用场所

车辆购置税办税场所、契税办税场所、自助办税场所、基层税务所（分局）、农村乡镇设置的办税服务场所，应统一使用国家税务总局规定的办税服务厅外部标识，名称为"办税服务厅"或"办税服务室"。

【知识点2】办税服务厅内部标识

1. 标识基本元素

（1）颜色。

办税服务厅内部各类标识底色统一为古蓝色，文字色为白色。

（2）字体。

中文字体为方正大黑简体，英文字体为 Times New Roman。

2. 标识主要类别

办税服务厅内部标识是引导和方便纳税人办税，传递税务机关纳税服务理念的视觉识别系统。其主要类别有：背景墙标识、窗口标识、功能区标识、服务设施标识、标识材质。

二 办税服务厅区域及窗口设置

【知识点1】办税服务厅服务区域设置

办税服务厅设有办税服务区、咨询辅导区、自助办税区和等候休息区等功能区域。也可根据信息化建设状况、纳税人办税现状、场地规模、工作量、人流量等实际需求进行合理增并、适当调整，条件不允许的办税服务厅可适当合并功能区，有其他需要的也可增设特色区域。设在政务中心的办税服务场所按上述要求或当地政务中心的要求设置功能区域。

【知识点2】办税服务厅服务窗口设置

办税服务区可设置综合服务、发票管理、申报纳税三类窗口或综合服务、发票管理两类窗口并明确各岗位工作职责。有条件的地方实行"一窗式"服务，可以灵活采取错峰申报、调整窗口功能分流措施，及时疏导纳税人。

第十章 | 文明服务

>> 第二节
服务制度

一 纳税服务制度概述

【知识点】纳税服务制度概述

税务机关为进一步优化纳税服务，提高办税服务质量和效率，通过完善各项纳税服务制度，推进办税便利化改革，提高纳税人税法遵从度和满意度。本书服务制度主要介绍税务机关常见的首问责任制、限时办结制度、预约服务制度、延时服务制度、一次性告知制度、导税服务制度、领导值班制度、24 小时自助办税制度、办税公开制度、最多跑一次制度、跨区域办理制度、无纸化免填单办理服务、实名办税制度、新办纳税人"套餐式"服务制度、办税服务厅突发事件应急处理制度等服务制度。

二 纳税服务制度具体规定

【知识点1】首问责任制

首问责任制的业务范围包括涉税业务办理、涉税业务咨询、纳税服务投诉和税收工作建议。纳税人到税务机关或通过电话等方式办理涉税事项、寻求涉税帮助时，首位接洽的税务工作人员应热情接待，认真倾听，不得推诿、敷衍、拖延或者拒绝。首问责任人对职责范围内的涉税事项应按规定办理或答复；对不属于首问责任人职责范围的涉税事项，应为纳税人进行有效指引；不属于本税务机关职责范围的涉税问题，向纳税人说明，并给予必要帮助。

【知识点2】限时办结制度

限时办结制度，是指税务机关对纳税人发起的非即办事项，应在规定的时限内办结或答复的制度。

【知识点3】预约服务制度

预约服务制度，是指税务机关与纳税人约定在适当的工作时间办理涉税事项的制度。预约服务内容包括涉税事项办理、税收政策咨询以及省税务机关确定的其他事项。

纳税服务岗位知识与技能

预约服务可以由纳税人发起，也可以由税务机关发起，服务时间由双方协商约定。

【知识点4】延时服务制度

延时服务制度，是指税务机关对已到下班时间正在办理涉税事宜或已在办税服务场所等候办理涉税事项的纳税人提供延时办税的服务制度。

【知识点5】一次性告知制度

纳税人咨询涉税事项时，工作人员应一次性告知其咨询事项的依据、时限、程序和所需的全部资料。受理纳税人涉税事项时，对资料不齐全或不符合要求的，工作人员应一次性告知需补充的资料及内容；对不予办理的涉税事项要说明理由、依据等。一次性告知可通过书面或口头方式进行，行政许可事项必须书面告知。

实施二维码一次性告知服务，二维码作为主动税收宣传有效载体，可承载内容包含"全国统一事项""地方适用事项"的办税事项、业务专题政策、全国咨询热点问答等。税务机关制作二维码图标并在办税服务厅、门户网站等办税服务平台放置。

【知识点6】导税服务制度

办税服务厅应为纳税人提供准确、快捷的导税服务。办税服务厅在税款征收期内设置导税台，配备导税人员；在非税款征收期或办税服务厅延伸点不设置导税台和导税人员的，根据实际情况提供导税服务。导税人员负责引导纳税人到相关的服务区域或窗口办理各类涉税事项；辅导纳税人正确填写相关表格和涉税资料；指引纳税人正确使用自助办税设备，解答纳税人办税咨询。

【知识点7】领导值班制度

办税服务厅实行领导值班制，值班领导由县税务机关领导和相关股（室）负责人轮流担当，并设置领导值班标识。值班领导负责：部门间协调；处理值班期间发生的突发事件，组织实施应急预案；接受纳税人咨询或投诉。值班领导在值班期间要坚守工作岗位，并填写值班日志。

【知识点8】24小时自助办税制度

24小时自助办税制度，是指税务机关通过网上办税平台、移动办税平台、12366纳税缴费服务热线、自助办税终端等渠道向纳税人提供24小时自助办理涉税事项的制度。

【知识点9】办税公开制度

办税公开是税务机关依据国家法律、法规的规定，在税收征收、管理、检查和实施税收法律救济过程中,依照一定的程序和形式,向纳税人公开相关涉税事项和具体规定。

税务机关应公开税务机构和职责、纳税人权利和义务、税收政策、税务行政许可项目、税务行政审批事项、办税程序、欠缴税款信息、信用级别为 A 级的纳税人名单、税务行政处罚标准、服务承诺、办公时间、咨询和投诉举报监督电话等事项。对于国家秘密和涉及国家安全的信息、依法受保护的商业秘密和个人隐私,以及法律法规禁止公开的事项,不得公开。省、市税务机关通过税务网站,办税服务厅通过公告栏、电子显示屏等渠道公开办税公开事项。

【知识点 10】"最多跑一次"制度

办税事项"最多跑一次",是指纳税人办理《办税事项"最多跑一次"清单》范围内事项,在资料完整且符合法定受理条件的前提下,最多只需要到税务机关跑一次。

【知识点 11】跨区域办理制度

1. 同城通办、省内通办的区域和业务范围由省税务机关确定。

2. 全国通办,是指跨省(自治区、直辖市、计划单列市)经营企业,可以根据办税需要就近选择税务机关申请办理涉税信息报告类、申报纳税办理类、优惠备案办理类、证明办理类等 4 类 15 项异地涉税事项。

【知识点 12】实名办税制度

实名办税是对纳税人的办税人员(包括税务代理人)身份确认的制度。办税人员在办理涉税事项时提供有效个人身份证明,税务机关采集、比对、确认其身份信息后,办理涉税事项。

【知识点 13】新办纳税人"套餐式"服务制度

新办纳税人"套餐式"服务一般应包括以下涉税事项:电子税务局注册开户、登记信息确认、财务会计制度及核算软件备案、纳税人存款账户账号报告、增值税一般纳税人登记、发票票种核定、发票领用等。

【知识点 14】提醒服务制度

1. 提醒服务,是指在纳税人发生纳税义务或履行税收法律责任之前,主管税务机关通过有效方式对纳税人办理各项涉税事项进行提醒的服务措施。

2. 主管税务机关提供的提醒服务主要内容应涵盖事前、事中和事后三个环节,具体包括新办业户提醒、办税事项提醒、税收预警提醒、纳税人权利提醒、其他涉税事项提醒等。

3. 主管税务机关应根据实际情况，对不同类型的纳税人和不同的涉税事宜采取不同的提醒方式。主要方式有以下几种：①口头告知；②发放纳税提醒卡、通知单；③召开专题会议；④新闻媒体公告；⑤其他方式。

【知识点15】办税服务厅突发事件应急处理制度

1. 办税服务厅突发事件，是指突然发生，影响办税服务厅正常办税秩序，造成生命财产损失，危害公共安全，需要采取应急处置措施予以应对的事件。

2. 办税服务厅突发事件可分为以下三类：

（1）办税秩序类；

（2）系统故障类；

（3）其他类。

3. 突发事件应急处置原则包括：

（1）以人为本；

（2）预防为主；

（3）果断处置。

4. 办税服务厅应急处置基本要求。

基层税务机关应成立办税服务厅应急工作领导小组，统一负责指挥、控制、协调突发事件的处置。

基层税务机关应定期对办税服务厅相关人员进行应急处置培训和应急演练，并根据各类突发事件防范和处置的需要，做好相关设备、设施及其他物资的配备、储备和维护，增强防范意识，提高应对能力。

5. 办税服务厅突发事件应对策略。

（1）办税秩序类突发事件的应对策略。

办税秩序类突发事件包括办税拥堵和现场冲突两种。应针对不同情况进行及时处置。

①办税拥堵的应对策略。

办税服务厅发生排队拥堵时，值班领导应及时做好现场秩序的维护和拥堵原因识别。通过增加导税人员、调整窗口功能、增设办税窗口、增辟等候休息区等方式，引导或分流办税人员，防止出现秩序混乱的情况。发生严重拥堵时，办税服务厅负责人应及时报告办税服务厅应急工作领导小组。

②现场冲突的应对策略。

办税服务厅发生人员冲突时，值班领导应第一时间介入，引导相关人员到安静场所进行沟通。认真倾听，安抚相关人员的情绪，并对相关人员的抱怨或投诉进行妥善处理，避免冲突升级。当相关人员情绪失控时，要做好隔离和疏散工作，必要时向公安部门报案并做好现场处置。办税服务厅工作人员要加强自我保护、自我克制,避免与办税人员发生肢体冲突。税务机关要妥善处理后续事宜并进行舆情监控。

(2)系统故障类突发事件的应对策略。

由于计算机软件、硬件,电力或网络系统等升级或突发故障等原因导致涉税业务不能正常办理时,办税服务厅负责人应第一时间上报突发事件应急领导小组,并启动应急预案。办税服务厅应配合有关技术部门尽快解决,并做好现场秩序维护和办税人员的解释疏导工作。利用显示屏、公告栏、电话、短信、微信等方式提醒纳税人合理安排办税时间。对短时间内不能解决故障的,通过手工处理或发放二次优先卡、提供延时服务等方式,待故障修复后及时为纳税人办理相关事宜。

(3)其他类突发事件的应对策略。

涉及公共安全、自然灾害等其他类突发事件发生时,第一处置人应在第一时间报告相关部门及应急工作领导小组。同时在当地政府统一领导下,按照相关应急预案积极部署应对。

①群体性事件处置。

办税服务厅发生群体性事件时,办税服务厅负责人应立即报告办税服务厅应急工作领导小组,启动应急预案,必要时及时向当地公安机关报警,并配合公安部门做好现场处置。工作人员应尽快组织办税服务厅内其他纳税人撤离现场,安排人员保护重要岗位和重要资料。

②其他突发事件处置。

当地震发生时,办税服务厅负责人应按照《国家突发公共事件总体应急预案》和《国家地震应急预案》相关要求,指挥办税服务厅内人员紧急疏散、有序撤离、检查伤情、稳定情绪,及时向办税服务厅应急工作领导小组负责人报告。

当洪涝灾害发生时,办税服务厅负责人应按照《国家突发公共事件总体应急预案》相关要求,要迅速组织办税服务厅内人员安全转移,在有安全保障的前提下切断电源,及时向办税服务厅应急工作领导小组负责人报告。

当火灾发生时,办税服务厅负责人应及时发出火灾信息并立即向消防部门报警,同时向办税服务厅应急工作领导小组负责人报告。火灾初起,办税服务厅负责人在有安全保障的前提下切断电源,组织人员使用消防器材灭火,抢救重要涉税资料,迅速引导办税服务厅内人员有序撤离、逃生。

6. 办税服务厅突发事件事后管理。

办税服务厅突发事件发生后,应按照税务系统舆情管理相关要求和程序,依法依规做好信息发布。未经许可,任何个人不得擅自发布事件相关信息。突发事件结束后,应及时将事件相关情况报上级主管税务机关备案,并总结经验教训,加强防范,完善应急预案。

对在处置工作中预警及时、处置妥善，有效保障生命财产安全的单位和个人，应依据相关规定给予表彰和奖励。对在工作中玩忽职守、处置不当，导致事件发生或扩大，造成重大损失或恶劣影响的单位和个人，应依照相关规定，视其情节和危害程度，给予党纪政纪处分或移交司法机关处理。

>> 第三节 服务素养

一 个人着装及容貌修饰

【知识点1】着装的规范

对于税务工作人员的着装规范，国家税务总局是有明确规定的。具体可以参照国家税务总局关于"着装风纪"的相关规定，主要有以下7个方面：

（1）各级税务机关要重视和加强对税务着装人员着装风纪的管理工作，并将此纳入考核范围，严格管理。

（2）各级税务机关要成立专门的着装风纪管理领导小组。负责贯彻落实国家税务总局税务着装有关政策规定，指导本单位税容风纪管理工作；定期组织税容风纪的检查和抽查。

（3）税务着装人员必须严格遵守着装风纪，执行公务时必须按规定穿着统一制发的税务制服。服装穿着要整洁适体，扣好衣扣、领钩，不得披衣、敞怀、挽袖、卷裤腿；标志要完整清晰，佩戴端正，保持良好的税务执法形象。

（4）税务人员着装要统一规范。服装必须成套穿着，系税务专用领带；不准制服、便服混穿，不准不同季节的制服混穿；大檐帽和冬帽与衣服的穿戴要一致；鞋子颜色式样与衣服的搭配应协调；着冬装、春秋装时佩戴硬肩章，着夏装时佩戴软肩章，硬、软肩章不得混戴，帽徽佩戴要端正。

（5）税务人员在公共场所要自觉维护税务人员荣誉。着装执行公务时，不准吃零食、吸烟、酗酒；不准勾肩搭背、嬉戏打闹。除执行公务外，严禁着税务制服进入营业性歌舞厅、夜总会等娱乐场所。

（6）税务着装人员要爱护税务服装和标志，不准任意拆改服装样式、不准借给他人穿戴，更不准送人或变卖。

（7）为了着装整齐一致，各单位可根据本地区气温变化情况，确定统一的季节换装时间。

上述内容对税务制式服装应该什么时候穿，应该怎样穿等都一一作了规定。除此之外，还需注意以下7点：

（1）工作人员因特殊情况（如怀孕、受伤等），不便于穿着制服，经办税服务厅负责人同意着便装上岗的，应做到庄重得体。

（2）办税服务场所工作人员在非工作时间不得穿着税务制服。

（3）领带的长度。领带过长，显得拖沓；太短，显得拘谨。如果腰带上有金属扣，领带的尖端遮到金属扣下端沿即可。天气转凉需要穿毛衣、背心时，领带一律压在毛衣、背心等里面。还要注意毛衣、背心的下摆切不可塞进裤子里面，以免臃肿不堪。

（4）领带夹的使用。领带夹的首要功能是实用价值，起到使领带与衬衣固定起来的作用。所以，领带夹的位置一般在衬衣的第三与第四颗纽扣之间。

（5）衣襟的处理。长袖衬衣配领带敞穿时，衣襟一律收束在腰带里面。

（6）长裤的处理。长裤一般以裤脚接触脚背，达到皮鞋后帮的一半为佳。裤线要清晰、笔直。裤扣要扣好，拉链全部拉严。

（7）鞋袜的处理。穿制服一定要配皮鞋，千万不能穿凉鞋、布鞋、旅游鞋等，而且皮鞋要擦亮。黑色皮鞋可配各种颜色的服装，其他色彩的皮鞋要与制服的颜色相同或接近才能相配。配袜子也有应讲究，不可忽略。袜子的色彩应采用与皮鞋相同或接近的颜色。穿制服时，不宜用白袜子配黑皮鞋，男士忌穿女士常用的肉色丝袜。

【知识点2】容貌修饰

1. 头发的修饰

头发的修饰要注意：①整洁，达到无头屑、无油垢、无异味的"三无标准"；②头发宜短不宜长；③不宜留"鬓角"；④发型应当规范，避免过分新潮、怪异的"个性化"发型；⑤一律不能染夸张彩发。

2. 面部的修饰

面部的修饰要注意仪容整洁干净，不要蓬头垢面，保持面部的干净，注意体毛的修剪，注意眼部的修饰。

3. 化妆的原则

办税服务场所工作人员，应适度化妆，提升个人的自信的同时，还能体现出对服务对象的尊重。在化妆上应恪守：①化妆要自然；②化妆要协调；③化妆要避人。

二、日常工作中的纳税服务素养

【知识点1】站姿的规范

正确的站立姿势应是：端正、庄重，具有稳定性，做到腰不弯，背不驼，腹不挺，头正、肩平、臂垂、腿直，给人以静态美感。

要谨防不雅站姿：

（1）上身：歪着脖子、斜着肩或一肩高一肩低、弓背、挺着腹、撅臀或身体依靠其他物体等。

（2）手脚：两腿弯曲、叉开很大以及在一般情境中双手叉腰、双臂平端或抱在胸前、两手插在口袋，手夹香烟或双手背在背后等。

（3）动作：搔头抓痒，摆弄衣带、发辫，咬指甲等。

【知识点2】坐姿的规范

坐姿是办税服务场所工作人员最重要的人体姿态，接待纳税人或需要就座为纳税人提供服务时，坐姿要端正、稳重、自然、大方。就座时要选择在客人的左侧座位就座。尽量"左进左出"，即从椅子的左侧入座，左侧离座。入座时，要走到座位前面再转身，然后右脚向后退半步，轻稳地坐下，收右脚。

要避免不良坐姿：

（1）就座时前倾后仰，或是歪歪扭扭，脊背弯曲，头过于前倾，耸肩。

（2）两腿过于叉开或长长地伸出去，萎靡不振地瘫坐在椅子上。

（3）坐下后随意挪动椅子，在正式场合跷二郎腿、抖腿。

（4）为了表示谦虚，故意坐在椅子边上，身体萎缩前倾地与人交谈。

（5）大腿并拢，小腿分开，或双手放在臀下，腿脚不停地抖动。

（6）就座时将双腿搭放到桌子、茶几等上面。

（7）就座时有趴伏桌面等懒散不雅姿势。

【知识点3】介绍的规范

介绍顺序分别是：

1. 把职务低者介绍给职务高者；
2. 把地位低者介绍给地位高者；
3. 把年轻者介绍给年长者；
4. 把客人介绍给主人；
5. 把男士介绍给女士；

6. 把迟到者介绍给早到者。

【知识点4】引导的规范

1. 在走廊的引导方法。接待人员在纳税人二三步之前，配合步调，让纳税人走在内侧。

2. 在楼梯的引导方法。当引导纳税人上楼时，应该让纳税人走在前面，接待人员走在后面；若是下楼时，应该由接待人员走在前面，纳税人在后面；上下楼梯时，接待人员应该注意客人的安全。

3. 在电梯的引导方法。引导纳税人乘坐电梯时，接待人员先进入电梯，待纳税人进入后关闭电梯门；到达时，接待人员按"开"的按钮，让纳税人先走出电梯。

【知识点5】接递手势的规范

1. 接递手势在纳税服务工作中经常使用。我们需要把握的递交物品的三原则是：安全、便利、尊重。

2. 为纳税人提供资料或递、接有关证件、单据时动作要稳妥，不得丢、投、甩、扯、抢，避免动作过快或过于迟缓等问题。若递交书本、文件，要尽量双手递上，让文字正向朝着对方，使对方一目了然，不能只顾自己方便而让他人接过书本文件后再倒转一下才看清文字。

3. 若递刀、递笔给他人，就必须"授人以柄"，千万不要把刀尖、笔尖对着他人递过去，要令人有安全感并使对方很方便地接住，还要等对方接稳后才能松手，这就是尊重他人的表现。

4. 端茶递水最好双手递上，注意不要溅湿他人；要讲究卫生，捧茶杯的手不要触及杯口上沿，避免客人喝水时嘴唇碰到手指接触过的地方。

5. 递交物品时一般要求和颜悦色，不应用手敲打桌面提醒纳税人。递接的同时说："请接好""请用茶""请收好"之类的礼貌语，还要注意目光的交流，双方最好处于"平视"状态，尽量避免"俯视"时的傲慢、施舍之意或"仰视"时的畏惧、讨好之态。

【知识点6】电话礼仪的规范

1. 接听电话遵循"铃响不过三"的原则。电话铃声响一声就去接，一则容易掉线，二则对方可能没有思想准备，容易受惊。电话铃声超过三声，有怠慢对方之嫌。所以，铃响两声到三声去接最合适。

2. 打电话时，话筒与自己口部最规范的距离是2~3厘米。过近，声音可能会刺激对方的耳膜；过远，可能影响听的效果。

3. 把握"通话3分钟"原则。公务电话，简洁明了，开门见山，不要过多敷衍。

4. 拿起放下，动作要轻。幅度过大，发出的响声过大，既是对服务对象的不尊重，也可能干扰到办税服务厅其他工作人员的工作。

5. 不打无准备的电话。需要电话约谈时，拨电话前，所有必备的文件资料都放在电话旁，并准备笔记本、钢笔，随时记录重要信息。拿起听筒前，应明白通话后该说什么，思路要清晰，要点应明确。

6. 谁先挂掉电话。一般情况下，尊者优先挂掉电话。平等情况下，由主叫方先挂掉电话。作为服务一方，尽量让被服务的一方先挂掉电话。

7. 电话掉线了，由谁主动连上。一般情况，服务的一方、主叫方主动连线。特殊情况，如信号原因、手机没电等，由责任方主动连线。

【知识点7】纳税服务沟通技巧

1. 有效表达技巧

（1）使用纳税人易懂、清晰准确的话语。

（2）使用简单明了的礼貌用语。

（3）使用生动得体的问候语。

（4）合理使用赞美。

（5）规范服务用语。

（6）禁用服务禁忌语言。

2. 积极倾听技巧

倾听的重要意义：

（1）获取重要信息。

（2）激发谈话兴趣。

（3）防止主观偏见。

【知识点8】冲突处理

1. 冲突的过程。

按照冲突发生及发展的规律，冲突的过程如图10-1所示。

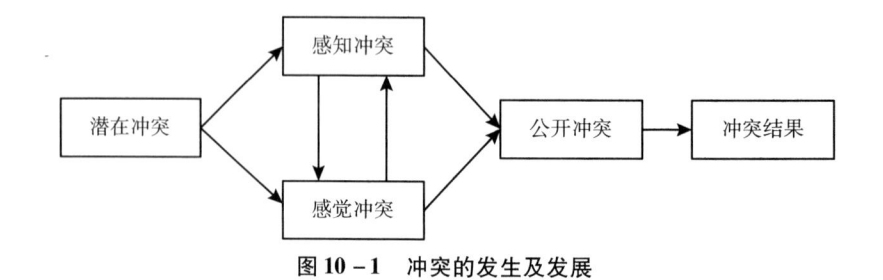

图10-1 冲突的发生及发展

2. 冲突处理方式，即回避、对抗、妥协、迎合及合作。

【知识点9】纳税服务情绪管理

1. 四种基本情绪，即快乐、愤怒、恐惧和悲哀。
2. 管理情绪的方法。

纳税服务工作岗位人员需积极采取多种方法管理自身情绪。具体情绪管理方法如图10-2所示。

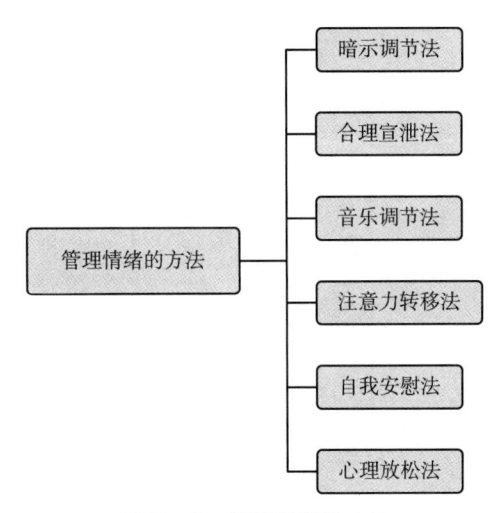

管理情绪的方法：
- 暗示调节法
- 合理宣泄法
- 音乐调节法
- 注意力转移法
- 自我安慰法
- 心理放松法

图10-2 情绪管理的方法